중국어의 틀을 잡는다!

중국어 쉬운 문법

김종호·강희명 저

다락원

들어가는 말

중국어를 공부하는 사람이면 '중국어 문법은 어렵다'라는 부담감을 갖고 있을 것이다. 하지만 영어와 달리 중국어는 단어의 형태 변화가 없기 때문에 기본적인 문법 현상과 유형을 정리해 두면, 혼자서도 충분히 실생활에서 활용할 수 있다. 어떤이들은 중국어 문법을 따로 공부하지 않고 회화문을 계속 반복하다 보면 저절로 습득하게 된다고 하지만, 단순한 의사소통에서 나아가 중국어를 정말 잘하고 싶다면, 기본적인 중국어의 틀을 잡는 것이 매우 중요하다. 따라서 중국어 학습자가 지루하고 어렵게 느껴지는 문법에서 벗어나, 쉽고 자신 있게 문법 기본기를 다질 수 있도록 하기 위해 이번에 『중국어 쉬운 문법』을 출간하게 되었다.

『중국어 쉬운 문법』은 동종의 다른 교재들과 달리 한국에서 중국어를 배우는 초급에서 준중급 학습자의 눈높이에 맞춰 쉽게 이해할 수 있도록 구성하였다.

쉽게 정리하였다. 의사 소통 및 말하기 능력 향상을 위해서 반드시 알아야 할 문법 기본서이다. 딱딱한 이론적인 내용보다는 쉽고 실용적인 다양한 예문을 통해 초급 수준의 학습자가 쉽게 이해할 수 있도록 하였다.

종합적이고 체계적이다. 중국어 문법은 다양하고 복잡하기 때문에 종합적이고 체계적인 구조를 통해서 배웠을 때 효과적으로 응용할 수 있다. 따라서 문법의 전체적인 틀을 볼 수 있는 표와 공식을 적절히 활용하여 이해하기 쉽게 정리하였다. 또한, 어느 한 부분에 과도하게 집중하거나 문법 현상들을 단순히 나열하지 않고 효율적으로 설명하고 요약하였다.

실용적인 연습문제를 제시하였다. 학습한 문법 사항에 대해 정확하고 종합적으로 정리할 수 있는 연습문제를 제시하였다. 다양한 문제로 문법 실력을 점검하고, 나아가 각종 평가에 대비 및 다방면의 중국어 실력을 향상할 수 있도록 하였다.

이렇게 체계적으로 구성된 매 과를 차근차근 학습해 나가다 보면, 어느새 중국어의 틀이 잡혀 있을 것이다. 이 책으로 학습하는 여러분들의 중국어 실력이 더욱 탄탄해지길 기원한다. 문법학계에서 꾸준히 노력한 선배 및 동학들은 물론, 이 책이 나오기까지 많은 수고와 노력을 아끼지 않은 ㈜다락원과 중국어출판부 식구들께 감사의 마음을 전한다.

2011년 10월
김종호, 강희명

목차

들어가는 말 　　　　　　　　　03
목차 　　　　　　　　　　　　04
이 책의 구성과 활용법 　　　　06
일러두기 　　　　　　　　　　08

1　중국어 문법　　09
중국어의 문법 단위 ｜ 중국어의 문장성분 ｜ 중국어의 문법 특징

2　체언 [명사 / 대명사 / 수사 / 양사]　　17
명사의 특징과 쓰임 ｜ 방위명사, 장소명사 ｜ 시간명사 ｜ 인칭대명사, 지시대명사 ｜ 의문대명사 ｜ 정수, 분수, 소수 ｜ 서수, 어림수, 배수 ｜ 명량사 ｜ 동량사 및 양사의 중첩

3　용언 [동사 / 조동사 / 형용사]　　35
동사의 특징과 쓰임 ｜ 동사의 분류 ｜ 동사의 중첩 ｜ 조동사의 분류와 특징 ｜ 조동사의 비교 (1) '会' '能' '可以' ｜ 조동사의 비교 (2) '应该' '该' '得' ｜ 조동사의 비교 (3) '要' '想' '愿意' ｜ 형용사의 특징과 쓰임 ｜ 형용사의 분류와 중첩

4　허사(1) [부사 / 전치사]　　53
부사의 특징과 쓰임 ｜ 시간부사 ｜ 빈도부사 ｜ 정도부사 ｜ 부정부사 ｜ 범위부사 ｜ 상태부사, 어기부사 ｜ 부사의 위치 ｜ 전치사의 특징과 쓰임 ｜ 전치사의 분류 ｜ 전치사의 비교

5　허사(2) [접속사 / 조사 / 감탄사 / 의성사]　　71
접속사의 특징과 쓰임 ｜ 접속사의 분류 ｜ 조사의 분류와 쓰임 ｜ 동태조사 '了'의 분류와 특징 ｜ 동태조사 '了'의 쓰임 ｜ 동태조사 '着'의 분류와 특징 ｜ 동태조사 '着'의 쓰임 ｜ 동태조사 '过'의 분류와 특징 ｜ 동태조사 '过'의 쓰임 ｜ 감탄사, 의성사

6　문장의 주요성분 [주어 / 술어 / 목적어]　　89
주어의 구조와 특징 ｜ 술어의 구조와 특징 ｜ 목적어의 구조와 특징 ｜ 체언성 목적어 ｜ 용언성 목적어

7 문장의 보조성분 [관형어 / 부사어 / 보어]   103
관형어의 구조와 특징 | 관형어와 구조조사 '的' | 부사어의 구조 | 부사어와 구조조사 '地' | 결과보어 | 방향보어 | 시량보어 | 동량보어 | 정도보어, 가능보어

8 문장의 구조 [단문 / 복문]   123
단문의 유형 | 동사술어문, 형용사술어문 | 명사술어문, 주술술어문 | 복문의 분류와 특징 | 단순복문 | 다중복문, 축약복문

9 문장의 기능 [평서문 / 의문문 / 명령문 / 감탄문]   141
평서문 | 의문문 (1) | 의문문 (2) | 의문문 (3) | 명령문, 감탄문 | 부정문

10 관계표현구문 ['是'자 구문 / '有'자 구문 / '在'자 구문 / 존현구문]   155
'是'자 구문 | '有'자 구문 | '在'자 구문 | 존현구문 (1) | 존현구문 (2) | 기타 관계표현구문

11 연동구문과 겸어구문   169
연동구문의 구조와 특징 | 연동구문의 분류 | 겸어구문의 구조와 특징 | 겸어구문의 분류

12 능동구문과 피동구문 ['把'자 구문 / '被'자 구문]   181
'把'자 구문의 구조와 특징 | '把'자 구문의 분류 | '把'자 구문 사용 시 주의점 | '被'자 구문의 구조와 특징 | '被'자 구문의 분류 | '被'자 구문 사용 시 주의점

13 비교표현구문 ['比'자 구문 / '没有'구문 / '不如'구문]   195
'A+跟[和]+B+一样/不一样' 구문 | 'A+跟[和]+B+一样/不一样' 구문의 분류 | '比'자 구문 | '比'자 구문의 분류 | 'A+有/没有+B+这么/那么+형용사/동사' 구문 | 'A+不如+B' 구문 | '最'와 '更' 구문 | 기타 비교구문

모범답안   211

이 책의 구성과 활용법

『중국어 쉬운 문법』은 중국어 초급부터 준중급 학습자를 대상으로 하는 문법 교재입니다. 모두 13과로 이루어졌으며, '핵심 문법 – 문법 설명 – 문장 만들기 – 실력 점검하기 – 新 HSK 문제 맛보기'로 구성되어 있습니다.

들어가기

각 장의 처음에는 학습하게 될 문법 용어가 간단히 설명되어 있습니다.

매 과마다 간략한 문법 표를 제시하여 문법의 전체적인 틀을 볼 수 있습니다. 학습할 부분을 표시해 주어, 현재 학습하고 있는 부분이 문법 구성의 어디쯤인지 짚고 넘어갈 수 있습니다.

핵심 문법

해당 과의 핵심 문법을 한눈에 알아보기 쉽게 요약하여 정리하였습니다. 문법 설명이 들어가기 전에 한번 훑어 본다면, 본 과 내용을 이해하는 데 도움이 됩니다.

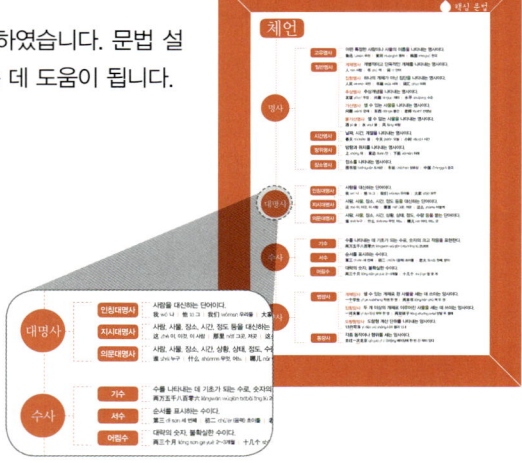

문법 설명

중국어 문법에 밑거름이 될 학습 내용을 보기 쉽게 정리하였습니다.

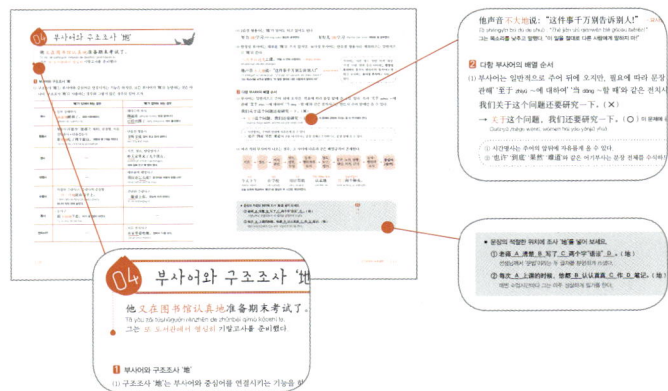

문법 설명을 설명할 수 있는 핵심적인 문장을 뽑아 예문으로 들었습니다. 초급 학습자가 보기 쉽게 본문의 모든 예문과 어휘에 한어병음을 함께 표기하였습니다.

각 부분을 학습한 후, 관련된 문법 내용을 간단한 문제로 확인해 봅니다.

해당 문법 설명을 가장 잘 나타낼 수 있는 중국어 문장을 해석과 함께 미리 보여 줍니다.

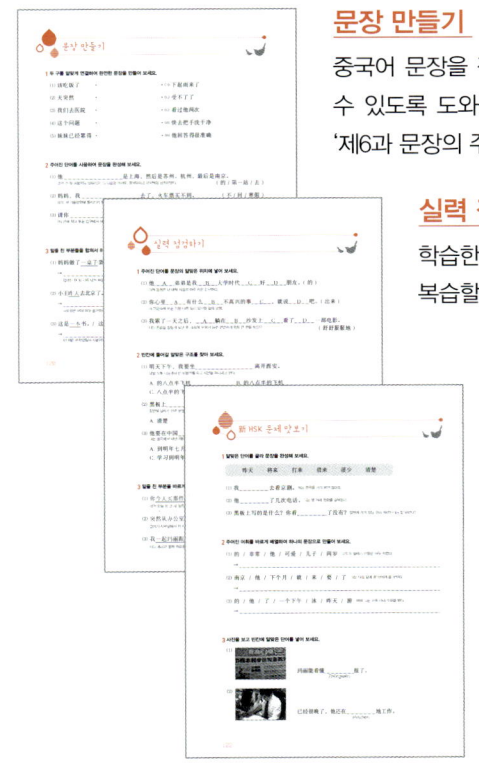

문장 만들기

중국어 문장을 작문하는 데 필요한 연습문제로, 단계적이고 체계적으로 작문을 할 수 있도록 도와줍니다. 문장을 이루는 성분을 학습하고 나서 연습을 해야 하므로, '제6과 문장의 주요성분'부터 구성되어 있습니다.

실력 점검하기

학습한 문법 사항에 대한 종합 연습문제로, 다양한 문제 유형을 통해 다시 복습할 수 있습니다.

新 HSK 문제 맛보기

新 HSK 문제 중 문법과 관련된 문제 유형을 골라 활용하였습니다. 학습한 유형을 연습하여 실전 시험 적응력을 높일 수 있습니다.

일러두기

이 책의 표기법

- 각 지명은 중국어 발음으로 표기하였습니다. 단, 우리에게 널리 알려진 고유명사의 경우에는 한자 발음으로 표기하였습니다.
  예) 北京 베이징 | 万里长城 만리장성

- 건물이나 관광지는 한글로 해석되는 경우, 한글 뜻에 따라 표기하고 나머지는 중국어 발음을 표기하였습니다.
  예) 北京大学 베이징대학교 | 清华大学 칭화대학교

- 인명은 중국인은 중국어 발음으로 표기하고, 그 외 각 나라 사람들의 인명은 그 나라에서 불리는 발음대로 한글로 표기하였습니다.
  예) 小王 샤오왕 | 玛丽 메리

품사와 문장성분 중국어 표기

- 품사

명사 [名词 míngcí]	대명사 [代词 dàicí]	수사 [数词 shùcí]
양사 [量词 liàngcí]	동사 [动词 dòngcí]	조동사 [能愿动词 néngyuàn dòngcí]
형용사 [形容词 xíngróngcí]	부사 [副词 fùcí]	전치사 [介词 jiècí]
접속사 [连词 liáncí]	조사 [助词 zhùcí]	감탄사 [叹词 tàncí]
의성사 [拟声词 nǐshēngcí]		

- 문장성분

주어 [主语 zhǔyǔ]	술어 [述语 shùyǔ]	목적어 [宾语 bīnyǔ]
관형어 [定语 dìngyǔ]	부사어 [状语 zhuàngyǔ]	보어 [补语 bǔyǔ]

01 중국어 문법

중국어 문법을 효과적으로 학습하기 위해서 먼저 '중국어의 문법 단위' '중국어의 문장성분' '중국어의 문법 특징'에 대해 살펴 보도록 한다.

- 중국어의 문법 단위
- 중국어의 문장성분
- 중국어의 문법 특징

중국어의 문법 단위

중국어를 문법적으로 구분하기 위해 설정한 단위를 '중국어의 문법 단위'라고 한다. 중국어의 문법 단위는 그 크기에 따라 '형태소' '단어' '구' '문장' '단락'으로 나눌 수 있다.

1 형태소

소리와 의미가 결합된 '가장 작은 문법 단위'를 말하며, 더 이상 나눌 수 없다. 음절 수에 따라 단음절형태소와 복음절형태소로 나눌 수 있다.

단음절형태소 : 天 tiān 하늘 | 树 shù 나무 | 好 hǎo 좋다

복음절형태소 : 琉璃 liúlí 유리 | 玫瑰 méigui 장미 | 巧克力 qiǎokèlì 초콜릿

2 단어

일정한 의미와 고유의 음성형식을 가지고 '독립적으로 사용할 수 있는 가장 작은 문법 단위'를 말한다. 하나의 형태소로 이루어지면 '단순어', 두 개 이상의 형태소로 이루어지면 '합성어'라고 한다. 또 문법 기능에 따라 명사, 대명사, 수사, 양사, 동사, 조동사, 형용사, 부사, 전치사, 조사, 접속사, 감탄사, 의성사 등으로 나눌 수 있다.

단순어 : 天 tiān 하늘 | 树 shù 나무 | 琉璃 liúlí 유리

합성어 : 天气 tiānqì 날씨 | 树林 shùlín 숲 | 椅子 yǐzi 의자 | 明星 míngxīng 스타

3 구

두 개 이상의 '단어와 단어를 일정한 규칙에 맞게 결합시킨 비교적 큰 문법 단위'를 말한다. 문법 기능에 따라 명사구, 동사구, 형용사구, 부사구로 나눌 수 있으며, 의미에 따라 시간구, 방위구, 수량구 등으로 나눌 수 있다.

三个琉璃杯 유리잔 3개 → 명사구
sān ge liúlíbēi

天气好 날씨가 좋다 → 주술식 형용사구
tiānqì hǎo

• 문장으로 한눈에 파악하기

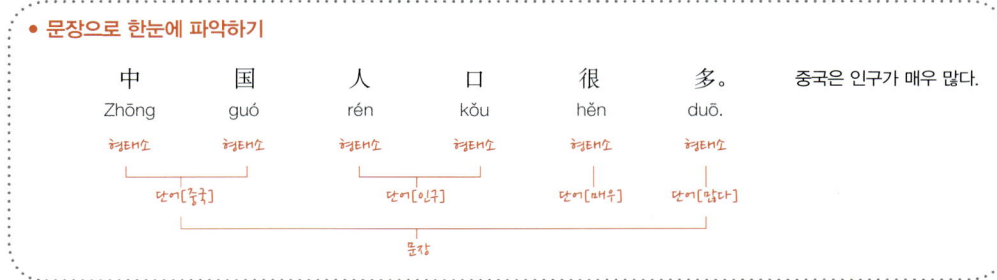

4 문장

일정한 어조를 가지며, '비교적 완전한 의미를 나타내는 문법 단위'이다. 구조에 따라 단문과 복문으로 나눌 수 있으며, 기능에 따라 평서문, 의문문, 명령문, 감탄문 등으로 나눌 수 있다.

天气很好。 날씨가 정말 좋다. → 단문[평서문]
Tiānqì hěn hǎo.

他回来了吗? 그는 돌아왔습니까? → 단문[의문문]
Tā huílái le ma?

我如果有很多钱，就一定去旅行。 나는 만약 돈이 많다면, 반드시 여행을 갈 것이다. → 복문[평서문]
Wǒ rúguǒ yǒu hěn duō qián, jiù yídìng qù lǚxíng.

02 중국어의 문장성분

문장을 구성하는 성분을 '문장성분'이라고 한다. 중국어 문장은 문장의 뼈대가 되는 '주어' '술어' '목적어'의 '주요성분'과 이를 꾸며주고 보충하여 문장에 생기를 불어 넣어 주는 '관형어' '부사어' '보어'의 '보조성분'으로 나눌 수 있다.

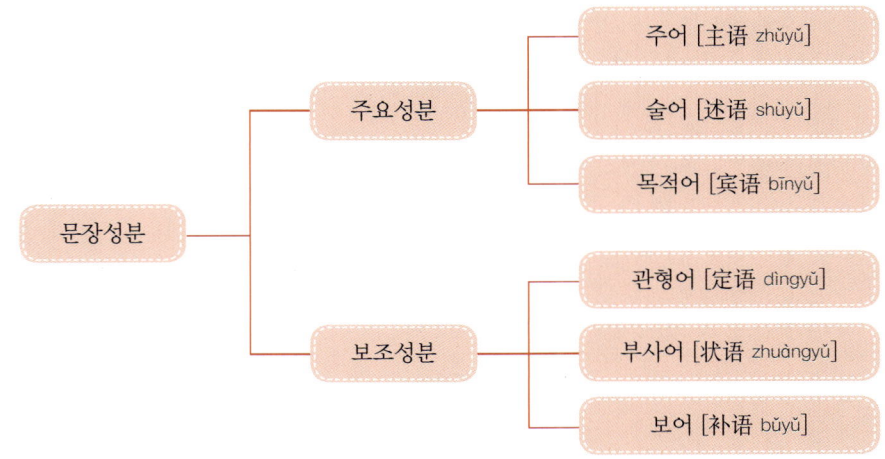

문장을 이루는 성분을 다음과 같이 간단히 살펴 보도록 한다. 자세한 내용은 본문의 '제6과 문장의 주요 성분'과 '제7과 문장의 보조성분'을 참고하자.

1 주어

문장의 주체인 행위자나 서술의 대상을 나타내는 성분이다. 문장의 앞쪽에 위치하며, 주로 명사(구)로 이루어진다.

他的那本小说出版了。 그의 그 소설은 출판되었다. → 명사구
Tā de nà běn xiǎoshuō chūbǎn le.

学校后边有一条小河。 학교 뒤에는 작은 시내가 있다. → 장소명사
Xuéxiào hòubian yǒu yì tiáo xiǎohé.

2 술어

주어에 대한 서술을 나타내는 성분으로, 주로 동사(구)나 형용사(구)로 이루어진다.

我们的理想实现了。 우리의 꿈이 실현되었다. → 동사구
Wǒmen de lǐxiǎng shíxiàn le.

我的成绩好，她的更好。 나의 성적도 좋지만, 그녀의 성적은 더 좋다. → 형용사구
Wǒ de chéngjì hǎo, tā de gèng hǎo.

3 목적어

타동사의 목적, 지배대상, 장소 등이 되는 문장성분으로, 주로 명사(구)로 이루어진다.

我完成了任务。 나는 임무를 완성했다.　　他昨天到了北京。 그는 어제 베이징에 도착했다.
Wǒ wánchéng le rènwù.　　　　　　　　Tā zuótiān dào le Běijīng.

4 관형어

주어나 목적어로 쓰인 '명사성 중심어'를 꾸며주는 문장성분이다. 특히 동사가 관형어가 될 때는 반드시 구조조사 '的'를 붙여 중심어와 연결시킨다.

校长的办公室在楼上二层。 교장실은 건물의 2층에 있다.　　借的书放在桌子上了。 빌린 책은 탁자 위에 놓았다.
Xiàozhǎng de bàngōngshì zài lóushàng èr céng.　　Jiè de shū fàng zài zhuōzi shang le.

5 부사어

동사나 형용사가 술어가 될 때, '술어성 중심어'를 꾸며주는 문장성분이다. 부사어 뒤에 구조조사 '地'가 오기도 한다.

他们始终是我的好朋友。 그들은 줄곧 나의 좋은 친구이다.
Tāmen shǐzhōng shì wǒ de hǎo péngyou.

他科学地研究了这个问题。 그는 과학적으로 이 문제를 연구했다.
Tā kēxué de yánjiū le zhège wèntí.

6 보어

술어 뒤에 위치하여 술어를 보충 설명하는 문장성분이다. 보어는 동작이나 행위의 '결과, 가능, 방향, 수량[횟수 혹은 시간량] 및 성질이나 상태의 정도' 등을 나타낼 수 있고, 보어를 이끄는 구조조사 '得'가 오기도 한다. 중국어의 보어는 우리말의 보어와는 다른 독특한 문장성분에 해당하므로 헷갈리지 않게 학습해야 한다.

我们一定要学好汉语。 우리는 반드시 중국어를 잘 배워야 한다. → 행위의 결과를 나타냄
Wǒmen yídìng yào xué hǎo Hànyǔ.

我累极了，走不动了。 나는 몹시 피곤하여, 걸을 수 없다. → 행위의 가능을 나타냄
Wǒ lèi jí le, zǒu bu dòng le.

你们进来吧！ 당신들 들어오세요! → 동작의 방향을 나타냄
Nǐmen jìn lái ba!

他病了四天。 그는 4일 동안 앓았다. → 행위의 시간량을 나타냄
Tā bìng le sì tiān.

今天我忙得不得了。 오늘은 내가 매우 바쁘다. → 상태의 정도를 나타냄
Jīntiān wǒ máng de bùdéliǎo.

03 중국어의 문법 특징

1 단어의 형태 변화가 없다

중국어는 단어의 문법기능을 알려주는 각종 접사[접두사, 접미사]의 수가 적으며, 단어가 문장에서 운용될 때 형태가 변하지 않는다.

小张很老实。 샤오장은 성실하다. → '老实'가 술어로 쓰인 경우
Xiǎo Zhāng hěn lǎoshí.

老实比虚伪好。 성실함은 위선적인 것보다 좋다. → '老实'가 주어로 쓰인 경우
Lǎoshí bǐ xūwěi hǎo.

小张是老实的人。 샤오장은 성실한 사람이다. → '老实'가 관형어로 쓰인 경우
Xiǎo Zhāng shì lǎoshí de rén.

你得老实告诉我。 너는 나에게 성실하게 말해 주어야 한다. → '老实'가 부사어로 쓰인 경우
Nǐ děi lǎoshí gàosu wǒ.

'老实'라는 단어가 문장에서 형태의 변화 없이 위치 변화에 따라 각각 '술어' '주어' '관형어' '부사어'의 여러 가지 문장성분으로 쓰이고 있다. 그러나 한국어 해석은 '성실하다' '성실함' '성실한' '성실하게'처럼 각각 적절하게 형태가 변화한다. 이처럼 중국어는 형태 변화를 위주로 문법 기능을 나타내는 언어가 아니다. 따라서 다음에 살펴볼 중국어의 '어순[语序]'과 '허사[虚词]'의 문법 기능이 상대적으로 매우 중시되는 특징이 있다.

2 어순의 문법 기능이 강조된다

중국어의 단어는 형태 변화가 매우 적기 때문에, 상대적으로 문장의 어순이 문법 기능상 특히 중요하다. 중국어에서 문장성분의 어순은 비교적 고정적이다. 주어는 술어 앞에, 술어는 목적어 앞에 위치한다. 또 관형어와 부사어 등의 수식어는 피수식어 앞에 위치하고, 보어는 술어 뒤에 위치하여 술어를 보충하여 설명한다. 중국어 어순은 비교적 엄격하게 지켜지므로, 어떤 단어가 문장에서 위치를 바꾼다는 것은 그 단어의 기능[문장성분]이 바뀌게 됨을 의미한다.

(1) 중국어의 기본어순은 '주어+술어+목적어'이다.

주어 술어 목적어
我　爱　你。 나는 당신을 사랑한다.
Wǒ　ài　nǐ.

(2) 관형어는 주어나 목적어 앞에 위치한다.

주어 술어 관형어 목적어
他　爱　聪明的　你。 그는 똑똑한 당신을 좋아한다.
Tā　ài　cōngming de　nǐ.

(3) 부사어는 보통 주어와 술어 사이에 위치한다.

주어 부사어 술어 목적어
他　非常　爱　你。 그는 당신을 매우 사랑한다.
Tā　fēicháng　ài　nǐ.

(4) 보어는 술어 뒤에 위치한다.

주어 술어+보어 목적어
我　听懂　他的这话了。 나는 그의 이 말을 이해했다.
Wǒ　tīng dǒng　tā de zhè huà le.

> ● 문장으로 한눈에 파악하기
>
> 주어 부사어 술어 보어 관형어 목적어
> 他　已经　吃　完　了　一个　面包。 그는 이미 빵 하나를 다 먹었다.
> Tā　yǐjing　chī　wán　le　yí ge　miànbāo.
>
> 여기서 '了'는 부착성분으로 스스로 문장성분을 이룰 수 없다.

3 하나의 단어가 여러 가지 품사의 성질을 나타낸다

중국어의 많은 단어들은 문장에서 형태 변화 없이 위치에 따라 여러 품사의 성질을 보이는 특징이 있다. 이러한 현상을 '겸류현상[兼类现象]'이라고 한다. 즉, 이러한 현상으로 인해 하나의 단어가 여러 가지 문장성분으로 쓰일 수 있다.

'在'를 예로 들어 알아 보자. 문장에서 그 위치에 따라 동사, 전치사, 부사의 세 가지 품사로 쓰이고, 문장성분 상 각각 술어와 부사어로 쓰인다.

小李不在家。 샤오리는 집에 있지 않다. → 동사/술어
Xiǎo Lǐ bú zài jiā.

小李在家里看电视。 샤오리는 집에서 텔레비전을 본다. → 전치사/부사어의 일부
Xiǎo Lǐ zài jiā li kàn diànshì.

小李在吃饭。 샤오리는 밥을 먹고 있다. → 부사/부사어
Xiǎo Lǐ zài chīfàn.

4 각 문법 단위의 구조가 공통성을 띈다

중국어에서 문법 단위인 단어나 구, 문장 등은 기본적으로 동일한 구조 방식으로 만들어진다. 다음과 같이 '연합식[联合式]' '수식식[偏正式]' '술목식[述宾式]' '술보식[述补式]' '주술식[主谓式]'의 다섯 가지 기본 구조로 나누어진다.

(1) 연합식

병렬식이라고도 하며 대등한 두 성분을 나열시키는 구조이다.

兄＋弟 → 兄弟 형제
xiōng + dì → xiōngdì

兄弟＋姐妹 → 兄弟姐妹 형제자매
xiōngdì + jiěmèi → xiōngdì jiěmèi

(2) 수식식

어느 한 쪽이 어느 한 쪽을 꾸며주는 구조로 관형어 수식과 부사어 수식으로 나뉜다.

工＋业 → 工业 공업
gōng + yè → gōngyè

工业＋大学 → 工业大学 공업대학 → 관형어 수식
gōngyè + dàxué → gōngyè dàxué

回＋顾 → 回顾 돌이켜 보다
huí + gù → huígù

认真＋学习 → 认真学习 열심히 공부하다 → 부사어 수식
rènzhēn + xuéxí → rènzhēn xuéxí

(3) 술목식

두 성분이 술어와 목적어의 관계인 구조이다.

担＋心 → 担心 걱정하다
dān + xīn → dānxīn

担心＋失业 → 担心失业 직업을 잃을까 봐 걱정하다
dānxīn + shīyè → dānxīn shīyè

(4) 술보식

두 성분이 술어와 보어의 관계인 구조이다.

提＋高 → 提高 향상되다
tí + gāo → tígāo

提高＋得＋快 → 提高得快 빠르게 향상되다
tígāo + de + kuài → tígāo de kuài

(5) 주술식

두 성분이 주어와 술어의 관계인 구조이다.

地＋震 → 地震 지진
dì + zhèn → dìzhèn

地震＋多了 → 地震多了。 지진이 많아졌다.
dìzhèn + duō le → dìzhèn duō le

5 문법 기능을 표시하는 허사가 다양하다

허사[虚词]란, 실질적인 뜻을 나타내지 않고 주로 문법기능을 나타내는 어휘들로 조사, 전치사, 접속사, 부사 등이 여기에 포함된다. 허사는 그 종류가 많고, 문장에서 '동태[动态]표현'이나 '어기[语气]표현'뿐만 아니라 다양한 문법 표현 기능을 담당한다.

(1) 동태표현

他在写一篇文章。 그는 글을 한 편 쓰고 있다. → 진행을 표현
Tā zài xiě yì piān wénzhāng.

他写了一篇文章了。 그는 글을 한 편 썼다. → 완료와 변화를 표현
Tā xiě le yì piān wénzhāng le.

他曾写过一篇文章。 그는 일찍이 글을 한 편 쓴 적이 있다. → 경험을 표현
Tā céng xiě guo yì piān wénzhāng.

(2) 어기표현

他写了一篇文章吗? 그는 글을 한 편 썼습니까? → 의문을 표현
Tā xiě le yì piān wénzhāng ma?

他写一篇文章来着。 그는 글을 한 편 쓰고 있었지. → 회상을 표현
Tā xiě yì piān wénzhāng láizhe.

6 구어체에서 화제를 문두에 위치시키는 경우가 많다

화제[话题]란, 문장의 맨 앞에서 화자가 이미 알고 있는 대상을 말한다. 문장의 진술대상이 되는 성분으로 주로 구어체에서 쓰인다.

书已经买来了。 (그) 책은 이미 사왔다.
Shū yǐjing mǎi lái le.

这本书大学生们都很欢迎，因为内容精彩，分析简单明了。
Zhè běn shū dàxuéshēngmen dōu hěn huānyíng, yīnwèi nèiróng jīngcǎi, fēnxī jiǎndān míngliǎo.
이 책은 대학생들이 모두 환영한다. 왜냐하면 내용이 훌륭하고, 분석이 간단명료하기 때문이다.

위 예문에서 '书'와 '这本书'가 각 문장의 화제이다. 특히 두 번째 문장처럼 화제는 하나의 화제에 여러 개의 진술내용을 부가함으로써, 긴 내용을 논리적으로 연결하거나 진술 범위를 설정하는 기능을 한다. 이렇게 진술 대상을 문장의 앞에 위치시키는 것을 '화제화'라고 하며, 이는 현대중국어의 문장 운용에서 나타나는 커다란 특징이라 할 수 있다.

02 체언

체언이란 문장에서 주로 주어와 목적어로 충당되는 성분을 가리키며, '명사' '대명사' '수사' '양사'로 구분할 수 있다.

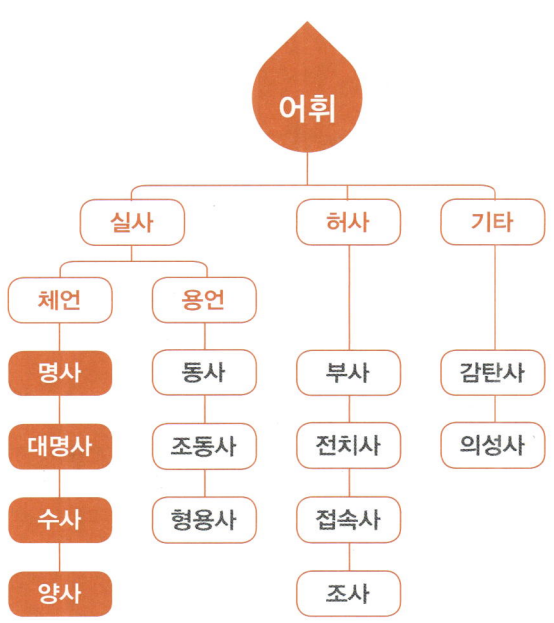

핵심 문법

체언

- **명사**
  - **고유명사**: 어떤 특정한 사람이나 사물의 이름을 나타내는 명사이다.
    - 鲁迅 Lǔxùn 루쉰 | 黄河 Huánghé 황허 | 韩国 Hánguó 한국
  - **일반명사**
    - **개체명사** 개별적이고 단독적인 개체를 나타내는 명사이다.
      - 人 rén 사람 | 书 shū 책 | 词 cí 단어
    - **집합명사** 하나의 개체가 아닌 집단을 나타내는 명사이다.
      - 人民 rénmín 국민 | 书籍 shūjí 서적 | 词汇 cíhuì 어휘
    - **추상명사** 추상개념을 나타내는 명사이다.
      - 友谊 yǒuyì 우정 | 兴趣 xìngqù 재미 | 水平 shuǐpíng 수준
    - **가산명사** 셀 수 있는 사물을 나타내는 명사이다.
      - 问题 wèntí 문제 | 东西 dōngxi 물건 | 老师 lǎoshī 선생님
    - **불가산명사** 셀 수 없는 사물을 나타내는 명사이다.
      - 酒 jiǔ 술 | 水 shuǐ 물 | 风 fēng 바람
  - **시간명사**: 날짜, 시간, 계절을 나타내는 명사이다.
    - 春天 chūntiān 봄 | 今天 jīntiān 오늘 | 小时 xiǎoshí 시간
  - **방위명사**: 방향과 위치를 나타내는 명사이다.
    - 上 shàng 위 | 里边 lǐbian 안 | 下面 xiàmiàn 아래
  - **장소명사**: 장소를 나타내는 명사이다.
    - 图书馆 túshūguǎn 도서관 | 车站 chēzhàn 정류장 | 中国 Zhōngguó 중국

- **대명사**
  - **인칭대명사**: 사람을 대신하는 단어이다.
    - 我 wǒ 나 | 他 tā 그 | 我们 wǒmen 우리들 | 大家 dàjiā 모두
  - **지시대명사**: 사람, 사물, 장소, 시간, 정도 등을 대신하는 단어이다.
    - 这 zhè 이, 이것, 이 사람 | 那里 nàlǐ 그곳, 저곳 | 这么 zhème 이렇게
  - **의문대명사**: 사람, 사물, 장소, 시간, 상황, 상태, 정도, 수량 등을 묻는 단어이다.
    - 谁 shéi 누구 | 什么 shénme 무엇, 어느 | 哪儿 nǎr 어디, 어느 곳

- **수사**
  - **기수**: 수를 나타내는 데 기초가 되는 수로, 숫자의 크고 작음을 표현한다.
    - 两万五千八百零六 liǎngwàn wǔqiān bābǎi líng liù 25,806
  - **서수**: 순서를 표시하는 수이다.
    - 第三 dì sān 세 번째 | 初二 chū'èr (음력) 초이틀 | 老大 lǎodà 첫째, 맏이
  - **어림수**: 대략의 숫자, 불확실한 수이다.
    - 两三个月 liǎng sān ge yuè 2~3개월 | 十几个 shí jǐ ge 열 몇 개

- **양사**
  - **명량사**
    - **개체양사** 셀 수 있는 개체로 된 사물을 세는 데 쓰이는 양사이다.
      - 一个学生 yí ge xuésheng 학생 한 명 | 两本书 liǎng běn shū 책 두 권
    - **집합양사** 두 개 이상의 개체로 이루어진 사물을 세는 데 쓰이는 양사이다.
      - 一对夫妻 yí duì fūqī 부부 한 쌍 | 两双袜子 liǎng shuāng wàzi 양말 두 켤레
    - **도량형양사** 도량형 계산 단위를 나타내는 양사이다.
      - 1.5升可乐 yì diǎn wǔ shēng kělè 콜라 1.5ℓ
  - **동량사**: 각종 동작이나 행위를 세는 양사이다.
    - 去过一次北京 qù guo yí cì Běijīng 베이징에 한 번 간 적이 있다

 # 명사의 특징과 쓰임

我姓**金**，我叫**泰希**，我**韩国人**。
Wǒ xìng Jīn, wǒ jiào Tàixī, wǒ Hánguórén.
저는 성은 김이고, 이름은 태희입니다. 저는 한국인입니다.

명사란 사람이나 사물의 명칭, 시간, 공간, 방위 개념 등을 나타내는 품사이다.

1 명사의 특징

(1) 수량을 표현할 때, '수사+양사'의 수식을 받는다. 단, 셀 수 없는 불가산명사는 수량사의 수식을 받지 않고, '些'나 '点儿' 등을 사용하여 수량을 표현한다.

两本词典 liǎng běn cídiǎn 사전 두 권　　一瓶可乐 yì píng kělè 콜라 한 병　→ 가산명사
这些糖 zhèxiē táng 이 사탕들　　一点儿意思 yìdiǎnr yìsi 약간의 성의　→ 불가산명사

(2) 사람을 나타내는 명사 뒤에는 '们'을 더해 복수를 나타내는데, 이때 구체적인 수량은 함께 쓰지 않는다.

三个同学们 (×) → 同学们 tóngxuémen 학우들, 급우들　｜　三个同学 sān ge tóngxué 급우 세 명
很多朋友们 (×) → 朋友们 péngyoumen 친구들　｜　很多朋友 hěn duō péngyou 많은 친구들

(3) 일반적으로 부사의 수식을 받지 않는다.

不人 (×)　　都学生 (×)

(4) 명사가 중첩되면 '각각' '하나하나' '매번[예외 없이 모두]'의 의미를 나타낼 수 있다.

他**天天**来。 그는 매일 온다.
Tā tiāntiān lái.

> '家户'나 '方面'과 같은 2음절 명사의 중첩형은 'AABB'식을 쓴다.
> 家家户户 jiājiāhùhù 집집마다 ｜ 方方面面 fāngfāngmiànmiàn 모든 방면

2 명사의 쓰임

(1) 문장에서 주로 주어, 목적어, 관형어로 쓰이며, 경우에 따라 술어나 부사어로도 쓰인다.

首尔是大韩民国的首都。 서울은 대한민국의 수도이다. → 주어
Shǒu'ěr shì Dàhánmínguó de shǒudū.

我们看**电视**。 우리는 텔레비전을 본다. → 목적어　　请**大声**读课文。 큰 소리로 본문을 읽어 주세요. → 부사어
Wǒmen kàn diànshì.　　　　　　　　　　　　　　Qǐng dàshēng dú kèwén.

(2) '나이, 국적, 시간, 날짜, 날씨, 가격' 등을 나타내는 일부 명사는 직접 술어가 될 수 있으며, 이런 문장을 '명사술어문'이라고 한다. 명사술어문을 부정할 때는 부정부사 '不' 뒤에 동사 '是'를 더해 준다.

今天**晴天**。 오늘은 날씨가 맑다.　　今天**不是**晴天。 오늘은 날씨가 맑지 않다.
Jīntiān qíngtiān.　　　　　　　　　Jīntiān bú shì qíngtiān.

> 명사술어문에 관한 자세한 내용은 '제8과 문장의 구조'를 참고하자! 129p

- 문장에서 명사를 찾고, 그 쓰임을 말해 보세요.
  ① 我买一个书包、四个本子。 나는 책가방 하나와 공책 네 권을 산다.
  ② 你们的教室在几层？ 너희 교실은 몇 층에 있니?

정답
① 书包, 本子 → 목적어
② 教室 → 주어

방위명사, 장소명사

我家在江陵，我家前边是一片大海。
Wǒ jiā zài Jiānglíng, wǒ jiā qiánbian shì yí piàn dàhǎi.
제 고향은 강릉입니다. 우리 집 앞은 드넓은 바다입니다.

1 방위명사

(1) 방향과 위치를 나타내는 명사를 방위명사라고 한다. 방위명사는 '단순방위명사'와 '복합방위명사'로 나뉘며, 복합방위명사는 장소명사와 동일한 기능을 한다.

단순방위명사	복합방위명사	
	단순방위명사 + 边 bian	단순방위명사 + 面 miàn
上 shàng 위 ǀ 下 xià 아래 前 qián 앞 ǀ 后 hòu 뒤	上边 ǀ 下边 ǀ 前边 ǀ 后边	上面 ǀ 下面 ǀ 前面 ǀ 后面
左 zuǒ 좌 ǀ 右 yòu 우 里 lǐ 안 ǀ 外 wài 밖	左边 ǀ 右边 ǀ 里边 ǀ 外边	左面 ǀ 右面 ǀ 里面 ǀ 外面
东 dōng 동 ǀ 南 nán 남 西 xī 서 ǀ 北 běi 북	东边 ǀ 南边 ǀ 西边 ǀ 北边	东面 ǀ 南面 ǀ 西面 ǀ 北面

'中间 zhōngjiān 가운데, 旁边 pángbiān 옆' 등의 방위명사도 있다.

(2) 방위명사는 문장에서 주어, 목적어, 관형어, 부사어로 쓰일 수 있다.

下面是草地。 아래쪽은 잔디밭이다. → 주어
Xiàmiàn shì cǎodì.

弟弟在南边，哥哥在北边。 동생은 남쪽에 있고 형은 북쪽에 있다. → 목적어
Dìdi zài nánbian, gēge zài běibian.

您请前边坐。 앞쪽으로 앉으세요. → 부사어
Nín qǐng qiánbian zuò.

2 장소명사

(1) 장소를 나타내는 명사를 장소명사라고 한다. 장소명사는 국가, 지명, 건물을 나타내는 고유 장소명사와 일반 장소명사, 그리고 '일반명사+방위명사' 구조와 복합방위명사로 나눌 수 있다.

韩国 Hánguó 대한민국 → 고유 장소명사
学校 xuéxiào 학교 → 일반 장소명사
桌子上 zhuōzi shang 책상 위 → 일반명사 + 방위명사
上面 shàngmiàn 위 → 복합방위명사

(2) 고유 장소명사는 방위사 '里'를 붙이지 않지만, 일반 장소명사 뒤에는 써도 되고 안 써도 된다.

北京里(×)　　　中国里(×)　　　亚洲里(×)

在学校里 zài xuéxiào li = 在学校 zài xuéxiào

(3) 일반명사나 인칭대명사에 방위명사 '上' '里'나 지시대명사 '这儿' '那儿'을 더해 장소화할 수 있다. 이때, '上'은 장소를 '면'으로 인식하고, '里'는 '공간'으로 인식한다. '这儿'은 화자와 가까운 곳을 가리키고, '那儿'은 화자에게서 먼 곳을 가리킨다.

书放在桌子上。 책은 탁자 위에 놓여 있다.
Shū fàng zài zhuōzi shang.

那本书不在我这儿。 그 책은 내게 있지 않다.
Nà běn shū bú zài wǒ zhèr.

(4) 장소명사는 술어나 보어를 제외한 각종 문장성분으로 쓰인다. 특히 장소명사는 적절한 의미의 전치사와 결합하여 주로 부사어로 쓰인다. 장소명사나 방위명사가 주어로 쓰일 경우, 전치사 '在'를 더하지 않는다.

北京有故宫。 베이징에는 고궁이 있다. → 주어
Běijīng yǒu Gùgōng.

他现在在北京学习汉语。 그는 지금 베이징에서 중국어를 공부한다. → 부사어
Tā xiànzài zài Běijīng xuéxí Hànyǔ.

■ 밑줄 친 부분을 바르게 고쳐 보세요.

① 外没有人了。 밖에 사람이 없다.

② 很高兴你能来我们。 우리가 있는 곳에 당신이 와 줘서 너무나 기쁘네요.

정답
① 外边 [복합방위명사]
② 这儿 [인칭대명사의 장소화]

03 시간명사

2011年 3月 1日 星期二 2011년 3월 1일 화요일
Èr líng yī yī nián sān yuè yī rì xīngqī'èr.

시간명사란 시간, 날짜, 요일, 계절 등을 나타내는 명사이다.

春天 chūntiān 봄　　春节 Chūn Jié 설　　今年 jīnnián 올해　　现在 xiànzài 지금

今天 jīntiān 오늘　　星期一 / 礼拜一 xīngqīyī / lǐbàiyī 월요일　　点 diǎn 시　　分(钟) fēn(zhōng) 분

1 시간명사의 특징

(1) 숫자와 시간명사 사이에 양사를 넣어 시간의 양을 나타낸다.

　　三个月 sān ge yuè 삼 개월　　两个小时 liǎng ge xiǎoshí 두 시간

(2) 시간 표현은 '点 diǎn 시 〉刻 kè 15분 〉分 fēn 분 〉秒 miǎo 초'를 사용한다.

　　两点钟 2시 정각　　两点(过/零)五分 2:05　　两点半 2:30　　两点三刻 2:45
　　liǎng diǎn zhōng　　liǎng diǎn(guò/líng) wǔ fēn　　liǎng diǎn bàn　　liǎng diǎn sān kè

* **2:45분의 다양한 표현**
  两点四十五(分)
  liǎng diǎn sìshíwǔ (fēn)
  =两点三刻
  　liǎng diǎn sān kè
  =差一刻三点
  　chà yí kè sān diǎn

(3) 날짜와 시간 표현은 범위가 큰 개념에서 작은 개념 순으로 나열한다.

　　2011年 〉3月 〉1日 〉星期二 〉下午 〉三点钟　2011년 3월 1일 화요일 오후 3시
　　Èr líng yī yī nián > sān yuè > yī rì > xīngqī'èr > xiàwǔ > sān diǎn zhōng

2 시간명사의 쓰임

시간명사는 문장에서 주어, 목적어, 술어, 관형어, 부사어, 보어로 두루 쓰인다.

现在已经七点钟了。 지금은 이미 일곱 시이다. → 술어
Xiànzài yǐjing qī diǎn zhōng le.

明年我去中国。 내년에 나는 중국에 간다. → 부사어
Míngnián wǒ qù Zhōngguó.

他睡了一个钟头。 그는 한 시간 동안 잤다. → 보어
Tā shuì le yí ge zhōngtóu.

■ 밑줄 친 부분을 바르게 고쳐 보세요.

① 她每天学习<u>四点(钟)</u>。 그녀는 매일 네 시간씩 공부한다.

② <u>昨年</u>是2010年，<u>来年</u>是2012年。 작년은 2010년이고, 내년은 2012년이다.

정답
① 四个小时[시간량]
② 去年, 明年

인칭대명사, 지시대명사

大家好！**我**很高兴认识**你们**。
Dàjiā hǎo! Wǒ hěn gāoxìng rènshi nǐmen.
여러분 안녕하세요! **저는 여러분을** 만나게 되어 매우 기쁩니다.

1 인칭대명사

(1) 인칭대명사란 사람의 명칭을 대신하는 품사를 말하며, 인칭과 수에 따라 다음과 같이 분류할 수 있다.

	단수	복수
1인칭	我 wǒ ｜ 咱 zán	我们 wǒmen ｜ 咱们 zánmen
2인칭	你 nǐ ｜ 您 nín	你们 nǐmen
3인칭	他 tā ｜ 她 tā ｜ 它 tā	他们 tāmen ｜ 她们 tāmen ｜ 它们 tāmen

> '我们'과 '咱们'은 모두 '우리' '우리들'이라는 뜻을 나타낸다. '我们'은 청자를 포함할 수도 있고, 포함하지 않을 수도 있다.
> 반면, '咱们'은 반드시 청자와 화자 모두를 포함하며, 구어에서 많이 쓰인다.
>
> 妈妈，**我们[咱们]**几点吃饭？ 엄마, 우리 몇 시에 밥 먹어요?
> Māma, wǒmen[zánmen] jǐ diǎn chīfàn?
>
> **我们**[咱们(×)]要回家了，你在这里继续学习吧！ 우리는 집에 돌아갈 테니, 너는 여기서 계속 공부해!
> Wǒmen yào huí jiā le, nǐ zài zhèlǐ jìxù xuéxí ba!

(2) 인칭대명사는 문장에서 주로 주어, 목적어, 관형어 등으로 쓰인다.

我们认识了10年了。 우리가 알고 지낸 지 10년이다. → 주어
Wǒmen rènshi le shí nián le.

老师叫**你们**呢。 선생님께서 너희를 부르신다. → 목적어
Lǎoshī jiào nǐmen ne.

这是**他**的书。 이것은 그의 책이다. → 관형어
Zhè shì tā de shū.

2 지시대명사

(1) 지시대명사란 사람·사물·장소 등을 대신하는 품사를 말하며, 지칭대상에 따라 다음과 같이 분류할 수 있다.

	사람·사물	수량	장소	성질·정도	수단·방식
가까운 것 [이]	这 zhè	这些 zhèxiē	这里 zhèlǐ ｜ 这儿 zhèr	这么 zhème	这样 zhèyàng
먼 것 [그/저]	那 nà	那些 nàxiē	那里 nàlǐ ｜ 那儿 nàr	那么 nàme	那样 nàyàng

> '这' '那'는 대부분 '수량사+명사'와 함께 쓰여 사람이나 사물을 지칭한다.
>
> **这个教室**有四个学生。 이 교실에는 학생이 네 명 있다.
> Zhège jiàoshì yǒu sì ge xuésheng.
>
> **那个人**是美国人。 그 사람은 미국인이다.
> Nàge rén shì Měiguórén.

(2) 지시대명사는 문장에서 주어, 목적어, 관형어, 술어, 부사어, 보어 등의 여러 가지 성분을 대신한다.

这就对了。 이렇게 하면 된다. → 주어
Zhè jiù duì le.

我们学校就在这里。 우리 학교는 여기에 있다. → 목적어
Wǒmen xuéxiào jiù zài zhèlǐ.

别这么说。 그렇게 말하지 마라. → 부사어
Bié zhème shuō.

■ 밑줄 친 부분을 바르게 고쳐 보세요.
① 你别着急，咱们等你。 서두르지 마. 우리가 기다릴 테니.
② 我在这等他。 나는 여기서 그를 기다린다.

정답
① 我们
② 这里

05 의문대명사

你喜欢吃什么菜? 你喜欢在哪里吃饭?
Nǐ xǐhuan chī shénme cài? Nǐ xǐhuan zài nǎlǐ chīfàn?
당신은 무슨 음식을 좋아하나요? 당신은 어디에서 밥 먹는 것을 좋아하나요?

의문대명사란 '누구' '무엇' '언제' '어디' '얼마나'처럼 질문할 때 사용되는 품사로, 의문문을 만들 때 쓰인다.

1 의문대명사의 분류
의문대명사는 질문 대상에 따라 아래와 같이 분류할 수 있다.

사람 · 사물	장소	시간	수량	방식 · 상태	원인
谁 shéi 哪 nǎ 什么 shénme	哪儿 nǎr 哪里 nǎlǐ	什么时候 shénme shíhou	多少 duōshao 几 jǐ	怎么 zěnme 怎样 zěnyàng 怎么样 zěnmeyàng	怎么 zěnme 为什么 wèishénme

2 의문대명사의 쓰임

의문대명사는 문장의 여러 성분으로 쓰여 의문문을 만든다.

谁是你们的汉语老师? 어느 분이 너희 중국어 선생님이시니? → 주어
Shéi shì nǐmen de Hànyǔ lǎoshī?

你想去**哪儿**? 너는 어디에 가고 싶니? → 목적어
Nǐ xiǎng qù nǎr?

请问，去火车站**怎么**走? 말씀 좀 묻겠습니다. 기차역은 어떻게 갑니까? → 부사어
Qǐngwèn, qù huǒchēzhàn zěnme zǒu?

- **의문대명사의 특수 용법**
  ① 반어문을 만들 수 있다.
  　我**哪儿**知道你是这个意思! 내가 어떻게 네가 이런 생각을 하는지 알겠어!
  　Wǒ nǎr zhīdào nǐ shì zhège yìsi!
  ② '누구든지' '무엇이든' '어디든지'의 의미를 나타낼 수 있다.
  　他**哪儿**也不想去。 그는 어디에도 가고 싶어하지 않는다.
  　Tā nǎr yě bù xiǎng qù.
  ③ 동일한 의문대명사가 앞뒤로 쓰여 동일한 사물 또는 방법을 나타낸다.
  　你喜欢买**什么**就买**什么**吧。 당신이 사고 싶은 것 그것을 사세요.
  　Nǐ xǐhuan mǎi shénme jiù mǎi shénme ba.

■ 문장에서 의문대명사를 찾고, 그 쓰임을 말해 보세요.
① 今天这么热，不去怎么样? 오늘 이렇게 더운데, 안 가는 게 어때?
② 谁看过那部电影? 누가 그 영화를 본 적이 있니?

정답
① 怎么样 → 술어
② 谁 → 주어

 # 정수, 분수, 소수

我今天花了**两万三千四百五十六块钱**。 나는 오늘 23,456위안을 썼다.
Wǒ jīntiān huā le liǎngwàn sānqiān sìbǎi wǔshí liù kuài qián.

수사는 기수, 서수, 어림수로 나뉜다. 기수는 숫자의 크고 작음을 표시하는 수로 정수, 소수, 분수로 나눌 수 있다.

1 정수

정수는 숫자를 나타내는 계수와 단위를 나타내는 자릿수로 나뉜다.

계수	零 líng 0	一 yī 1	二 èr 2	三 sān 3	半 bàn $\frac{1}{2}$	两 liǎng 2
자릿수	十 shí 십	百 bǎi 백	千 qiān 천	万 wàn 만	亿 yì 억	兆 / 万亿 zhào/wànyì 조

(1) 정수는 계수와 자릿수를 결합하여 읽는다.

十三亿三千九百七十二万四千八百五十二 1,339,724,852 [2010년 기준 중국 총 인구현황]
shísānyì sānqiān jiǔbǎi qīshí'èrwàn sìqiān bābǎi wǔshí èr

(2) 숫자 중간에 '0'이 계속 되더라도 한 번만 읽는다. 숫자 끝에 '0'이 나오면, 생략이 가능하다.

一万零二 yíwàn líng èr 10,002   六百八十七万 liùbǎi bāshíqīwàn 6,870,000

(3) 100이상의 숫자에서 10단위 자리에 '一'이 나오면 반드시 읽어준다.

一百一十一 yìbǎi yīshí yī 111   五千一百一十八 wǔqiān yìbǎi yīshí bā 5,118

(4) 수사 '半'은 $\frac{1}{2}$를 나타낸다. '半' 앞에 정수가 있으면 '수사+양사+半(+명사)'의 형식으로 쓰고, '半' 앞에 숫자가 없으면 '半+양사(+명사)'의 형식으로 쓴다.

现在是五点半。 지금은 다섯 시 반이다.
Xiànzài shì wǔ diǎn bàn.

每次吃半片。 매번 반 조각씩 먹는다.
Měi cì chī bàn piàn.

> 两年半 = 2年 + $\frac{1}{2}$ 年 2년 + 반년
> 两个半月 = 2个月 + $\frac{1}{2}$ 月 2개월 + 보름
> 两天半 = 2天 + $\frac{1}{2}$ 天 2일 + 반나절

(5) 전화번호나 방 호수를 읽을 때는 숫자만 읽는다. 즉, 자릿수[단위]는 읽지 않는다. 이때, '一'는 'yāo'라고 읽는다.

零一零一二三四五六七八 líng yāo líng - yāo èr sān sì - wǔ liù qī bā 010-1234-5678

514号房间 wǔ yāo sì hào fángjiān 514호 룸

2 숫자 '2'를 나타내는 '二'과 '两'의 용법

(1) 소수, 분수, 배수, 서수와 같은 숫자나 번호를 말할 때는 '二'을 쓴다.

第二 dì èr 두 번째   MU525航班 MU wǔ èr wǔ hángbān MU525편 비행기

(2) 자릿수가 '千' '万' '亿'이면 '两'을 쓴다. 그러나 '零' 뒤는 보통 '二'을 쓴다.

两千 liǎngqiān 2,000   六百零二亿 liùbǎi líng'èryì 60,200,000,000

(3) 양사나 양사 역할을 하는 명사 앞에서는 주로 '两'을 쓴다.

两个人 liǎng ge rén 두 사람   两年 liǎng nián 2년

3 분수와 소수의 표현

(1) 분수는 'A分之fēnzhīB[A분의 B]' 또는 'C又A分之B[C와 A분의 B]'라고 읽는다. 백분율은 '百分之A'라고 읽는다.

二分之一 èr fēnzhī yī $\frac{1}{2}$ 三又三分之一 sān yòu sān fēnzhī yī $3\frac{1}{3}$

百分之二十二 bǎi fēnzhī èrshí'èr 22%

(2) 소수의 소수점은 '点 diǎn'으로 읽는다. 이때, 소수점 앞부분은 정수처럼 읽고, 뒷부분은 숫자만 읽는다.

一百零一点七三零八 yìbǎi líng yī diǎn qī sān líng bā 101.7308

- 주어진 숫자를 중국어로 표현해 보세요.
  ① 25,006,009
  ② $2\frac{1}{4}$

정답
① 两千五百万六千零九
② 二又四分之一

---

07 서수, 어림수, 배수

今天我们学习第十三课。 오늘 우리는 제13과를 배우겠습니다.
Jīntiān wǒmen xuéxí dì shísān kè.

1 서수

순서를 나타내는 수로, 서수를 나타내는 방법은 다음과 같다.

(1) 서수는 일반적으로 숫자 앞에 '第 dì' '老 lǎo' '初 chū' 등을 더해서 표현한다.

第一天 dì yī tiān 첫째 날   老大 lǎodà 맏이   初一 chū yī (음력) 초하루

(2) '숫자+명사'의 형식으로 다양한 서수를 표현할 수 있다.

一号 yī hào 1일   二楼(层) èr lóu(céng) 2층   一年级 yī niánjí 1학년

> 이 밖에 다음과 같은 단어들도 순서를 나타낸다.
> 头等 tóuděng 1등   首次 shǒucì 첫 번째   末班车 mòbānchē 막차

2 어림수

대강 짐작으로 잡는 수로, 어림수를 나타내는 방법은 다음과 같다.

(1) 잇닿은 수를 연달아 사용한다. 그러나 '九'와 '十', '十'과 '十一'는 연달아 사용할 수 없다.

　　四五天 sì wǔ tiān 4~5일　　　　七八百元 qī bā bǎi yuán 7~8백 위안

(2) 수사나 양사 뒤에 '多'와 '来'를 사용한다. 이때, '1~9'로 끝나는 숫자는 '수사+양사+来/多+명사'의 형식으로 표현하고, '0'으로 끝나는 숫자는 '수사+来/多+양사+(명사)'의 형식으로 표현한다.

　　四个来小时 sì ge lái xiǎoshí 4시간 안팎　　　十来个人 shí lái ge rén 10명 정도
　　六块多钱 liù kuài duō qián 6위안 정도　　　一百多公斤 yìbǎi duō gōngjīn 100여 kg

(3) 숫자 뒤에 '左右' '前后'를 사용해서 '약간 많거나 적음'을 나타낸다. '左右'는 '수사+양사' 뒤에 쓰이지만, 시점을 나타내는 명사 뒤에는 쓸 수 없다. '前后'는 주로 시점을 나타내는 명사 뒤에 쓰인다.

　　一米七左右 yì mǐ qī zuǒyòu 170cm 가량　　　一个星期左右 yí ge xīngqī zuǒyòu 일주일 정도
　　九点半前后 jiǔ diǎn bàn qiánhòu 9시반 경　　　圣诞节前后 Shèngdàn Jié qiánhòu 크리스마스 즈음

(4) '几'나 '两'을 사용해 어림수를 나타낼 수 있다.

　　院子里有几个孩子。마당에 아이들이 몇 명 있다.　　过两天再说吧。며칠 후에 다시 이야기하자.
　　Yuànzi li yǒu jǐ ge háizi.　　　　　　　　　　　Guò liǎng tiān zài shuō ba.

3 배수

배수는 '숫자+倍'의 형식으로 표현한다.

　　2倍 liǎng bèi 두 배　　　100倍 yìbǎi bèi 백 배

■ 문장의 적절한 위치에 주어진 단어를 넣어 보세요.

① 中国有 A 十 B 亿 C 人口。(多) 중국은 10억 정도의 인구가 있다.
② 教室里有 A 十 B 个 C 学生。(来) 교실에는 10명 정도가 있다.

정답
① C
② B

명량사

我们班有25名学生。 우리 반에는 25명의 학생이 있다.
Wǒmen bān yǒu èrshíwǔ míng xuésheng.

양사란 사람·사물이나 행위·동작, 혹은 상태 따위를 계량·계측하는 품사를 말하며, 명량사와 동량사로 나뉜다.

1 명량사

각종 사람·사물 등의 수량을 세는 단위이다. 단독으로 쓰이지 않으며, 보통 '수사+양사'의 구조로 명사를 수식한다.

本 (×) | 一书 (×) → 一本书 yì běn shū (○) 책 한 권

2 명량사의 분류

명량사는 개체양사, 집합양사, 도량형양사, 차용양사 등으로 나눌 수 있다.
(1) 개체양사 : 하나하나 셀 수 있는 사람이나 사물을 세는 양사이다.

개체양사	용법	결합되는 명사의 예
把 bǎ	손잡이가 있는 물건 '자루'	刀 dāo 칼 | 椅子 yǐzi 의자 | (雨)伞 yǔsǎn 우산
本 běn	서적 따위 '권'	书 shū 책 | 杂志 zázhì 잡지 | 笔记本 bǐjìběn 노트
个 ge	일반적인 사물이나 사람의 개체 '개'	人 rén 사람 | 苹果 píngguǒ 사과 | 问题 wèntí 문제
间 jiān	방 '칸'	屋子 wūzi 방 | 房子 fángzi 집 | 教室 jiàoshì 교실
件 jiàn	개체 사물 표시 '개' '건'	衣服 yīfu 옷 | 事情 shìqing 일 | 礼物 lǐwù 선물
块 kuài	덩어리 모양의 물건 '덩어리'	糖 táng 사탕 | 地 dì 땅 | 肥皂 féizào 비누
辆 liàng	차량 '대'	汽车 qìchē 자동차 | 自行车 zìxíngchē 자전거
条 tiáo	긴 형태의 동물, 구부릴 수 있는 물건	鱼 yú 물고기 | 裤子 kùzi 바지 | 路 lù 길 | 河 hé 강
	생명, 목숨, 뉴스 따위	命 mìng 목숨 | 心 xīn 마음 | 消息 xiāoxi 소식
位 wèi	사람[존칭의 의미가 있음] '분'	客人 kèrén 손님 | 先生 xiānsheng ~씨
张 zhāng	납작하고 평평한 물건을 셀 때 '장'	纸 zhǐ 종이 | 脸 liǎn 얼굴 | 桌子 zhuōzi 탁자

只 zhī	짝이 되는 사물의 한 쪽 '척' '짝'	鞋 xié 신발 ǀ 袜子 wàzi 양말 ǀ 手 shǒu 손
	동물 '마리'	鸡 jī 닭 ǀ 狗 gǒu 개

> 동일한 사물이라도 '모양'이나 화자의 '표현 의도'에 따라 양사를 달리 쓰기도 한다.
> 一片面包 yí piàn miànbāo 빵 한 쪽 ǀ 一块面包 yí kuài miànbāo 빵 한 조각[덩어리]

(2) 집합양사 : 쌍이나 집합의 의미가 있는 명사를 세는 양사이다.

집합양사	용법	결합되는 명사의 예
对 duì	짝이 되는 사람이나 물건 '쌍'	夫妻 fūqī 부부 ǀ 情人 qíngrén 연인 ǀ 眼睛 yǎnjing 눈
副 fù	조를 이루는 물건 켤레	手套 shǒutào 장갑
	얼굴의 표정	笑脸 xiàoliǎn 웃는 얼굴 ǀ 表情 biǎoqíng 표정
双 shuāng	짝을 이루는 물건	鞋 xié 신 ǀ 筷子 kuàizi 젓가락 ǀ 袜子 wàzi 양말
套 tào	'벌' '세트'	房子 fángzi 집 ǀ 家具 jiājù 가구 ǀ 衣服 yīfu 옷
种 zhǒng	사람 또는 사물의 종류	人 rén 사람 ǀ 东西 dōngxi 물건 ǀ 看法 kànfǎ 견해

(3) 도량형양사 : 길이, 면적, 무게, 용량을 재는 도량형 단위의 양사이다.

　　五公里 wǔ gōnglǐ 5km　　　　十平方米 shí píngfāngmǐ 10㎡
　　七十公斤 qīshí gōngjīn 70kg　　八升 bā shēng 8ℓ

(4) 차용양사 : 사물과 관련된 용기나 일반 명사를 임시로 빌려 쓰는 양사이다.

　　四杯咖啡 sì bēi kāfēi 커피 네 잔　　一桌子(的)菜 yì zhuōzi (de) cài 한 상의 요리[한 상 가득한 요리]

> 화폐는 '元 yuán [块 kuài] 위안 > 角 jiǎo [毛 máo] 쟈오 > 分 fēn 펀'의 단위를 사용하여 표현한다. [1元=10角=100分]
> 一万零二块两毛二 yíwàn líng èr kuài liǎng máo èr 10,002.22위안

■ 빈칸에 적합한 양사를 넣어 보세요.　　　　　　　　　　　　정답
　① 请给我拿一_____筷子。제게 젓가락 한 벌만 주세요.　　① 双
　② 李老师为我们做了一_____菜。이 선생님께서 우리를 위해 한 상 가득 요리를 해 주셨다.　② 桌子

동량사 및 양사의 중첩

我去过三次上海。 나는 상하이에 세 번 간 적이 있다.
Wǒ qù guo sān cì Shànghǎi.

1 동량사

동작이나 행위의 양을 세는 데 쓰이는 양사이다. 주로 동사 뒤에서 동작이나 행위의 횟수를 보충하는 '보어'로 쓰인다.

他找过你两回。 그가 당신을 두 번 찾아 왔었다.
Tā zhǎo guo nǐ liǎng huí.

(1) 자주 쓰이는 동량사

동량사	용법	결합되는 동량구의 예
遍 biàn	일정한 과정[처음부터 끝]이 있는 동작의 차수 '(한) 차례'	这本小说我看了一遍。 이 소설을 나는 한 번 읽었다. Zhè běn xiǎoshuō wǒ kàn le yí biàn.
次 cì	동작의 차수, 횟수, 흔히 반복되는 동작	两年前，我们见过一次。 2년 전에 우리는 한 번 만난 적이 있다. Liǎng nián qián, wǒmen jiàn guo yí cì.
趟 tàng	오가는 왕복 동작의 차수, 횟수 '차례, 탕'	明天请你到我这儿来一趟。 내일 내가 있는 곳에 한 번 와 주세요. Míngtiān qǐng nǐ dào wǒ zhèr lái yí tàng.
下儿 xiàr	동작의 차수, 횟수	请你介绍一下儿你们学校。 당신의 학교를 좀 소개해 주세요. Qǐng nǐ jièshào yíxiàr nǐmen xuéxiào.
回 huí	일반적으로 발생되는 동작의 차수, 횟수 '회'	那个餐厅我们去过一回。 그 식당을 우리는 한 번 간 적이 있다. Nàge cāntīng wǒmen qù guo yì huí.

(2) 차용동량사 : 적합한 양사가 없는 경우, 동작이나 행위와 관련된 신체나 도구를 차용하여 양사로 사용하는데, 이때 양사 역할을 하는 명사를 차용동량사라고 한다.

看一眼 kàn yì yǎn 힐끗 쳐다보다, 눈길을 좀 주다

打他一巴掌 dǎ tā yì bāzhǎng 그를 손바닥으로 한 대 때리다

2 양사의 중첩

(1) 단음절 양사와 수량구는 중첩할 수 있다. 양사가 중첩되면 '모두' '전부'라는 뜻을 나타낸다.

这些孩子个个都会用电脑。 이 아이들은 모두 컴퓨터를 사용할 줄 안다.
Zhèxiē háizi gè gè dōu huì yòng diànnǎo.

件件衣服都很漂亮。 옷마다 전부 아주 예쁘다.
　　Jiàn jiàn yīfu dōu hěn piàoliang.

(2) 수량구의 중첩형식은 'AXAX' 또는 'AXX'로, 중첩의 의미는 '모두' '전부' 혹은 '많음'을 나타내거나 '하나하나'라는 동작의 방식을 묘사한다.

　　这些书一本本又厚又重。 이 책들은 모두 두껍고 무겁다. → 모두, 전부
　　Zhèxiē shū yì běn běn yòu hòu yòu zhòng.

　　我一次次给他打电话。 나는 그에게 전화를 많이 걸었다. → 많음
　　Wǒ yí cì cì gěi tā dǎ diànhuà.

　　老师把生词一个一个地写在黑板上。 선생님께서 단어를 하나씩 칠판 위에 쓰신다. → 하나하나
　　Lǎoshī bǎ shēngcí yí ge yí ge de xiě zài hēibǎn shang.

■ 빈칸에 적절한 양사를 넣어 보세요.
① 去年我去北京旅游过一＿＿＿。 작년에 나는 베이징에 가서 여행을 한 적이 있다.
② 这本小说我已经看过三＿＿＿了。 이 소설은 내가 이미 세 번이나 본 적이 있다.

정답
① 趟 또는 次
② 遍

 실력 점검하기

1 빈칸에 적합한 의문대명사를 넣어 보세요.

　(1) 你在_____上学? 당신은 어디에서 학교를 다닙니까?

　(2) 你每天睡_____个小时? 당신은 매일 몇 시간 잠을 잡니까?

　(3) 请问，去银行_____走? 실례합니다. 은행에 어떻게 가나요?

2 중국어를 숫자로 써 보세요.

　(1) 五千七百六十七 → _____　　(2) 八万二 → _____

　(3) 一百零一点八八 → _____　　(4) 二又五分之一 → _____

3 사진에 알맞은 양사를 연결하고 빈칸에 적합한 '수사+양사'를 넣어 보세요.

(1) 　　　　　　(ㄱ) 件 _____ 大衣 코트 두 벌

(2) 　　　　　　(ㄴ) 把 _____ 伞 우산 한 자루

(3) 　　　　　　(ㄷ) 杯 _____ 咖啡 커피 네 잔

新 HSK 문제 맛보기

1 알맞은 단어를 넣어 문장을 완성해 보세요.

> 东边   中间   条   遍   半   两

(1) 明天我们早上7点＿＿＿＿＿出发。 내일 우리는 오전 7시 반에 출발한다.

(2) 老师，请您再说一＿＿＿＿＿。 선생님, 다시 한 번 말씀해 주세요.

(3) 往前走大概100米，在一所学校的＿＿＿＿＿有一个博物馆。   **大概** dàgài 아마도, 대개
   앞으로 약 100m를 가시면 어떤 학교 동쪽에 박물관이 하나 있습니다.

2 주어진 어휘를 바르게 배열하여 하나의 문장을 만들어 보세요.

(1) 的 / 号码 / 你 / 是 / 房间 / 多少   당신의 방 번호는 무엇입니까?
   → ＿＿＿＿＿＿＿＿＿＿＿＿＿＿＿＿＿＿＿＿＿＿＿＿＿＿＿＿＿

(2) 同学 / 非常 / 们 / 高兴 / 都   반 친구들이 모두 매우 기뻐한다.
   → ＿＿＿＿＿＿＿＿＿＿＿＿＿＿＿＿＿＿＿＿＿＿＿＿＿＿＿＿＿

(3) 学习 / 玛丽 / 北京语言大学 / 在 / 汉语   메리는 베이징어언대학교에서 중국어를 공부한다.
   → ＿＿＿＿＿＿＿＿＿＿＿＿＿＿＿＿＿＿＿＿＿＿＿＿＿＿＿＿＿

3 사진을 보고 빈칸에 적합한 단어를 넣어 보세요.

(1)

孩子坐在我们＿＿＿＿＿＿。
         zhōngjiān

(2)

A：你喜欢＿＿＿＿＿动物？
       shénme

B：我觉得熊猫最可爱了。

034

03 용언

용언이란 문장에서 주로 술어로 쓰이며, 부사의 수식을 받을 수 있는 성분을 말한다. 용언에 속하는 품사는 '동사' '조동사' '형용사'가 있다.

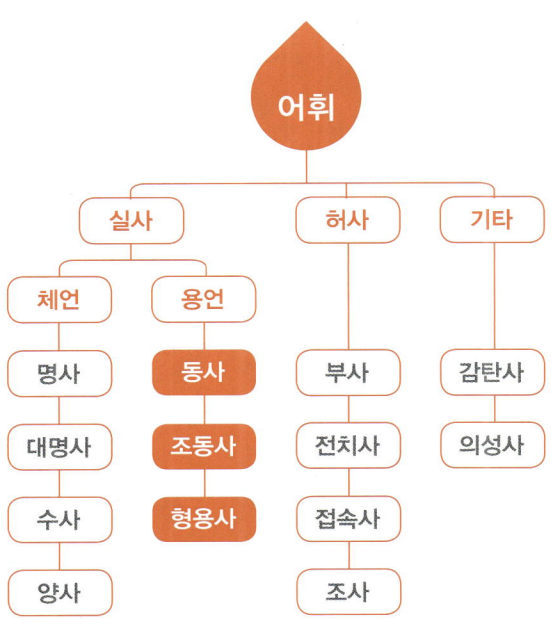

핵심 문법

용언

- **동사**
  - **동사의 의미**
    - **동작동사** 구체적인 동작을 나타내는 동사이다.
      看 kàn 보다 | 写 xiě 쓰다 | 学习 xuéxí 공부하다
    - **행위동사** 비교적 추상적인 행위를 나타내는 동사이다.
      表示 biǎoshì 나타내다 | 通过 tōngguò 통과하다 | 禁止 jìnzhǐ 금지하다
    - **심리동사** 심리활동이나 지각활동을 나타내는 동사이다.
      爱 ài 사랑하다 | 喜欢 xǐhuan 좋아하다 | 知道 zhīdào 알다
    - **관계동사** 판단, 소유, 존재, 유사함 등의 관계를 나타내는 동사이다.
      是 shì ~이다 | 有 yǒu 있다 | 在 zài ~에 있다 | 像 xiàng 닮다
    - **방향동사** 어느 방향으로의 움직임을 나타내는 동사이다.
      上 shàng 오르다 | 起 qǐ 일어서다 | 过 guò 지나다 | 来 lái 오다
  - **목적어 유무**
    - **자동사** 직접접으로 목적어를 갖지 못하는 동사이다.
      活 huó 살다 | 休息 xiūxi 쉬다 | 结婚 jiéhūn 결혼하다
    - **타동사** 한 개 이상의 목적어를 가지는 동사이다.
      吃 chī 먹다 | 学习 xuéxí 공부하다 | 给 gěi 주다 | 告诉 gàosu 알려주다

- **조동사**
  - **가능류** '~할 것이다' '~할 수 있다'라는 의미를 나타낸다.
    能 néng ~할 수 있다 | 会 huì ~할 수 있다 | 可以 kěyǐ ~할 수 있다
  - **당연류** '마땅히 ~해야 한다'라는 의미를 나타낸다
    应该 yīnggāi 마땅히 ~해야 한다 | 该 gāi ~해야 한다 | 得 děi ~해야 한다
  - **희망류** '~하고 싶다'라는 의미를 나타낸다.
    想 xiǎng ~하고 싶다 | 要 yào ~하려고 하다 | 愿意 yuànyì ~하고 싶어하다
    敢 gǎn 감히 하려고 하다 | 肯 kěn 기꺼이 ~하려고 하다

- **형용사**
  - **성질형용사** 사물의 각종 성질이나 모양을 나타내는 형용사이다.
    好 hǎo 좋다 | 大 dà 크다, 많다, 세다 | 美丽 měilì 아름답다 | 清楚 qīngchu 분명하다
  - **상태형용사** 사물의 각종 상태를 나타내는 형용사이다.
    雪白 xuěbái (눈처럼) 새하얗다 | 黑乎乎 hēihūhū 시커멓다 |
    好好儿的 hǎohāor de 좋은
  - **구별형용사** 각종 사물이나 상태에 대한 '구별'의 의미를 표시하는 형용사이다.
    男 nán 남성의 | 公共 gōnggòng 공공의 | 初级 chūjí 초급의

 # 동사의 특징과 쓰임

我们学习**汉语**。 우리는 중국어를 공부한다.
Wǒmen xuéxí Hànyǔ.

동사란 구체적인 동작이나 추상적인 행위, 심리활동 그리고 상태의 발전·변화, 판단, 소유, 존재 등을 나타내는 품사이다.

1 동사의 특징

(1) 명사나 대명사를 목적어로 가질 수 있다. 일부 동사는 동사, 형용사, 문장 등을 목적어로 가지기도 한다.

他爱**你**。 그는 당신을 사랑한다. → 대명사가 목적어로 옴
Tā ài nǐ.

我们开始**上课**。 우리는 수업을 시작한다. → 동사가 목적어로 옴
Wǒmen kāishǐ shàngkè.

我认为**他很好**。 나는 그가 좋다고 생각한다. → 문장이 목적어로 옴
Wǒ rènwéi tā hěn hǎo.

> 특히 '爱 ài 사랑하다' '感谢 gǎnxiè 감사하다' '害怕 hàipà 두렵다' '讨厌 tǎoyàn 싫어하다' '希望 xīwàng 희망하다' '喜欢 xǐhuan 좋아하다' 등과 같은 심리동사는 비심리동사와 달리 정도부사의 수식을 받을 수 있다.
> 我**很**喜欢你。 나는 너를 아주 좋아한다.
> Wǒ hěn xǐhuan nǐ.

(2) 동사 앞에 부사나 조동사 같은 수식성분이 올 수 있다.

我们**正在**上课呢。 우리는 지금 수업을 하고 있다.　　他**可以**做菜。 그는 요리를 할 수 있다.
Wǒmen zhèngzài shàngkè ne.　　　　　　　　　　　Tā kěyǐ zuò cài.

(3) 동사를 부정할 때는 부정부사 '不'나 '没'를 사용한다.

不看 bú kàn 보지 않는다. 안 본다　　　　**没**看 méi kàn 보지 않았다. 못 봤다

(4) 동사 뒤에 여러 가지 보어가 올 수 있다.

吃**好**了 chī hǎo le 잘 먹었다 → 결과보어　　　站**起来** zhàn qǐlái 일어서다 → 방향보어

听**得懂** tīng de dǒng 알아듣다 → 가능보어　　问**过两次** wèn guo liǎng cì 두 번 물어본 적이 있다 → 동량보어

看**得清楚** kàn de qīngchu 확실히 보다 → 정도보어

● 보어와 관련된 내용은 '제7과 문장의 부속성분'을 참고하자! ∴ 112p

(5) 동사 뒤에 동태조사 '了' '着' '过'가 와서 동작의 상태를 표현한다.

说了 shuō le 말했다 → 완료　　说着 shuō zhe 말하고 있다 → 진행　　说过 shuō guo 말한 적이 있다 → 경험

◆ 동태조사란 동사나 형용사 뒤에서 동작의 변화나 상태를 나타내는 조사로 '제5과 허사(2)'를 참고하자! ∴ 77p

2 동사의 쓰임

동사는 문장을 구성하는 데 있어 중심적인 위치에서 기능을 한다. 즉, 동사를 중심으로 그 앞뒤에 수식성분, 보충성분, 목적어 등이 각각 위치하게 된다.

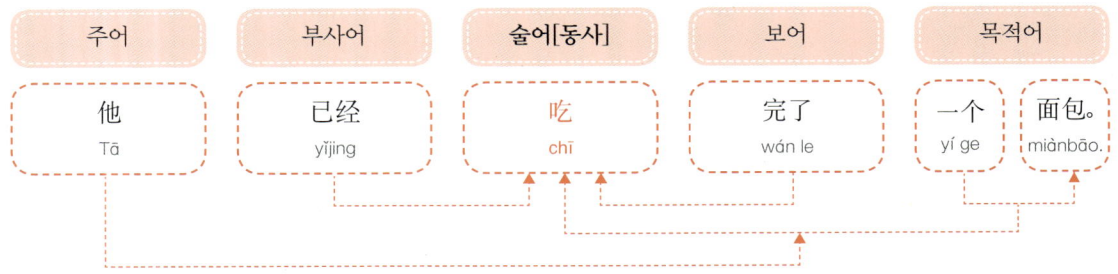

주어	부사어	술어[동사]	보어	목적어	
他 Tā	已经 yǐjing	吃 chī	完了 wán le	一个 yí ge	面包。 miànbāo.

그는 이미 빵 한 개를 다 먹었다.

(1) 동사는 주로 술어로 쓰이지만, 형태 변화 없이 문장에서 각종 성분으로 두루 쓰일 수 있다.

我送他生日礼物。 나는 그에게 생일 선물을 주었다. → 술어
Wǒ sòng tā shēngrì lǐwù.

复习非常重要。 복습은 매우 중요하다. → 주어
Fùxí fēicháng zhòngyào.

哥哥喜欢看电影。 오빠는[형은] 영화 보는 것을 좋아한다. → 목적어
Gēge xǐhuan kàn diànyǐng.

(2) 동사가 관형어로 쓰일 때는 반드시 동사 뒤에 구조조사 '的'를 붙여야 한다.

睡觉的那个人是哪位? 잠자는 저 사람은 누구입니까?
Shuìjiào de nàge rén shì nǎ wèi?

他写的汉字很漂亮。 그가 쓴 한자는 아주 멋지다.
Tā xiě de Hànzì hěn piàoliang.

(3) 동사가 술어로 쓰일 때, 긍정형식과 부정형식을 나란히 놓아 의문문을 나타낼 수 있다. 2음절동사의 경우 'A不[没]AB' 형식을 사용하기도 하는데, 이때 의문조사 '吗'는 붙이지 않는다.

你喝不喝咖啡? 커피 마실래요, 안 마실래요?
Nǐ hē bù hē kāfēi?

你喜欢不喜欢我? 당신은 나를 좋아하나요?
Nǐ xǐhuan bù xǐhuan wǒ?

你习没习惯这里的生活? 당신은 이곳의 생활에 익숙해졌나요?
Nǐ xí méi xíguàn zhèlǐ de shēnghuó?

- 문장에서 동사를 찾고, 그 쓰임을 말해 보세요.
    ① 我喝了一杯咖啡。 나는 커피 한 잔을 마셨다.
    ② 他说的话很多。 그가 한 말은 매우 많다.

정답
① 喝, 술어
② 说, 관형어

02 동사의 분류

昨天我跟一个朋友见面了。 어제 나는 친구를 만났다.
Zuótiān wǒ gēn yí ge péngyou jiànmiàn le.

1 동사의 분류

동사는 뒤에 목적어의 여부에 따라 목적어를 갖는 '타동사'와 목적어를 갖지 않는 '자동사'로 나눌 수 있다. 동사는 목적어의 유무와 목적어의 성질에 따라 다음과 같이 분류된다.

동사의 분류			동사의 예
자동사	일반자동사		妈妈在房间里休息。 엄마는 방 안에서 쉬신다. Māma zài fángjiān li xiūxi.
	이합동사		我要帮朋友的忙。 나는 친구의 일을 도와주려고 한다. Wǒ yào bāng péngyou de máng.
타동사	체언성 목적어	목적어 한 개	我要帮助朋友。 나는 친구를 도와주려고 한다. Wǒ yào bāngzhù péngyou.
		목적어 두 개	我告诉你一件事情。 내가 너에게 한 가지 일을 알려줄게. Wǒ gàosu nǐ yí jiàn shìqing.
	용언성 목적어		毕业以后，我打算找工作。 졸업 후, 나는 취직을 할 계획이다. Bìyè yǐhòu, wǒ dǎsuan zhǎo gōngzuò.

체언성 목적어란 명사(구)나 대명사가 목적어로 쓰이는 것을 말하고, 용언성 목적어란 동사(구)나 형용사(구)가 목적어로 쓰이는 것을 말한다. 이와 관련된 내용은 '제6과 문장의 주요성분'을 참고하자! 95p, 97p

2 이합동사

(1) 자동사 중에서 '동사+목적어'의 구조로 이루어진 이합동사는 단어 자체가 목적어 성분을 가지고 있으므로, 따로 목적어를 갖지 않는다. 단, 목적어가 필요할 경우 이합동사의 두 번째 성분을 수식하는 관형어로 만들거나, 전치사를 사용하여 목적어를 이합동사 앞뒤에 놓는다.

见面 jiànmiàn 만나다 → 见他的面 jiàn tā de miàn 그를 만나다
跟他见面 gēn tā jiànmiàn 그를 만나다

毕业 bìyè 졸업하다 → 从大学毕业 cóng dàxué bìyè 대학교를 졸업하다
毕业于首尔大学 bìyè yú Shǒu'ěr Dàxué 서울대학교를 졸업하다

(2) '了' '着' '过'와 같은 조사가 올 때는 이합동사의 첫 번째 성분 바로 뒤에 놓인다.

我没跟他见过面。 나는 그와 만난 적이 없다.
Wǒ méi gēn tā jiàn guo miàn.

(3) 수량 표시어는 이합동사 사이에 넣는다.

我们见过一次面。 우리는 한 번 만난 적이 있다.
Wǒmen jiàn guo yí cì miàn.

我下午睡了两个小时(的)觉。 나는 오후에 잠을 두 시간 잤다.
Wǒ xiàwǔ shuì le liǎng ge xiǎoshí (de) jiào.

(4) 자주 사용되는 이합동사는 다음과 같다.

道歉 dào ‖ qiàn 사과(를) 하다　　放假 fàng ‖ jià 방학(을) 하다　　聊天 liáo ‖ tiān 이야기(를) 나누다
请客 qǐng ‖ kè 초대(를) 하다　　散步 sàn ‖ bù 산책(을) 하다　　上课 shàng ‖ kè 수업(을) 하다
生气 shēng ‖ qì 화(를) 내다　　睡觉 shuì ‖ jiào 잠(을) 자다　　洗澡 xǐ ‖ zǎo 목욕(을) 하다

■ 문장의 알맞은 위치에 주어진 단어를 넣어 보세요.

① _A_ 我 _B_ 帮 _C_ 忙 _D_ 吗？ (什么) 제가 무엇을 도와드릴까요?
② _A_ 这次 _B_ 该我 _C_ 请 _D_ 客了。(你们的) 이번에는 제가 여러분에게 대접할 차례입니다.

정답
① C
② D

 # 동사의 중첩

妈妈，您太累了，去休息休息吧。 엄마, 많이 피곤하실 텐데 가서 좀 쉬세요.
Māma, nín tài lèi le, qù xiūxi xiūxi ba.

1 동사의 중첩방식

중국어의 일부 동사는 중첩할 수 있는데, 중첩방식은 동사의 음절수에 따라 달라진다.

A [1음절]	AA	听听 tīngting 좀 들어보다	想想 xiǎngxiang 좀 생각해보다
	A一A	听一听 tīng yi tīng 좀 들어보다	想一想 xiǎng yi xiǎng 좀 생각해보다
	A了A	听了听 tīng le tīng 좀 들었다	想了想 xiǎng le xiǎng 좀 생각했다
	A了一A	听了一听 tīng le yì tīng 좀 들었다	想了一想 xiǎng le yì xiǎng 좀 생각했다
AB [2음절]	ABAB	休息休息 xiūxi xiūxi 좀 쉬다	学习学习 xuéxí xuéxí 좀 공부하다
	AB了AB	休息了休息 xiūxi le xiūxi 좀 쉬었다	学习了学习 xuéxí le xuéxí 좀 공부했다
	AAB	帮帮忙 bāngbang máng 좀 돕다	见见面 jiànjian miàn 잠깐 만나다
A(B)来A(B)去		想来想去 xiǎng lái xiǎng qù 이리저리 생각해보다 研究来研究去 yánjiū lái yánjiū qù 이리저리 연구를 거듭하다	

① 1음절 동사를 중첩할 때 동사 사이에 '一'가 첨가되면, 동사가 나타내는 동작이 '짧은 시간'이거나, 동작이 '1회만 행해짐'을 강조한다. '了'가 첨가되면 동작이 이미 실현됐다는 '완료'를 나타낸다.
② 2음절 동사의 'AAB' 형식은 술목식 구조인 이합동사의 중첩형이다.
③ 동사에 방향보어를 넣은 'A(B)来A(B)去'식은 '행위의 반복'을 의미한다.

2 동사의 중첩의미

(1) 동작이나 행위의 '짧은 지속이나 진행'을 나타낸다.

他看看问题就知道了。 그는 문제를 잠깐 보자마자 바로 알았다.
Tā kànkan wèntí jiù zhīdào le.

我们再商量商量这件事吧。 우리 다시 이 일에 관해 잠시 의논해 봅시다.
Wǒmen zài shāngliang shāngliang zhè jiàn shì ba.

(2) '시험 삼아 한번 ~해 보다'라는 시도의 의미를 나타낸다. 중첩된 동사 뒤에 '看'을 더하여 시도의 의미를 강조하기도 한다.

你吃过韩国菜吗? 一起去尝尝吧。 한국 음식 먹어 봤나요? 같이 가서 먹어 봅시다.
Nǐ chī guo Hánguócài ma? Yìqǐ qù chángchang ba.

穿穿看合适不合适。 맞는지 안 맞는지 한번 입어 보자.
Chuānchuan kàn héshì bù héshì.

(3) '이것도 하고 저것도 하고~'라는 가벼운 어투를 표현한다.

星期六我常常在家看看电视、上上网。 토요일에 나는 종종 집에서 TV도 좀 보고 인터넷도 좀 한다.
Xīngqīliù wǒ chángcháng zài jiā kànkan diànshì, shàngshang wǎng.

3 중첩이 불가능한 동사

대부분의 동사는 중첩이 가능하지만, 다음 동사들은 중첩할 수 없다.

(1) 판단, 소유, 존재를 나타내는 동사나 심리·지각동사

是, 有, 在, 爱, 怕, 喜欢, 明白, 觉得……

(2) 방향을 나타내는 동사

来, 去, 上, 过, 起来, 进来, 回去……

- 밑줄 친 부분을 바르게 고쳐 보세요.
  ① 我喜欢吃晚饭出去<u>散步散步</u>。 나는 저녁을 먹고 나가서 산책하는 것을 좋아한다.
  ② 这个问题我也不知道，咱们<u>问问一下</u>老师吧。 이 문제는 나도 잘 모르겠으니, 선생님한테 좀 물어보자.

정답
① 散散步
② 问问 또는 问一下

04 조동사의 분류와 특징

我**要**买一辆新自行车。 나는 새 자전거를 한 대 사려고 한다.
Wǒ yào mǎi yí liàng xīn zìxíngchē.

1 조동사의 분류

조동사란 동사 앞에서 동사에 '가능' '희망' '필요' 등의 의미를 더해주는 기능을 한다. 의미에 따라 다음과 같이 분류할 수 있다.

능력이나 가능성 [~할 수 있다, ~할 것이다]	能 néng ǀ 会 huì ǀ 可以 kěyǐ
당연함이나 필요성 [마땅히 ~해야 한다]	应该 yīnggāi ǀ 该 gāi ǀ 得 děi
주관적인 희망 [~하고 싶다]	想 xiǎng ǀ 要 yào ǀ 愿意 yuànyì

2 조동사의 특징

(1) 반드시 동사나 동사구 앞에 놓인다.

我**可以**下班了。 나는 퇴근할 수 있다. [나는 퇴근해도 된다.] → 조동사 + 동사(구)
Wǒ kěyǐ xiàbān le.

(2) 정도부사의 수식을 받을 수 있다.

我很**想**去西藏看看。 나는 시장[티베트]에 너무 가 보고 싶다. → 부사 + 조동사
Wǒ hěn xiǎng qù Xīzàng kànkan.

(3) 일반적으로 부정부사 '不'로 부정한다.

今天看起来不会下雨。 오늘 보아하니 비가 오지는 않을 것 같다.
Jīntiān kàn qǐlái bú huì xià yǔ.

(4) 중첩할 수 없고, 동태조사 '了' '着' '过'와 함께 쓸 수 없다.

我想想一瓶可乐。(×) → 我想喝可乐。(○) 나는 콜라를 마시고 싶다.
Wǒ xiǎng hē kělè.

你会了游泳吗?(×) → 你会游泳吗?(○) 당신은 수영을 할 수 있니까?
Nǐ huì yóuyǒng ma?

(5) 긍정형식과 부정형식을 나란히 놓아 의문문을 나타낼 수 있으며, 질문에 대한 대답으로 쓰일 때는 단독으로 사용이 가능하다.

A : 你明天能不能来? 내일 올 수 있니까?　　　B : 能。 올 수 있습니다.
　　Nǐ míngtiān néngbunéng lái?　　　　　　　　 Néng

■ 밑줄 친 부분을 바르게 고쳐 보세요.
① 太晚了, 不会他来了。 너무 늦어서, 그가 오지 않을 거예요.
② 他会不会游泳吗? 그는 수영을 할 수 있니까?

정답
① 他不会来了
② 会不会游泳? 또는 会游泳吗?

05 조동사의 비교(1) '会' '能' '可以'

这里不可以照相。 이곳에서 사진을 찍어서는 안 됩니다.
Zhèlǐ bù kěyǐ zhàoxiàng.

1 '会' '能' '可以'의 비교

会 huì	능력	학습 후에 능력을 갖추게 되었음을 나타낸다. 我们都会说汉语。 우리는 모두 중국어를 말할 줄 안다. Wǒmen dōu huì shuō Hànyǔ. 기교가 매우 뛰어남을 강조한다. 他很会唱歌。 그는 노래를 아주 잘 한다. Tā hěn huì chàng gē.
	추측	어떤 사건이 일어날 가능성이 큼을 추측한다. 现在他会在宿舍。 지금 그는 기숙사에 있을 것이다. Xiànzài tā huì zài sùshè.

能 néng	능력	주관적으로 능력을 갖추고 있어서 어떤 일을 할 수 있음을 나타낸다. 他**能**用汉语写日记。 그는 중국어로 일기를 쓸 수 있다. Tā néng yòng Hànyǔ xiě rìjì. 어떤 일에 매우 뛰어남을 나타내는데, 그 능력의 정도가 강함을 강조한다. 李老师很**能**写文章。 이 선생님은 글을 매우 잘 쓴다. Lǐ lǎoshī hěn néng xiě wénzhāng.
	가능	시간이나 능력상 '가능한' 객관적인 조건을 갖추고 있음을 나타낸다. 明天玛丽**能**来吗? 내일 메리가 올 수 있나요? Míngtiān Mǎlì néng lái ma?
	허가	도리상의 허가·동의를 나타내며, 부정문과 의문문에서 많이 쓰인다. 这儿不**能**进来。 여기는 들어올 수 없다. Zhèr bù néng jìnlái.
可以 kěyǐ	능력	주관적으로 능력을 갖추고 있음을 나타낸다. 哥哥**可以**喝三瓶啤酒。 형은[오빠는] 맥주를 세 병 마실 수 있다. Gēge kěyǐ hē sān píng píjiǔ.
	가능	실현 가능한 객관적 조건을 갖추고 있음을 나타낸다. 这儿**可以**放一张小床。 여기에 작은 침대를 하나 놓을 수 있다. Zhèr kěyǐ fàng yì zhāng xiǎo chuáng.
	허가, 희망	도리상의 허가·동의, 또는 희망을 나타낸다. 你们**可以**回家了。 너희들은 집에 돌아가도 된다. Nǐmen kěyǐ huí jiā le.

2 '能' '可以'의 부정형식

허가나 가능을 나타내는 '能' '可以'의 부정은 일반적으로 '不能'을 쓰며, 단독으로 대답할 때는 '不行'을 쓰기도 한다.

A : 这儿**可以(能)**抽烟吗? 여기에서 담배를 피워도 됩니까?
Zhèr kěyǐ (néng) chōu yān ma?

B : **不能**。 / **不行**[不可以(×)]。 안됩니다.
Bù néng. / Bù xíng.

- 빈칸에 들어갈 알맞은 단어를 골라 보세요.
  ① 你真_____说话。(能 / 可以 / 会) 너는 정말 말을 잘한다.
  ② A : 今天的晚会, 你可以来参加吗? 오늘 저녁 모임에 너 올 수 있어?
     B : _____。(不可以 / 不能) (나는) 못 가.

정답
① 会
② 不能

06 조동사의 비교(2) '应该' '该' '得'

你**应该**早点儿来。 당신은 마땅히 조금 일찍 와야 한다.
Nǐ yīnggāi zǎo diǎnr lái.

1 '应该' '该' '得'의 비교

应该 yīnggāi	'마땅히 ~해야 한다'라는 뜻으로, 인정이나 도리상 그렇게 해야 함을 나타낸다. 你们**应该**互相帮助。 너희들은 마땅히 서로 도와야 한다. Nǐmen yīnggāi hùxiāng bāngzhù.
该 gāi	'당연히 ~해야 한다' '~할 것이다'라는 뜻으로, 구어에서 자주 쓰인다. 都十二点了，我**该**睡了。 벌써 12시네. 난 자야겠다. Dōu shí'èr diǎn le, wǒ gāi shuì le.
得 de	'~해야 한다' '~하지 않으면 안 된다'라는 뜻으로, 필요함이나 의무감을 나타낸다. 家里没水了，我**得**去买水。 집에 물이 없네. 가서 물을 사 와야겠다. Jiā li méi shuǐ le, wǒ děi qù mǎi shuǐ.

> '得'는 '걸리다' '필요하다'라는 의미를 나타내는 동사로도 쓰인다.
> 坐公共汽车从我家到你家**得**半个小时。 우리 집에서 너희 집까지 버스로 30분이 걸린다.
> Zuò gōnggòng qìchē cóng wǒ jiā dào nǐ jiā děi bàn ge xiǎoshí.

2 '应该'와 '该'의 차이점

(1) 조동사 '应该'와 부정형식 '不应该'는 '是……的' 사이에 놓일 수 있지만, '该'는 올 수 없다.

你有困难，我来帮助你，这是**应该**[该(×)]的。 네가 어려움이 있을 때, 내가 널 도와주는 건 당연한 거야.
Nǐ yǒu kùnnan, wǒ lái bāngzhù nǐ, zhè shì yīnggāi de.

(2) '该'는 가정표현에 쓰여 추측을 나타내거나 감탄문에 쓰일 수 있지만, '应该'는 안 된다.

要是你再不回去，你妈妈又**该**[应该(×)]生气了。 네가 돌아가지 않으면, 네 엄마가 또 화를 내실 거야.
Yàoshi nǐ zài bù huíqù, nǐ māma yòu gāi shēngqì le.

爸爸如果在这里**该**[应该(×)]多好啊！ 아빠가 여기에 계신다면 얼마나 좋겠어.
Bàba rúguǒ zài zhèlǐ gāi duō hǎo a!

■ 빈칸에 들어갈 알맞은 단어를 골라 보세요.
① 看完这场电影_____两个半小时。(应该 / 得) 이 영화를 다 보려면 2시간 30분이 걸린다.
② 大家都说完了，现在_____你说了。(该 / 得) 모두 다 말했으니까, 이제는 네가 말할 차례다.

정답
① 得
② 该

조동사의 비교(3) '要' '想' '愿意'

今天我想在家休息，不想出去。 오늘 나는 집에서 쉬고 싶지, 나가고 싶지 않다.
Jīntiān wǒ xiǎng zài jiā xiūxi, bù xiǎng chūqù.

1 '要' '想' '愿意'의 비교

要 yào	의무, 필요	'~해야 한다' 你要九点以前回来。 너는 9시 이전까지 돌아와야 한다. Nǐ yào jiǔ diǎn yǐqián huílái.
	바람, 계획	'~하고 싶다' '~할 것이다' 玛丽要去图书馆。 메리는 도서관에 가려고 한다. Mǎlì yào qù túshūguǎn.
想 xiǎng	바람	'~하고 싶다' 我很想上大学。 나는 대학에 너무나 가고 싶다. Wǒ hěn xiǎng shàng dàxué.
	계획	'~하려고 생각한다' 我想去云南旅行。 나는 윈난으로 여행갈 생각이다. Wǒ xiǎng qù Yúnnán lǚxíng.
愿意 yuànyì	희망	'~하고 싶다' '~하기를 원하다' 我愿意学习汉语。 나는 중국어를 배우고 싶다. Wǒ yuànyì xuéxí Hànyǔ.

① '要'는 '요구하다' '바라다'라는 뜻을 나타내는 동사로도 쓰인다.
　我要一瓶汽水。 저는 사이다 한 병을 주세요.
　Wǒ yào yì píng qìshuǐ.

② '想' 뒤에 명사가 오면 '생각하다' '그리워하다'라는 뜻을 가진 동사로 쓰인다.
　我想这个问题很容易。 나는 이 문제가 쉽다고 생각한다.
　Wǒ xiǎng zhège wèntí hěn róngyì.
　他在美国，特别想家人。 그는 미국에 있는데 가족을 매우 그리워한다.
　Tā zài Měiguó, tèbié xiǎng jiārén.

2 '要'의 부정형식

(1) 어떤 일을 하고자 하는 주관적인 바람이나 계획을 나타내는 '要'의 부정은 '不想'이나 '不打算'을 쓴다.

　A : 我要看这本书，你呢? 나는 이 책을 보고 싶은데, 너는?
　　　Wǒ yào kàn zhè běn shū, Nǐ ne?

　B : 我不想[不要(×)]看书。 나는 책을 보고 싶지 않아.
　　　Wǒ bù xiǎng kàn shū.

A : 他要去中国，你呢？ 그가 중국에 간다던데. 너는?
　　Tā yào qù Zhōngguó, nǐ ne?

B : 我不打算[不要(×)]去中国。 나는 중국에 갈 계획이 없어.
　　Wǒ bù dǎsuan qù Zhōngguó.

(2) 의무와 필요를 나타내는 '要'의 부정은 '不用'을 쓴다.

A : 明天的会议，我要参加吗？ 내일 회의에 제가 참석해야 합니까?
　　Míngtiān de huìyì, wǒ yào cānjiā ma?

B : 你不用[不要(×)]参加。 참석하지 않아도 됩니다.
　　Nǐ bú yòng cānjiā.

> '不要'는 주로 금지의 의미를 나타낸다.
> 上课的时候，不要睡觉。 수업시간에 잠을 자지 마세요.
> Shàngkè de shíhou, bú yào shuìjiào.

■ 빈칸에 들어갈 알맞은 단어를 골라 보세요.
① 我＿＿＿一杯咖啡，你＿＿＿什么？（想 / 要） 난 커피 한 잔 할래. 넌 뭐 할래?
② A : 这个星期天我要出去玩，你呢？ 이번 주 일요일에 나가서 놀 건데, 너는 어때?
　　B : ＿＿＿＿＿。（不想 / 不要） (나는) 별로

정답
① 要, 要
② 不想

08 형용사의 특징과 쓰임

玛丽非常漂亮。 메리는 매우 예쁘다.
Mǎlì fēicháng piàoliang.

형용사란 '사람이나 사물의 모습과 성질' 혹은 '동작이나 행위의 상태'를 설명하는 품사이다.

1 형용사의 특징

(1) 대부분 정도부사의 수식을 받는다. 또한 주로 부정부사 '不'를 사용하여 부정한다.

东西　不(부정부사)　太(정도부사)　贵。 물건이 그다지 비싸지 않다.
Dōngxi　bú　tài　guì.

(2) 일반적으로 목적어나 보어를 갖지 않는다. 다만 일부 형용사는 수량표현을 뒤에 더하기도 한다.

我手表慢了5分钟。 내 손목시계는 5분 늦다.
Wǒ shǒubiǎo màn le wǔ fēn zhōng.

03 용언 | 047

(3) 뒤에 '极了' '多了' '死了'와 같은 숙어성 보어성분을 가질 수 있다.

我饿死了，请我吃饭。 배가 고파 죽겠어요. 밥 좀 사 주세요.
Wǒ è sǐ le, qǐng wǒ chīfàn.

2 형용사의 쓰임

(1) 문장에서 주로 술어나 관형어, 보어로 쓰인다.

这几件衣服都不合适。 이 옷들은 모두 맞지 않는다. → 술어
Zhè jǐ jiàn yīfu dōu bù héshi.

这是个好办法。 이것은 좋은 방법이다. → 관형어
Zhè shì ge hǎo bànfǎ.

字太小，看不清楚。 글자가 너무 작아서 잘 보이지 않는다. → 보어
Zì tài xiǎo, kàn bu qīngchu.

(2) 1음절 형용사는 명사를 직접 수식할 수 있지만, 2음절 형용사나 형용사의 중첩형, 또는 '부사＋형용사'가 명사를 수식하는 경우에는 반드시 '的'와 결합해야 한다.

你们都是好学生。 너희는 모두 훌륭한 학생들이다. → 1음절 형용사 + 명사
Nǐmen dōu shì hǎo xuésheng.

那是非常贵的衣服。 그것은 아주 비싼 옷이다. → 부사 + 형용사 + 的 + 명사
Nà shì fēicháng guì de yīfu.

- 밑줄 친 부분을 바르게 고쳐 보세요.
  ① 这本书没难。 이 책은 어렵지 않다.
  ② 我想喝杯很热茶。 나는 뜨끈뜨끈한 차를 한 잔 마시고 싶다.

정답
① 不难
② 很热的茶

09 형용사의 분류와 중첩

我们痛痛快快地玩儿了一天。 우리는 아주 신나게 온종일 놀았다.
Wǒmen tòngtongkuàikuài de wánr le yì tiān.

1 형용사의 분류

형용사는 의미와 쓰임에 따라 크게 일반형용사와 구별형용사로 나뉘며, 일반형용사는 또 성질형용사와 상태형용사로 나눌 수 있다.

형용사의 분류		형용사의 예
일반 형용사	성질 형용사	好 hǎo 좋다 ↔ 坏 huài 나쁘다 | 高 gāo 높다, 크다 ↔ 低 dī 낮다, 矮 ǎi 작다 清楚 qīngchu 분명하다 | 美丽 měilì 아름답다
	상태 형용사	通红 tōnghóng 온통 새빨갛다 | 雪白 xuěbái (눈처럼) 새하얗다 热乎乎 rèhūhū 뜨끈뜨끈하다 | 冷冰冰 lěngbīngbīng 냉랭하다, 매우 차갑다
구별형용사		男 nán 남성의 ↔ 女 nǚ 여성의 | 彩色 cǎisè 컬러의 ↔ 黑白 hēibái 흑백의 初级 chūjí 초급의 〉中级 zhōngjí 중급의 〉高级 gāojí 고급의

(1) 성질형용사는 일반적으로 사람이나 사물에 대한 '성질'이나 '속성' 등을 나타내는 형용사로, 문장에서 주로 관형어나 술어로 쓰인다.

请给我一杯热咖啡。 따뜻한 커피 한 잔 주세요. → 관형어
Qǐng gěi wǒ yì bēi rè kāfēi.

(2) 상태형용사는 사람이나 사물, 동작이나 행위의 상태를 나타내는 형용사로, '묘사성'이 강하다. 성질형용사와 달리 정도부사의 수식을 필요로 하지 않고, '不'로 부정할 수도 없다.

现在外边很雪白。(×) 现在外边不雪白。(×)

→ 现在外边一片雪白。(○) 지금 밖은 온통 새하얗다.
　 Xiànzài wàibian yí piàn xuěbái.

(3) 구별형용사는 각종 사물이나 상태에 대한 '구별성'이 강한 형용사를 말한다. 문장에서 술어로 쓰이지 못하고 관형어로만 쓰이므로, '비술어형용사[非谓形容词]'라고도 한다.

女孩子都喜欢这种东西。 여자 아이들은 모두 이런 물건을 좋아한다.
Nǚ háizi dōu xǐhuan zhè zhǒng dōngxi.

2 형용사의 중첩

(1) 형용사는 중첩을 통해 의미의 '정도'를 강조하거나 좋아하는 감정을 '생동감' 있게 표현할 수 있다.

A [단음절]	AA	大大 dàdā 크디 큰 | 红红 hónghōng 붉은 好好儿 hǎohāor 좋은, 훌륭한 | 慢慢儿 mànmānr 천천히, 느릿느릿
	AXX	亮晶晶 liàngjīngjīng 반짝반짝하다 | 绿油油 lǜyōuyōu 짙푸르다
AB [복음절]	AABB	干干净净 gānganjìngjìng 매우 깨끗하다 | 漂漂亮亮 piàopiaoliàngliàng 매우 예쁘다 清清楚楚 qīngqingchūchū 매우 분명하다 | 高高兴兴 gāogaoxìngxìng 매우 즐겁다
	ABAB	雪白雪白 xuěbái xuěbái 새하얗다 | 笔直笔直 bǐzhí bǐzhí 똑바르다 通红通红 tōnghóng tōnghóng 아주 새빨갛다
	A里AB	糊里糊涂 hú li hútu 어리벙벙하다 | 土里土气 tǔ li tǔqì 촌티가 나다 傻里傻气 shǎ li shǎqì 바보스럽다

① 'AA' 단음절 형용사를 중첩하면 두 번째 음절은 1성으로 변한다.
② 'AXX'는 생동적인 느낌을 나타내고, 'A里AB'는 헐뜯거나 비방하는 부정적인 의미가 강하다.

(2) 중첩된 형용사는 문장에서 각종 성분으로 쓰일 수 있다. 특히 술어, 보어, 관형어로 쓰일 경우에는 '的'를 붙이고, 부사어로 쓰일 때는 '地'를 붙여 쓴다.

我哥哥的个子高高的。 우리 오빠는 키가 꽤 크다. → 술어
Wǒ gēge de gèzi gāogāo de.

玛丽有大大的眼睛和小小的嘴巴。 메리는 커다란 눈망울과 자그마한 입을 가졌다. → 관형어
Mǎlì yǒu dàdà de yǎnjing hé xiǎoxiǎo de zuǐba.

他高高兴兴地唱歌。 그는 매우 즐겁게 노래한다. → 부사어
Tā gāogāoxìngxìng de chàng gē.

- 형용사의 중첩형을 써 보세요.
  ① 好
  ② 雪白

① 好好儿
② 雪白雪白

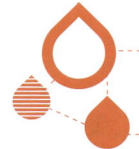 실력 점검하기

1 빈칸에 알맞은 단어나 구를 찾아 보세요.

(1) 我打算_____。 나는 마카오로 여행을 가려고 한다.
　A. 澳门的旅游　　　　　　　B. 去澳门旅游
　C. 旅游澳门　　　　　　　　D. 一个北澳门旅游

(2) 他2010年毕业_____韩国大学。 그는 2010년에 한국대학교를 졸업했다.
　A. 从　　　　B. 于　　　　C. 在　　　　D. 自

(3) 小李生病了，不能来上课，_____。 샤오리는 병이 나서 수업에 올 수 없기 때문에 한 달간 병가를 냈다.
　A. 休一个月请假　　　　　　B. 请假了一个月
　C. 请假一个月　　　　　　　D. 请了一个月假

2 알맞은 조동사를 골라 문장을 완성해 보세요.

| 想　　要　　能　　可以　　会 |

(1) 她_____做中国菜。 그녀는 중국 요리를 할 줄 안다.

(2) 这种工作我这个月_____做完。 이런 일은 이번 달 안에 끝마칠 수 있다.

(3) 我的腿好了，_____走路了。 나는 다리가 나아서 걸을 수 있게 되었다.

腿 tuǐ 다리

3 밑줄 친 부분의 표현이 맞으면 O, 틀리면 X를 표시하고 틀린 부분은 바르게 고쳐 보세요.

(1) 玛丽的发音是很准确。→ [　　] _____
　메리의 발음은 매우 정확하다.
　准确 zhǔnquè 정확하다, 틀림없다

(2) 她的脸红红的。→ [　　] _____
　그녀의 얼굴은 새빨갛다.

(3) 这本教材没有难。→ [　　] _____
　이 교재는 어렵지 않다.

新 HSK 문제 맛보기

1 질문에 알맞은 답문을 찾아 연결해 보세요.

(1) 您是不是南方人?　　　　　　　　·　　·㉠ 不是买的，是朋友送给我的。

(2) 这个舞你能不能再跳一遍?　　　·　　·㉡ 好，咱们先休息休息，一会儿再教你。

(3) 玛丽，这块手表太漂亮了！很贵吧? ·　　·㉢ 我是北方人，以前在南方工作过5年。

2 주어진 어휘를 바르게 배열하여, 하나의 문장을 만들어 보세요.

(1) 教 / 老师 / 唱 / 我们 / 歌 / 中文　선생님은 우리에게 중국 노래 부르는 것을 가르쳐 주신다.

→ _____

(2) 觉得 / 北京 / 我 / 很 / 秋天 / 的 / 美　나는 베이징의 가을이 매우 아름답다고 생각한다.

→ _____

(3) 明天不上课 / 休息 / 好好儿 / 可以 / 休息　내일은 수업이 없어서, 푹 좀 쉴 수 있다.

→ _____

3 사진을 보고 빈칸에 알맞은 단어를 넣어 보세요.

(1)

我洗了澡就_____。
　　　　　　shuìjiào

(2)

我的房间很_____。
　　　　　gānjìng

052

04 허사(1)

실사는 실재적인 의미를 갖고 있는 어휘로, 단독으로 문장성분을 이룰 수 있다. 허사는 구체적인 의미가 없고, 문장에서 단독으로 쓰이지 못한다. 주로 실사와 결합하여 문법적인 관계나 어기, 감정 등을 나타내는 어휘를 말한다. 이 중 부사는 시간, 정도, 빈도, 범위, 부정, 어투 등을 표시한다. 전치사는 전치사구를 이루어 동작이나 성질과 관련된 시간, 장소, 방식, 수단, 원인, 목적 등을 표시한다.

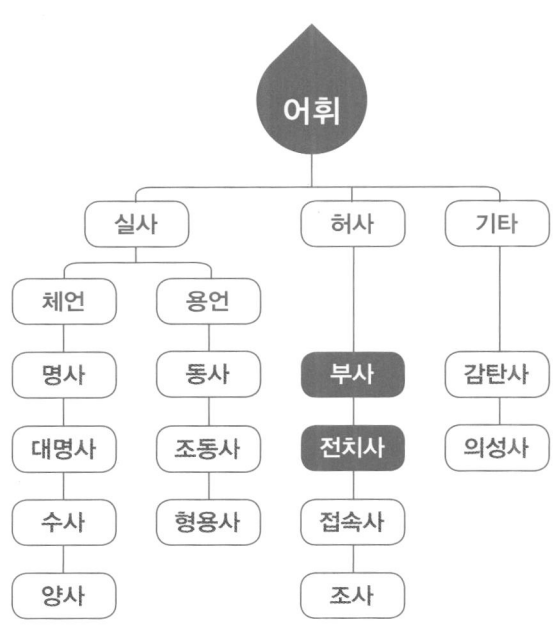

핵심 문법

허사

부사

- **시간부사**: 각종 상태에 대한 '시간성'을 나타낸다.
  已经 yǐjing 이미 | 正在 zhèngzài 마침 | 快要 kuàiyào 곧 ~하다 | 刚刚 gānggāng 지금 막

- **빈도부사**: 동작이나 상태의 중복이나 빈도를 나타낸다.
  常常 chángcháng 자주 | 又 yòu 또 | 也 yě 또한 | 再 zài 다시

- **정도부사**: 성질이나 상태에 대한 정도를 나타낸다.
  很 hěn 매우 | 最 zuì 가장 | 有点儿 yǒudiǎnr 조금

- **부정부사**: 술어 앞에 위치하여 문장의 '부정'의 의미를 나타낸다.
  不 bù | 没(有) méi(yǒu) | 别 bié ~하지 마라

- **상태부사**: '주어의 행위나 상태가 어떠함'을 나타낸다.
  互相 hùxiāng 서로 | 亲自 qīnzì 직접 | 渐渐 jiànjiàn 점점

- **어기부사**: '긍정' '가능' '필연' '의문' '추측' '다행' '의도' '의외' 등의 어투를 나타낸다.
  一定 yídìng 반드시 | 大概 dàgài 아마도 | 反正 fǎnzhèng 어쨌든 | 也许 yěxǔ 어쩌면

전치사

- **시간·공간**: '~로부터' '~에서' '~즈음하여' '~까지'라는 의미를 나타낸다.
  从 cóng | 离 lí | 在 zài | 当 dāng | 到 dào

- **방향 표시**: '~을 향하여' '~쪽으로'라는 의미를 나타낸다.
  向 xiàng | 往 wǎng | 朝 cháo

- **대상 표시**: '~와[과]' '~에 대하여' '~에게' '~보다' '~을 위해'라는 의미를 나타낸다.
  跟 gēn | 和 hé | 对 duì | 给 gěi | 比 bǐ | 为 wèi

- **목적·원인**: '~을 위하여' '~때문에' '~로 인하여'라는 의미를 나타낸다.
  为 wèi | 为了 wèile | 因 yīn | 因为 yīnwèi

- **능동·피동**: '~을' '~에게 (당하다)'라는 의미를 나타낸다.
  把 bǎ | 被 bèi | 叫 jiào | 让 ràng

- **제외·통합**: '~을 제외하고'라는 의미를 나타낸다.
  除 chú | 除了 chúle

접속사

- - '05 허사(2)'에서 다룸

조사

 # 부사의 특징과 쓰임

她们也都说汉语。 그녀들도 모두 중국어를 한다.
Tāmen yě dōu shuō Hànyǔ.

부사는 동작이나 행위를 나타내는 동사와 성질·상태를 묘사하는 형용사의 앞에서 시간, 정도, 빈도, 범위, 부정, 상태, 어기 등을 설명하는 품사이다.

1 부사의 특징

(1) 부사는 주로 동사나 형용사를 수식하는 부사어로 쓰이며, 문장에서 대부분 단독으로 쓰이지 않는다.

这件事情我不知道。 이 일을 나는 모른다. → 동사 수식
Zhè jiàn shìqing wǒ bù zhīdào.

考完试，同学们今天很高兴。 시험이 끝나서, 반 친구들은 오늘 매우 기쁘다. → 형용사 수식
Kǎo wán shì, tóngxuémen jīntiān hěn gāoxìng.

> '也许 yěxǔ' '一定 yídìng' '不 bù' '没有 méiyǒu' '马上 mǎshàng' '差不多 chàbuduō' 등은 질문에 대한 대답인 경우, 단독 사용이 가능하다.
> A : 明天他来吗？ Míngtiān tā lái ma? 내일 그가 올까?
> B : 也许。 Yěxǔ. 아마도.

(2) 부사는 일반적으로 명사나 수량사를 수식하지 못한다. 다만, 명사나 수량사가 술어로 쓰일 때, '시간' '범위' '빈도'를 표시하는 일부 부사의 수식을 받기도 한다. 또 '겨우' '단지'라는 뜻의 부사 '光' '只' '就' 등은 명사 앞에 직접 쓰여 범위를 제한할 수 있다.

今天才星期四。 오늘은 목요일밖에 안 됐다.
Jīntiān cái xīngqīsì.

就我一个人会说英语。 나 한 사람만 영어를 할 수 있다.
Jiù wǒ yí ge rén huì shuō Yīngyǔ.

2 부사의 쓰임

(1) 문장에서 부사의 주요 역할은 부사어가 되는 것이다.

别等了，他大概不来了。 기다리지 마세요. 그는 아마도 오지 않을 겁니다.
Bié děng le, tā dàgài bù lái le.

(2) 일부 부사들은 단어와 단어, 구와 구, 절과 절을 연결하는 기능을 하기도 한다.

苹果又大又甜。 사과가 크고 달다. → 단어와 단어 연결
Píngguǒ yòu dà yòu tián.

我一回家就给你打电话。 제가 집에 돌아가자마자, 바로 당신께 전화를 드리겠습니다. → 구와 구 연결
Wǒ yì huí jiā jiù gěi nǐ dǎ diànhuà.

我先去邮局寄信，再去商店买东西。 나는 먼저 우체국에 가서 편지를 부치고 나서, 상점에 가서 물건을 산다. → 절과 절 연결
Wǒ xiān qù yóujú jì xìn, zài qù shāngdiàn mǎi dōngxi.

(3) 극소수의 부사는 술어 뒤에서 보어가 되기도 한다.

今天热得很。 오늘은 매우 덥다.　　妈妈做的早餐好吃极了。 엄마가 만드신 아침이 아주 맛있다.
Jīntiān rè de hěn.　　　　　　　Māma zuò de zǎocān hǎochī jí le.

- 주어진 단어를 바르게 배열하여 문장을 만들어 보세요.
  ① 都 / 大家 / 买　모두 다 샀다.
  ② 不 / 我们 / 唱　우리는 노래를 부르지 않는다.

정답
① 大家都买。
② 我们不唱。

 ## 시간부사

我弟弟十八岁就上大学了，不过我二十五岁才上大学。
Wǒ dìdi shíbā suì jiù shàng dàxué le, búguò wǒ èrshíwǔ suì cái shàng dàxué.
내 동생은 18살에 이미 대학에 갔지만, 나는 25살이 되어서야 비로소 대학에 입학했다.

1 시간부사의 분류
행위나 동작, 사건 발생의 시간을 나타내는 부사를 시간부사라고 한다.

동작 발생의 이르고 늦음	才 cái ~가 되어서야 비로소 ｜ 马上 mǎshàng 당장 ｜ 就 jiù 바로
동작의 진행	在 zài 지금 막 ｜ 正 zhèng 한창 ｜ 正在 zhèngzài 마침
동작·상태의 지속	从来 cónglái 지금까지 ｜ 一直 yìzhí 줄곧
동작의 과거 완성	曾(经) céng(jīng) 일찍이 ｜ 刚(刚) gāng(gāng) 지금 막 ｜ 已(经) yǐ(jīng) 이미
동작의 미래 발생	快要 kuàiyào 곧 ~하다 ｜ 将要 jiāngyào 막 ~하려 하다

2 상용 시간부사의 비교
(1) '就'와 '才'
'就'는 '바로', '즉시'라는 뜻으로 사건의 발생이 이르고 진행 속도가 빠르며, 순조롭게 이루어짐을 나타낸다. 이에 반해 '才'는 '~가 되어서야 비로소'라는 뜻으로 사건의 발생이 늦고 진행이 느리며, 처리에 시간이 많이 걸림을 나타낸다.

八点上课，他七点就来了。 8시 수업인데, 그는 7시에 벌써 왔다. → 시간의 이름
Bā diǎn shàngkè, tā qī diǎn jiù lái le.

八点上课，他九点才来。 8시 수업인데, 그는 9시가 되어서야 왔다. → 시간의 늦음
Bā diǎn shàngkè, tā jiǔ diǎn cái lái.

(2) '正'과 '在'와 '正在'

'正' '在' '正在'는 특정 시점에 어떤 동작이 발생하거나 진행되고 있음을 나타내며, 조사 '着'나 '呢'와 함께 쓰인다. '正'은 발화시점에 마침 그 동작이 발생하거나 진행됨을 강조하며, '在'는 일정 시간 동안 그 상태가 지속되었음을 강조한다. '正在'는 동작의 진행과 상태의 지속을 모두 나타낼 수 있다.

他正看着书呢。 그는 마침 책을 보고 있다.
Tā zhèng kàn zhe shū ne.

他在吃饭呢。 그는 밥을 먹고 있다.
Tā zài chīfàn ne.

他正在复习呢。 그는 복습을 하고 있다.
Tā zhèngzài fùxí ne.

(3) '已经'과 '曾经'

'已经'과 '曾经'은 모두 동작이 발생하여 종료했음을 나타낸다. '已经……了'는 '이미 ~했다'라는 뜻으로, 객관적 사실을 서술한다. '曾经……过'는 '전에 ~한 적이 있다'라는 뜻으로, 과거의 경험을 강조한다.

我已经在北京住了两年了。 나는 베이징에서 이미 2년 동안 살았다. → 아직도 살고 있음
Wǒ yǐjing zài Běijīng zhù le liǎng nián le.

我曾经在北京住过两年。 나는 베이징에서 이전에 2년 동안 산 적이 있다. → 지금은 살지 않음
Wǒ céngjīng zài Běijīng zhù guo liǎng nián.

(4) '刚(刚)'과 '刚才'

'刚(刚)'과 '刚才'는 모두 동작이 발생한 지 얼마 되지 않았음을 나타낸다. '刚(刚)'은 부사로 보통 술어 앞에 쓰이지만, '刚才'는 시간명사로 술어 앞에 쓰일 수도 있고 주어 앞에 올 수도 있다.

我刚(刚)从桂林回来。 나는 방금 막 꾸이린에서 돌아왔다.
Wǒ gāng(gāng) cóng Guìlín huílái.

刚才我给他打了电话。 방금 나는 그에게 전화를 했다.
Gāngcái wǒ gěi tā dǎ le diànhuà.

■ 문장의 적절한 위치에 주어진 단어를 넣어 보세요.

① 小张 A 早 B 回 C 家了 D 。(就) 샤오장은 이미 집에 돌아왔다.
② 我 A 朋友 B 下 C 火车 D 。(刚) 내 친구는 막 기차에서 내렸다.

정답
① B
② B

03 빈도부사

请**再**念一遍课文。 본문을 **다시** 한 번 읽어 주세요.
Qǐng zài niàn yí biàn kèwén.

1 빈도부사의 분류
어떤 행위나 동작의 발생 빈도나 중복 발생을 나타내는 부사를 빈도부사라고 한다.

동작 행위의 빈도	常(常) cháng(cháng) 자주 ǀ 老(是) lǎo(shì) 늘 ǀ 始终 shǐzhōng 한결같이 ǀ 往往 wǎngwǎng 왕왕 ǀ 总(是) zǒng(shì) 언제나
중복 또는 연속 발생	还 hái 또, 더욱 ǀ 也 yě 또한 ǀ 又 yòu 또 ǀ 再 zài 다시

2 '还' '再' '又' '也'의 비교

(1) '还'는 주로 현재의 동작·행위 또는 상태가 변화 없이 지속됨을 나타내며, 보충의 뜻도 나타낸다.

我们等了二十分钟，他**还**没来。 우리는 20분 동안 기다렸는데, 그는 아직 오지 않았다. → 지속
Wǒmen děng le èrshí fēnzhōng, tā hái méi lái.

屋里有桌子、书架，**还**有沙发和床。 방 안에는 책상과 책장, 그리고 소파와 침대가 있다. → 보충
Wū li yǒu zhuōzi、shūjià, háiyǒu shāfā hé chuáng.

(2) '再'는 어떤 사건이 미래에 반복되거나 계속 진행됨을 나타내며, 명령문과 청유문에도 쓰인다.

明天你**再**来一次。 내일 한 번 다시 오거라. → 사건의 미래 반복
Míngtiān nǐ zài lái yí cì.

请你**再**说慢一点儿好吗？ 다시 천천히 좀 말씀해주실 수 있습니까? → 청유문
Qǐng nǐ zài shuō màn yìdiǎnr hǎo ma?

(3) '又'는 과거에 있었던 상황이 반복되어 발생했거나, 규칙적으로 중복됨을 나타낸다.

听说你最近**又**换了台电脑？ 너 최근에 또 컴퓨터 바꿨다며? → 과거 상황의 반복 발생
Tīngshuō nǐ zuìjìn yòu huàn le tái diànnǎo?

(4) '又'는 동일한 주체가 이전의 같은 동작이나 상황을 반복하는 것을 강조하는 반면, '也'는 서로 다른 주체의 상황이나 동작이 유사함을 강조한다.

他**又**来了。 그가 또 왔다. [전에 그가 온 적이 있고, 현재 또 왔음] → 동일 주체의 같은 동작을 암시
Tā yòu lái le.

他**也**来了。 그도 왔다. [이전에 다른 사람이 왔고, 그도 왔음] → 두 주체가 같은 동작을 했음을 암시
Tā yě lái le.

(5) '还' '又' '再' '也'가 조동사와 함께 쓰일 때, '再'만 조동사 뒤에 위치한다.

明年你还要来中国吗? 내년에 너는 다시 중국에 올 거니?
Míngnián nǐ hái yào lái Zhōngguó ma?

这部电影我想再看一遍。 이 영화를 나는 한 번 더 보고 싶다.
Zhè bù diànyǐng wǒ xiǎng zài kàn yí biàn.

■ 빈칸에 들어갈 알맞은 단어를 골라 보세요.

① 我有一个哥哥，_____有一个弟弟。(再 / 又 / 还)
저는 오빠가 한 명 있고, 또 남동생도 한 명 있습니다.

② 我_____忘了他叫什么名字。(再 / 又 / 还) 나는 또 그의 이름을 잊어버렸다.

정답
① 还
② 又

---

04 정도부사

他的成绩最好。 그의 성적이 제일 좋다.
Tā de chéngjì zuì hǎo.

1 정도부사의 분류
술어 앞에서 정도를 강조하는 부사를 정도부사라고 한다.

주관적인 정도	多么 duōme 얼마나 | 非常 fēicháng 대단히 | 很 hěn 매우 | 十分 shífēn 매우 | 太 tài 몹시 | 挺 tǐng 아주 | 真 zhēn 정말
대상과의 비교한 정도	比较 bǐjiào 비교적 | 更 gèng 더욱 | 最 zuì 가장
수량·동작에 대한 정도	尽量 jǐnliàng 가능한 한 | 稍微 shāowēi 다소 | 有点儿 yǒudiǎnr 조금

2 상용 정도부사의 쓰임

(1) '很'은 비교적 객관적인 느낌을 주는데 반해, '太' '真'은 주관적 색채가 강하다.

他们玩得很开心。 그들은 매우 즐겁게 놀았다. → 객관적인 평가, 정도의 심함
Tāmen wán de hěn kāixīn.

这个房间太小了。 이 방은 너무 작다. → 주관적인 평가, 정도가 지나침
Zhège fángjiān tài xiǎo le.

(2) '有点儿'은 술어 앞에 쓰여 '뜻대로 되지 않음, 여의치 않음'을 나타내는데, 그 정도는 심하지 않다.

屋里有点儿冷。 방안이 좀 춥다.
Wū li yǒudiǎnr lěng.

> '一点儿'은 '소량'이지만 그 양이 확정적이지 않을 때 쓰는 양사이다.
> 주로 형용사나 동사 뒤에 보어로 쓰인다.
>
> 短一点儿好看。조금 짧은 것이 보기 좋다.　　再多喝一点儿。 좀 더 마셔요.
> Duǎn yìdiǎnr hǎokàn.　　　　　　　　　　 Zài duō hē yìdiǎnr.

(3) '挺……的' '真……啊' '多(么)……啊' '太……了' '稍微……一下 / 一点儿 / 一些' 등과 같이 일부 정도부사는 일정하게 호응하는 단어가 있다.

没有车挺不方便的。 자동차가 없으니까 매우 불편하다.
Méiyǒu chē tǐng bù fāngbiàn de.

这幅画真漂亮啊！ 이 그림은 정말 아름답다.
Zhè fú huà zhēn piàoliang a!

韩国队也太厉害了。 한국팀은 역시 정말 대단하다.
Hánguóduì yě tài lìhai le.

请你稍微等一下。 잠시만 기다리세요.
Qǐng nǐ shāowēi děng yíxià.

■ 빈칸에 들어갈 알맞은 단어를 골라 보세요.
① 他的汉语水平_____高的。(真 / 挺 / 太) 그는 중국어 수준이 매우 높다.
② _____右边的那个人是谁?(太 / 更 / 最) 제일 오른편의 그 사람은 누구야?

정답
① 挺
② 最

05 부정부사

我今天早上没吃早饭，决定明天早上也不吃了。
Wǒ jīntiān zǎoshang méi chī zǎofàn, juédìng míngtiān zǎoshang yě bù chī le.
나는 오늘 아침에 아침 밥을 안 먹었는데, 내일 아침에도 안 먹을 거야.

행위나 동작, 성질이나 상태에 대한 부정을 표시하는 부사를 부정부사라고 하며, '不 bù' '没(有) méi(yǒu)' '别 bié'가 있다.

1 '不' '没(有)' '别'의 비교

(1) '不'는 주로 화자의 주관적이거나 의지적인 부정을 나타내며, 완료개념이 없는 현재·과거·미래, 습관적 동작·행위 등을 부정한다. 특히 판단이나 관계를 나타내는 '是' '存在' 등은 반드시 '不'로 부정한다.

他不吃饭。 그는 밥을 안 먹는다.
Tā bù chīfàn.

060

(2) '没(有)'는 객관적 사실에 대한 부정을 표시하며, '동작이나 상태가 아직 완료나 실현되지 않았음'을 나타낸다. 일반적으로 완료 개념이 있는 '과거'의 동작이나 행위를 부정한다.

他没(有)吃饭。 그는 밥을 안[못] 먹었다.
Tā méiyǒu chīfàn.

(3) '别'는 '~하지 마라'라는 뜻으로 '금지'의 의미를 나타내는 명령문에 쓰이며, 의미는 '不要'와 비슷하다.

你别说话了。 당신은 말하지 마세요.
Nǐ bié shuōhuà le.

(4) 형용사를 부정할 경우, '不'는 성질이나 상태를 부정하는데 반해, '没(有)'는 변화의 부정을 나타낸다.

这儿天气不冷。 여기는 날씨가 춥지 않다.
Zhèr tiānqì bù lěng.

这儿天气还没冷呢。 여기는 날씨가 아직 춥지 않다. [아직 추워지지 않았다]
Zhèr tiānqì hái méi lěng ne.

- 빈칸에 적절한 단어를 골라 보세요.
  ① 你_____客气，这是我应该做的。(别 / 不 / 没)
  사양하지 마세요. 이건 제가 마땅히 해야 할 일인 걸요.
  ② 他今天早上_____吃早饭就去上班了。(别 / 不 / 没)
  그는 오늘 아침에 아침을 먹지 않고 출근했다.

정답
① 别
② 没

06 범위부사

我们班一共有三十个人。 우리 반에는 모두 30명이 있다.
Wǒmen bān yígòng yǒu sānshí ge rén

1 범위부사의 분류

사람, 사물, 사건, 동작의 범위를 나타내는 부사를 범위부사라고 한다.

총괄	都 dōu 모두 ｜ 一共 yígòng 합쳐서
단지, 겨우, 개별	光 guāng 단지 ~뿐 ｜ 就 jiù 단지 ~일 뿐 ｜ 仅(仅) jǐn(jǐn) 단지 ｜ 只(是) zhǐ(shì) 다만
공통	一起 yìqǐ 같이 ｜ 一块儿 yíkuàr 함께

2 상용 범위부사의 쓰임

(1) '都'는 앞에 나온 사람이나 사물이 예외 없이 갖는 공통점을 강조한다.

谁都不想去那儿。 어느 누구도 거기에 가고 싶어하지 않는다.
Shéi dōu bù xiǎng qù nàr.

> '都……了' 구문으로 쓰여 '이미' '벌써'라는 뜻으로 시간이 이르거나 수량이 많음을 나타내기도 한다.
> 孩子都两岁了，怎么还不会说话？ 아이가 벌써 두 살인데, 어떻게 아직도 말을 하지 못하지?
> Háizi dōu liǎng suì le, zěnme hái bú huì shuōhuà?

(2) '就'는 수량이 적음을 강조할 때 사용되며, 이때 '就'는 강하게 읽는다.

屋子里就我一个人。 방에는 단지 나 한 사람만 있을 뿐이다.
Wūzi li jiù wǒ yí ge rén.

(3) '一起'와 '一块儿'은 '모두' '함께'라는 뜻으로, '一块儿'은 구어에서 많이 쓰인다. '一共'은 숫자의 합계를 나타낸다.

我想和你们一起(一块儿)去。 나는 너희와 함께 가고 싶다.
Wǒ xiǎng hé nǐmen yìqǐ (yíkuàr) qù.

我们一共买了二十五本书。 우리는 모두 책 25권을 샀다.
Wǒmen yígòng mǎi le èrshíwǔ běn shū.

- 빈칸에 들어갈 알맞은 단어를 골라 보세요.
  ① 他_____回答了四个问题。（一共 / 一起） 그는 모두 4문제를 답했다.
  ② 今天我和两个朋友_____吃饭。（一共 / 一起） 오늘 나는 두 명의 친구와 함께 밥을 먹는다.

정답
① 一共
② 一起

07 상태부사, 어기부사

你们谁爱去谁去，反正我不去。
Nǐmen shéi ài qù shéi qù, fǎnzhèng wǒ bú qù.
너희들 누구든 가고 싶은 사람이 가. 어쨌든 나는 안 갈 테니.

1 상태부사

동작이나 행위의 성질이나 상태, 그리고 각종 수단, 방법 등을 나타내는 부사를 상태부사라고 한다.

평가	互相 hùxiāng 서로	亲自 qīnzì 직접	偷偷 tōutōu 남몰래
존재·상태	不断 búduàn 끊임없이	忽然 hūrán 갑자기	渐渐 jiànjiàn 점점	仍然 réngrán 여전히	逐步 zhúbù 차츰차츰
전례대로	彷佛 fǎngfú 마치 ~인 듯	似乎 sìhū 마치 ~인 것 같다

'忽然'과 '突然'은 모두 예상 외의 사건이 빠르게 발생함을 나타낸다. '忽然'은 부사로 술어만 수식할 수 있지만, '突然'은 형용사로 관형어, 술어, 보어로 다양하게 쓸 수 있다.

他的病就忽然好起来了。 그의 병이 갑자기 좋아졌다. → 부사
Tā de bìng jiù hūrán hǎo qǐlái le.

天气的变化突然得很。 날씨 변화가 매우 갑작스럽다. → 형용사
Tiānqì de biànhuà tūrán de hěn.

2 어기부사

동작이나 행위, 또는 사건의 대한 화자의 느낌이나 태도를 표현하는 부사를 어기부사라고 한다.

긍정	本来 běnlái 본래	必须 bìxū 꼭, 반드시	不必 búbì ~할 필요가 없다	当然 dāngrán 당연히, 물론	果然 guǒrán 과연	其实 qíshí 사실은	千万 qiānwàn 절대로	一定 yídìng 반드시	尤其 yóuqí 특히	只好 zhǐhǎo 하는 수 없이	最好 zuìhǎo 가장 좋기는
의심, 의문	到底 dàodǐ 도대체	究竟 jiūjìng 도대체	难道 nándào 설마
추측	大概 dàgài 아마도	可能 kěnéng 어쩌면	恐怕 kǒngpà 아마	也许 yěxǔ 어쩌면
다행	差点儿 chàdiǎnr 하마터면	好不容易 hǎobù róngyi 가까스로
의도, 의외	偏偏 piānpiān 뜻밖에도	原来 yuánlái 알고 보니
반전	倒 dào 도리어	反正 fǎnzhèng 어쨌든	可 kě 그러나	却 què 그러나

'原来'는 '예전에'라는 뜻의 시간부사 기능과 '전에는 알지 못했던 상황을 갑자기 깨닫게 되었음'이라는 어기부사의 기능이 있다.

找了你半天，原来你在这里。 당신을 한참 동안 찾았는데, 알고 보니 여기 있었군요. → 어기부사
Zhǎo le nǐ bàntiān, yuánlái nǐ zài zhèlǐ.

- 문장에서 부사를 찾고, 그 의미를 말해 보세요.
  ① 今天差点儿迟到了。
  ② 火车六点出发，我们必须在六点以前到火车站。

정답
① 差点儿, 하마터면
② 必须, 반드시

부사의 위치

这些菜好吃得很。 이 음식들은 아주 맛있다.
Zhèxiē cài hǎochī de hěn.

(1) 일반부사는 보통 주어 뒤, 술어 앞에 놓이며, 문장에 전치사구가 있는 경우 부사는 그 앞에 온다.

你还在那儿干吗? 너는 아직까지 거기서 뭐해?
Nǐ hái zài nàr gànmá?

我想再听听那张唱片。 나는 그 음반을 다시 좀 듣고 싶다.
Wǒ xiǎng zài tīngting nà zhāng chàngpiàn.

(2) 일부 부사는 주어 앞인 문두에 위치하여 문장 전체 내용에 대한 화자의 심리적인 태도를 나타내기도 한다. 이러한 부사로는 대부분의 어기부사와 아래와 같은 정도부사, 상태부사, 시간부사 등이 있다.

大概小王今天不来了。 아마도 샤오왕은 오늘 오지 않을 것이다.
Dàgài Xiǎo Wáng jīntiān bù lái le.

> ● 주어 앞에 오는 일부 부사
>
> 其实 qíshí 사실은 | 大概 dàgài 아마도 | 也许 yěxǔ 어쩌면 | 到底 dàodǐ 도대체 | 果然 guǒrán 과연 |
> 难道 nándào 설마 | 反正 fǎnzhèng 어쨌든 | 尽量 jǐnliàng 가능한 | 原来 yuánlái 알고 보니 | 一直 yìzhí 줄곧 |
> 立刻 lìkè 당장 | 马上 mǎshàng 즉시 | 从来 cónglái 여태껏

(3) 여러 부사가 함께 나오는 경우는 대개 '어기부사 〉 시간부사 〉 빈도부사 〉 범위부사 〉 정도부사 〉 부정부사'의 순서로 배열한다.

小王　原来(어기부사)　还(시간부사)　没有(부정부사)　报名。 샤오왕은 알고 보니 아직 신청하지 않았다.
Xiǎo Wáng　yuánlái　hái　méiyǒu　bàomíng.

(4) '都' '很' '太' '一定'과 같은 부사는 부정부사와 결합할 때, 결합 순서에 따라 의미가 달라진다.

- **都不好** dōu bù hǎo 모두 좋지 않다 → 전체부정
- **不都好** bù dōu hǎo 모두 좋은 것은 아니다 → 부분부정

- **很不方便** hěn bù fāngbiàn 매우 불편하다 → 정도의 심함
- **不很方便** bù hěn fāngbiàn 아주 편하지는 않다 → 정도의 약함

- **太不容易了** tài bù róngyì le 정말 쉽지 않다 → 정도의 심함
- **不太容易了** bú tài róngyì le 그다지 쉽지 않다 → 정도의 약함

- **一定不聪明** yídìng bù cōngming 분명 똑똑하지 않다 → 확신함
- **不一定聪明** bù yídìng cōngming 반드시 똑똑한 것은 아니다 → 확신하지 못함

- 문장의 적절한 위치에 주어진 단어를 넣어 보세요.
  ① _A_ 你去 _B_ 休息吧，有事 _C_ 我 _D_ 叫你。(再) 너 가서 쉬렴. 일이 생기면 내가 다시 너를 부를 테니.
  ② 我 _A_ 认为 _B_ 你 _C_ 会那样 _D_ 做的。(一定) 나는 네가 반드시 그렇게 할 것이라고 생각한다.

정답
① D
② C

09 전치사의 특징과 쓰임

我**在**一家电脑公司工作。 저는 한 컴퓨터 회사에서 일합니다.
Wǒ zài yì jiā diànnǎo gōngsī gōngzuò.

전치사란, 명사나 대명사 앞에 놓여 전치사구를 구성한 후, 동작이나 성질과 관련된 시간, 장소, 방식, 범위, 수단, 원인, 목적, 대상 등을 나타내는 품사를 말한다.

(1) 전치사는 단독으로 쓰이지 않고, 반드시 전치사의 목적어와 결합한다. 전치사구는 주로 부사어 역할을 하고, 주어 뒤, 술어 앞에 놓인다.

北京大学**离清华大学**很近。 베이징대학교는 칭화대학교에서 가깝다.
Běijīng Dàxué lí Qīnghuá Dàxué hěn jìn.

(2) 일부 전치사구는 주어 앞에서 부사어로 쓰이기도 한다.

关于这个问题，我们还要研究一下。 이 문제에 관하여 우리는 좀 더 연구해야 한다.
Guānyú zhège wèntí, wǒmen hái yào yánjiū yíxià.

在大家的帮助下他的学习有了很大的进步。 모두의 도움으로 그의 학업에 큰 발전이 있었다.
Zài dàjiā de bāngzhù xià tā de xuéxí yǒu le hěn dà de jìnbù.

(3) 전치사구는 관형어나 보어로도 쓰일 수 있다. 관형어로 쓰이는 경우, 반드시 조사 '的'를 붙여야 한다.

我**对**中国的电影很感兴趣。 나는 중국 영화에 관심이 많다. → 관형어
Wǒ duì Zhōngguó de diànyǐng hěn gǎn xìngqù.

这趟列车开**往上海**。 이번 열차는 상하이행이다. → 보어
Zhè tàng lièchē kāi wǎng Shànghǎi.

- 문장에서 전치사구를 찾고, 그 쓰임을 말해 보세요.
  ① 明天我要和他一起去长城。 내일 나는 그와 함께 만리장성에 갈 것이다.
  ② 请大家谈谈对友情的看法。 모두들 우정에 대한 생각을 좀 말해 보세요. | 友情 yǒuqíng 우정

정답
① 和他, 부사어
② 对友情的, 관형어

10 전치사의 분류

我去的地方很少，连北京也没去过。
Wǒ qù de dìfang hěn shǎo, lián Běijīng yě méi qù guo.
나는 가 본 곳이 아주 적습니다. 베이징에 조차 간 적이 없습니다.

전치사는 문법 의미를 중심으로 다음과 같이 나눌 수 있다.

시간, 장소, 방향	• 从 cóng ｜ 离 lí ~로 부터 离中秋节还有一个月。 추석까지 아직 한 달 남았다. Lí Zhōngqiū Jié háiyǒu yí ge yuè. • 在 zài ｜ 当 dāng ｜ 于 yú ~에서, ~즈음하여 当老师来的时候，有些同学在教室外面玩。 선생님이 오셨을 때, 몇몇 학생들은 교실 밖에서 놀고 있었다. Dāng lǎoshī lái de shíhou, yǒuxiē tóngxué zài jiàoshì wàimian wán. • 向 xiàng ｜ 往 wǎng ｜ 朝 cháo ~를 향하여, ~쪽으로 去邮局是往右拐，不是朝左拐。 우체국으로 가려면 좌회전이 아니라 우회전이다. Qù yóujú shì wǎng yòu guǎi, bú shì cháo zuǒ guǎi.
목적	• 为 wèi ｜ 为了 wèile ~을 위하여 我是为了大家，不是为了自己。 저는 모두를 위함이지, 제 자신을 위한 것이 아닙니다. Wǒ shì wèile dàjiā, bú shì wèile zìjǐ.
공동 행위	• 和 hé ｜ 跟 gēn ~와, ~과 他每天和女朋友打电话。 그는 매일 여자 친구와 전화를 한다. Tā měitiān hé nǚ péngyou dǎ diànhuà.
관계	• 对 duì ｜ 对于 duìyú ｜ 关于 guānyú ~에 대하여, ~관하여 小李对于中国书法很感兴趣。 샤오리는 중국 서예에 매우 관심이 있다. Xiǎo Lǐ duìyú Zhōngguó shūfǎ hěn gǎn xìngqù.
전치	• 把 bǎ ~을 咱们把房间整理整理吧，太乱了。 우리 방이 너무 어지러우니 좀 정리합시다. Zánmen bǎ fángjiān zhěnglǐ zhěnglǐ ba, tài luàn le.
피동	• 被 bèi ~에게 (당하다) 他的座位被别人占着。 그 사람의 자리에 다른 사람이 앉아 있다. Tā de zuòwèi bèi biérén zhàn zhe.
수여	• 给 gěi ~에게 (주다) 他给妈妈买了一套房子。 그는 어머니에게 집을 한 채 사 드렸다. Tā gěi māma mǎi le yí tào fángzi.

비교	• 比 bǐ ~보다, ~에 비해 这本书**比**那本书有意思。 이 책이 저 책보다 재미있다. Zhè běn shū bǐ nà běn shū yǒuyìsi.
제외	• 除 chú ǀ 除了 chúle ~을 제외하고 **除了**星期天，他每天都很忙。 일요일을 제외하고 그는 매일 바쁘다. Chúle xīngqītiān, tā měitiān dōu hěn máng.
강조	• 连 lián ~조차 他**连**春节都没回家。 그는 심지어 설날조차도 집에 돌아가지 않았다. Tā lián Chūn Jié dōu méi huí jiā.

◆ 전치사 중, '把' '被'는 '제12과 능동구문과 피동구문'을, '跟' '和' '比'는 '제13과 비교표현구문'을 참고하자! 181p, 197p

■ 전치사의 쓰임에 주의하여, 중국어 문장을 해석해 보세요.
① 为了儿子的学习，他们晚上都不看电视。 ǀ 儿子 érzi 아들
② 他和小李的妹妹谈恋爱。 ǀ 谈恋爱 tán liàn'ài 연애하다, 사귀다

정답
① 아들의 공부를 위해, 그들은 저녁마다 텔레비전을 보지 않는다.
② 그는 샤오리의 여동생과 사귄다.

 # 전치사의 비교

我**从**大学毕业已经五年了。 저는 대학을 졸업한 지 벌써 5년이 되었습니다.
Wǒ cóng dàxué bìyè yǐjing wǔ nián le.

1 시간·장소를 이끄는 '从' '离'

'A离B'는 'A와 B사이의 거리나 시간의 차이'를 나타내고, '从A'는 'A가 출발점이나 출발 시간'임을 나타낸다.

我们这儿**离**火车站不太远。 우리가 있는 곳은 기차역에서 그리 멀지 않다. → 거리 차이
Wǒmen zhèr lí huǒchēzhàn bú tài yuǎn.

离出发时间不到五分钟了。 출발할 시간까지는 5분도 남지 않았다. → 시간 차이
Lí chūfā shíjiān bú dào wǔ fēnzhōng le.

从这儿到你们大学怎么走？ 여기에서 너의 대학교까지 어떻게 가니? → 출발점
Cóng zhèr dào nǐmen dàxué zěnme zǒu?

我们**从**今天开始减肥吧。 우리 오늘부터 다이어트를 시작합시다. → 출발 시간
Wǒmen cóng jīntiān kāishǐ jiǎnféi ba.

2 방향을 나타내는 '向' '往' '朝'

'向'은 '동작의 방향' '추상적인 방향' '동작의 대상' 등을 나타내고, 동사 뒤에 올 수 있다. '往'은 '동작의 방향' '도달점'과 같은 구체적인 방위나 장소와 결합할 수 있다. '朝'도 '동작의 방향'을 나타내지만, 신체동작과 관련된 동사와 자주 결합한다.

我们应该向他学习。 우리는 마땅히 그를 본받아야 한다. → 동작의 대상
Wǒmen yīnggāi xiàng tā xuéxí.

从这儿一直往前走，往右拐就到了。 여기에서 곧장 가다가, 오른쪽으로 돌아가면 바로 도착한다. → 동작의 방향[구체적 방위]
Cóng zhèr yìzhí wǎng qián zǒu, wǎng yòu guǎi jiù dào le.

我朝他们点头。 나는 그들에게 고개를 끄덕였다. → 동작의 방향[신체 동작 관련 동사]
Wǒ cháo tāmen diǎntóu.

3 동작의 대상을 표시하는 '对' '跟' '给'

'给'는 사물의 접수자, 동작의 수혜자 혹은 서비스의 대상과 결합한다. '跟'은 동작이나 행위에 함께 참여하는 사람을 나타내며, '对'는 동작이나 행위의 대상 또는 어떤 태도를 취하는 대상을 이끈다.

妈妈给我买了一件衣服。 어머니께서 제게 옷 한 벌을 사 주셨다. → 사물의 접수자
Māma gěi wǒ mǎi le yí jiàn yīfu.

留学生们跟中国人说汉语。 유학생들이 중국인들과 중국어로 말한다. → 행위의 참여자
Liúxuéshēngmen gēn Zhōngguórén shuō Hànyǔ.

她对客人很热情。 그녀는 손님에게 아주 친절하다. → 동작의 대상
Tā duì kèrén hěn rèqíng.

단, 전치사 '给'는 '对' '跟'과 달리 동사 뒤에 오기도 한다.

这张卡片是他送给我的。 이 카드는 그가 나에게 보낸 것이다.
Zhè zhāng kǎpiàn shì tā sòng gěi wǒ de.

■ 빈칸에 들어갈 알맞은 단어를 골라 보세요.

① 英国_____法国远不远? (离 / 从) 영국은 프랑스에서 먼가요?

② 我_____大家道歉。(向 / 往 / 朝) 제가 여러분께 사과드립니다.

정답
① 离
② 向

 실력 점검하기

1 주어진 단어를 문장의 알맞은 위치에 넣어 보세요.

(1) ___A___ 我一___B___听___C___明白___D___了。（就）
나는 듣자마자 바로 이해했다.

(2) 这部电影___A___太有意思了，___B___我___C___想___D___看一遍。（再）
이 영화는 너무 재미있어서, 나는 다시 한 번 보고 싶다.

(3) 我们___A___会___B___把这件事___C___告诉___D___他的。（不）
우리는 이 일을 그에게 알려주지 않을 것이다.

2 보기에서 적합한 단어를 골라 문장을 완성해 보세요.

> 离　　果然　　和　　太　　给

(1) 如果你想去的话，我就开车送你。电影院_____这儿很远。
만약 네가 가고 싶으면, 내가 차로 바래다 줄게. 영화관이 여기에서 멀리 있거든.

(2) 很多人都喜欢到那儿_____朋友见面。
많은 사람들이 그곳에 가서 친구들과 만나는 것을 좋아한다.

(3) 请把手机递_____叔叔。 휴대전화를 삼촌에게 전해 주세요.

手机 shǒujī 휴대전화 | **递** dì 전달하다, 건네주다

3 두 구를 알맞게 연결하여 완전한 문장을 만들어 보세요.

(1) 从星期一　　　　　　・　　　　・㉠ 介绍了那里的情况

(2) 他出生　　　　　　　・　　　　・㉡ 开始上课

(3) 我们班的同学来・　　　　　　　・㉢ 打来了长途电话

(4) 我们向老师　　　　　・　　　　・㉣ 自5个国家

(5) 昨天他家又给他・　　　　　　　・㉤ 于1949年

长途电话 chángtú diànhuà 장거리 전화 | **于** yú ~에

 新 HSK 문제 맛보기

1 알맞은 답문을 찾아 두 문장을 연결해 보세요.

(1) 她在做什么呢? · · (ㄱ) 她学习非常努力, 每天都学习到很晚。

(2) 她的考试成绩真好。 · · (ㄴ) 当我出来的时候, 她正在写作业呢。

(3) 明天是妈妈的生日。 · · (ㄷ) 我们给她买个生日蛋糕吧。

蛋糕 dàngāo 케이크

2 주어진 어휘를 바르게 배열하여, 하나의 문장을 만들어 보세요.

(1) 他 / 不舒服 / 身体 / 有点儿   그는 몸이 조금 좋지 않다.
→ _____

(2) 在 / 明天 / 学校门口 / 咱们 / 下午三点 / 见面   우리 내일 오후 2시에 학교 정문 앞에서 만나요.
→ _____

(3) 小孩子 / 是 / 了 / 他们 / 已经 / 不   그들은 이미 어린아이가 아니다.
→ _____

3 사진을 보고 빈칸에 알맞은 단어를 넣어 보세요.

(1)  今天的作业_____金老师了。
　　　　　　　　　　　　　　jiāogěi

(2) 对不起, 一会儿我和玛丽_____去看电影。
　　　　　　　　　　　　　　　　　　yìqǐ

05 허사(2)

허사는 실사와 같이 쓰여 문법적인 관계를 나타낸다. 허사 가운데 '접속사'는 단어와 단어, 구와 구, 문장과 문장을 이어주며, 각종 논리관계를 나타내는데, 크게 연합관계와 수식관계로 나눌 수 있다. 연합관계는 연결되는 절과 절이 의미상 동등한 관계이고, 수식관계는 절과 절 사이에 주종관계가 성립되는 관계이다. 또, '조사'는 품사 중에 제일 자립성이 약하고, 어휘 의미가 가장 추상화된 허사이다.

실사와 허사에 속하지 않는 기타 어휘인 감탄사와 의성사는 주로 문장에서 다른 단어와 결합하지 않고 독립적으로 쓰인다.

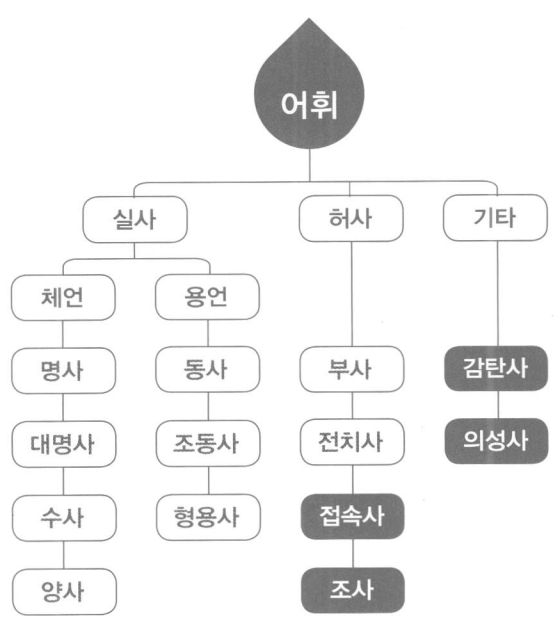

핵심 문법

허사

부사
- '04 허사(1)'에서 다룸

전치사

접속사

연합관계

- **병렬관계** 동등한 지위를 갖는 두 개 이상의 대상을 배열한다.
  和 hé ~와[과] | 跟 gēn ~와[과]
- **선택관계** 복수의 서술 내용 중, 한 가지 사실을 선택하는 관계이다.
  还是 háishi 아니면 | 或 huò 혹은 | 或者 huòzhě 혹은
- **점층관계** 앞의 서술 내용보다 뒤의 내용이 정도가 더 심해진다.
  而 ér 또한 | 不但 búdàn ~뿐만 아니라 | 而且 érqiě 또한
- **순접관계** 순차적으로 연속되는 동작이나 사건의 순서를 나타낸다.
  于是 yúshì 이리하여 | 然后 ránhòu 그런 후에

수식관계

- **역접관계** 앞 절[종속절]의 내용과 상대적이거나 반대되는 내용을, 뒤 절[주절]에서 서술한다.
  不过 búguò 그러나 | 虽然 suīrán 비록 ~지만 | 但是 dànshì 하지만
- **인과관계** 앞 절은 원인이나 전제를, 뒤 절은 결과나 판단을 서술한다.
  因为 yīnwèi ~때문에 | 所以 suǒyǐ 그러므로 | 因此 yīncǐ 따라서
- **조건관계** 앞 절은 조건을 나타내고, 뒤 절은 그 조건을 만족시키는 결과이다.
  只有 zhǐyǒu 오직 ~해야만 | 只要 zhǐyào 단지 ~하기만 하면
- **가정관계** 앞 절은 가정된 상황을 서술하고, 뒤 절은 그것의 판단을 서술한다.
  如果 rúguǒ 만일 ~라면 | 要是 yàoshi 만일 ~하면
- **양보관계** 앞 절은 어떤 사실이나 가정을 인정하면서, 뒤 절은 그와 상대적이거나 상반된 입장을 제시한다.
  即使 jíshǐ 설령 ~일지라도 | 尽管 jǐnguǎn 비록 ~이지만

조사

- **구조조사** 실사 뒤에 위치하며, 관형어·부사어·보어의 구조를 만든다.
  的 de | 地 de | 得 de
- **동태조사** 동사와 일부 형용사 뒤에서 동작의 변화나 상태를 표시한다.
  了 le | 着 zhe | 过 guo
- **어기조사** 문장 끝에 위치하여, 의문·추측·명령·감탄·확인 등의 각종 어투를 나타낸다.
  啊 a | 吧 ba | 了 le | 吗 ma | 呢 ne | 的 de | 嘛 ma

기타

감탄사
주로 감탄·부름·대답 등을 나타내는 품사로, 문장에서 말하는 이의 어투를 표현한다.
啊 ā, á, ǎ, à | 唉 āi | 哎呀 āiyā | 哎哟 āiyō | 喂 wéi, wèi | 嗯 ǹg

의성사
사람, 사물 혹은 자연계의 소리를 모방해서 음으로 나타내는 품사이다.
哈哈 hāhā 하하 | 沙沙 shāshā 쏴아[빗소리] | 叮当 dīngdāng 딩동

01 접속사의 특징과 쓰임

哥哥**和**弟弟都来了。 형과 동생이 모두 왔다.
Gēge hé dìdi dōu lái le.

접속사란 단어, 구 혹은 절 사이를 연결시켜 어떤 논리관계를 표현하는 품사이다.

1 접속사의 특징

(1) 각 절의 주어가 동일하면 주어는 보통 접속사 앞에 온다. 그러나 앞 절과 뒤 절의 주어가 다른 경우, 앞 절의 주어는 주로 접속사 뒤에 놓이며, 뒤 절의 주어는 반드시 접속사 뒤에 놓인다.

你**如果**不喜欢喝酒，**就**喝可乐吧。 만약 술을 마시기 싫으면, 콜라를 마시세요.
Nǐ rúguǒ bù xǐhuan hē jiǔ, jiù hē kělè ba.

虽然你不说话，**但是**我也知道。 네가 말하지 않아도 난 안다.
Suīrán nǐ bù shuō huà, dànshì wǒ yě zhīdào.

(2) 일부 접속사는 부사와 결합하여 모종의 논리관계를 나타내는데, 이러한 부사를 '관련부사'라고 한다. 관련부사는 두 절 사이의 논리관계에서 중요한 역할을 하므로 보통 생략하지 않는다.

只有……才 zhǐyǒu……cái | 如果……就 rúguǒ……jiù | 既然……就 jìrán……jiù | 只要……就 zhǐyào……jiù

(**既然**)下雨，我**就**不去了。 비가 온 이상, 나는 가지 않겠다.
(Jìrán) Xià yǔ, wǒ jiù bú qù le.

2 접속사의 쓰임

접속사는 문장에서 단어와 단어, 구와 구, 문장과 문장을 이어준다.

분류	접속사
단어나 구를 연결	和 hé ǀ 跟 gēn
문장만 연결	不但 búdàn ǀ 而且 érqiě ǀ 虽然 suīrán ǀ 但是 dànshì ǀ 如果 rúguǒ ǀ 所以 suǒyǐ ǀ 既然 jìrán ǀ 即使 jíshǐ
단어, 구, 문장을 모두 연결	还是 háishi ǀ 或 huò ǀ 或者 huòzhě ǀ 而 ér

李老师**跟**张老师都是北京人。 이 선생님과 장 선생님은 모두 베이징 사람이다. → 단어와 단어 연결
Lǐ lǎoshī gēn Zhāng lǎoshī dōu shì Běijīngrén.

你想喝咖啡**还是**喝绿茶？ 당신은 커피를 마시고 싶습니까, 아니면 녹차를 마시고 싶습니까? → 구와 구 연결
Nǐ xiǎng hē kāfēi háishi hē lǜchá?

因为有点儿不舒服，**所以**我不想去了。 몸이 좀 불편하기 때문에, 저는 가고 싶지 않습니다. → 문장과 문장 연결
Yīnwèi yǒudiǎnr bù shūfu, suǒyǐ wǒ bù xiǎng qù le.

- 문장의 알맞은 위치에 주어진 단어를 넣어 보세요.

  ① A 弟弟 B 会 C 唱英语歌 D ，而且会唱汉语歌。(不但)
  남동생은 영어 노래를 할 수 있을 뿐만 아니라, 중국어 노래도 할 수 있다.

  ② A 你 B 去 C ， D 我才去。(只有) 네가 가야만, 내가 간다.

정답
① B
② A

02 접속사의 분류

我喜欢吃饺子、面包和面条。 저는 만두, 빵 그리고 국수를 좋아합니다.
Wǒ xǐhuan chī jiǎozi、miànbāo hé miàntiáo.

1 연합관계를 나타내는 접속사

접속사는 크게 연합관계를 나타내는 접속사와 수식관계를 나타내는 접속사로 나눌 수 있다. 연합관계란 접속사를 중심으로 연결되는 앞뒤 대상이 대등한 경우로, 병렬관계, 선택관계, 점층관계, 순접관계 등의 논리관계를 나타낸다.

병렬관계	和 hé ｜ 跟 gēn ~와, ~과
선택관계	或 huò ｜ 还是 háishi ｜ 或者 huòzhě 혹은, 아니면
점층관계	不仅 bùjǐn ｜ 不但 búdàn ｜ 而且 érqiě ｜ 而 ér ~뿐만 아니라, 또한
순접관계	于是 yúshì 그래서 ｜ 然后 ránhòu 그런 후에 ｜ 接着 jiēzhe 이어서

(1) '和'와 '跟'은 명사성·동사성·형용사성 단어를 모두 연결할 수 있다. '和'는 구어체와 서면어에서 모두 사용되지만, '跟'은 주로 구어체에서 많이 사용된다.

要调查和研究这个问题。 이 문제를 조사하고 연구해야 한다.
Yào diàochá hé yánjiū zhège wèntí.

读写跟听说都挺重要的。 읽기·쓰기와 듣기·말하기는 모두 매우 중요하다.
Dú xiě gēn tīng shuō dōu tǐng zhòngyào de.

(2) '还是'와 '或者'는 모두 선택관계를 나타내지만, '或者'는 반드시 평서문에 쓰이고, '还是'는 평서문과 의문문에 모두 쓰일 수 있다.

这次去杭州或者去苏州。 이번에 항저우 아니면 쑤저우에 간다.
Zhècì qù Hángzhōu huòzhě qù Sūzhōu.

今天是星期四**还是**星期五? 오늘이 목요일입니까, 아니면 금요일입니까?
Jīntiān shì xīngqīsì háishi xīngqīwǔ?

2 수식관계를 나타내는 접속사

수식관계란 접속사를 중심으로 연결되는 앞뒤 성분이 주요 부분과 부수적인 부분, 즉, 주종[主从]관계를 나타내는 경우이다. 역접관계, 인과관계, 조건관계, 가정관계, 양보관계 등의 논리관계를 나타낸다.

역접관계	虽然 suīrán ǀ 但是 dànshì ǀ 不过 búguò ǀ 可是 kěshì 비록 ~지만, 그러나, 하지만
인과관계	因为 yīnwèi ǀ 由于 yóuyú ǀ 所以 suǒyǐ ǀ 因此 yīncǐ ~때문에, 그러므로 ǀ 既然 jìrán 기왕 ~한 바에야
조건관계	只有 zhǐyǒu 오직 ~해야만 ǀ 只要 zhǐyào 단지 ~하기만 하면 ǀ 不管 bùguǎn ǀ 无论 wúlùn ~에 관계없이
가정관계	如果 rúguǒ ǀ 要是 yàoshi 만일[가정] ~라면
양보관계	即使 jíshǐ 설령 ~일지라도

조건관계를 나타내는 접속사 중, '只有'는 조건을 갖춰야만 어떤 결과가 존재할 수 있다는 필요 조건을, '只要'는 조건을 갖추기만 하면 어떤 결과가 생긴다는 충분 조건을, '不管' '无论'은 무조건을 나타낸다.

只有下雨，我**才**不去。 비가 와야지만, 내가 비로소 가지 않는다. → 필요 조건
Zhǐyǒu xià yǔ, wǒ cái bú qù.

只要下雨，我**就**不去。 비가 오기만 하면, 나는 가지 않는다. → 충분 조건
Zhǐyào xià yǔ, wǒ jiù bú qù.

无论什么时候，**都**不能做这种事。 언제든지 상관없이 이런 일은 할 수 없다. → 무조건
Wúlùn shénme shíhou, dōu bù néng zuò zhè zhǒng shì.

> 접속사와 관련된 자세한 내용은 '제8과 문장의 구조'를 참고하자! ∴ 132p

■ 접속사의 의미에 주의하여 해석해 보세요.
① 只要你努力，就能学好汉语。
② 只有多听、多说，才能学好汉语。

多听 duō tīng 많이 듣다 ǀ 多说 duō shuō 많이 말하다

정답
① 네가 노력만 한다면, 중국어를 잘 배울 수 있다.
② 많이 듣고 많이 말해야만, 비로소 중국어를 잘 배울 수 있다.

03 조사의 분류와 쓰임

我在这儿住了三年，时间过得真快。
Wǒ zài zhèr zhù le sān nián, shíjiān guò de zhēn kuài.
저는 이곳에서 3년을 살았어요. 시간이 참 빨리 흐르네요.

1 조사의 분류

조사는 주로 명사, 동사, 형용사 등과 같은 실사나 구, 혹은 문장 끝에 놓여 문법적인 관계나 어기를 나타내며, 보통 경성으로 읽힌다.

구조조사	的 de ǀ 地 de ǀ 得 de
동태조사	了 le ǀ 着 zhe ǀ 过 guo
어기조사	啊 a ǀ 吧 ba ǀ 了 le ǀ 吗 ma ǀ 嘛 ma ǀ 呢 ne ǀ 的 de

2 조사의 쓰임

(1) 구조조사는 단어나 구를 연결시켜, 어떤 구조를 이루는 기능이 있다. '的'는 관형어를 만들고, '地'는 각종 부사어를 만든다. '得'는 동사나 형용사 뒤에서 그 뒤에 오는 내용을 보어로 만든다.

我们要一个大一点儿的房间。 우리는 조금 더 큰 방을 원한다. → 관형어
Wǒmen yào yí ge dà yìdiǎnr de fángjiān.

我要好好儿地想一下。 내가 한 번 잘 생각해 보겠습니다. → 부사어
Wǒ yào hǎohāor de xiǎng yíxià.

他说得很清楚。 그는 아주 분명하게 말했다. → 보어
Tā shuō de hěn qīngchu.

> 구조조사와 관련된 자세한 내용은 '제7과 문장의 보조성분'을 참고하자! 106p, 110p, 118p

(2) 동태조사는 동사나 형용사 뒤에 쓰여, 동작의 변화나 상태를 나타낸다.

昨天我家来了一位客人。 어제 우리 집에 손님 한 분이 오셨다. → 동작의 완성·실현
Zuótiān wǒ jiā lái le yí wèi kèrén.

你快来，大家都等着你呢。 빨리 와. 모두들 너를 기다리고 있잖아. → 동작·상태의 지속
Nǐ kuài lái, dàjiā dōu děng zhe nǐ ne.

我以前没有学过汉语。 나는 이전에 중국어를 배운 적이 없다. → 동작·행위의 경험
Wǒ yǐqián méiyǒu xué guo Hànyǔ.

(3) 어기조사는 주로 문장 끝에 쓰여, 화자의 어투를 나타낸다. 하나의 어기조사가 여러 가지 어투를 나타낼 수 있으므로, 그 쓰임에 주의한다.

你不要跟他生气了。 그에게 화내지 마세요. → 완곡
Nǐ búyào gēn tā shēngqì le.

我看完书了。 나는 책을 다 봤다. → 문장을 종결짓는 어기
Wǒ kàn wán shū le.

> 어기조사와 관련된 자세한 내용은 '제9과 문장의 기능'을 참고하자! ∴ 144p, 145p

■ 빈칸에 들어갈 알맞은 단어를 골라 보세요.
① 他们写_____很不错。(的 / 地 / 得) 그들은 꽤 잘 썼다.
② 来中国以前，我没看_____中国电影。(了 / 着 / 过)
중국에 오기 전에, 나는 중국 영화를 본 적이 없다.

정답
① 得
② 过

 # 04 동태조사 '了'의 분류와 특징

昨天我看了一部电影。 어제 나는 영화 한 편을 보았다.
Zuótiān wǒ kàn le yí bù diànyǐng.

1 동태조사 '了'의 분류

동태조사 '了'는 문장에서 '완료'나 '실현', '임박' 또는 '동작이나 상황의 변화 및 발생'을 나타낸다.

了	완료·실현	동사＋了＋목적어	他喝了一杯咖啡。 그는 커피 한 잔을 마셨다. Tā hē le yì bēi kāfēi.
		(주어＋)동사＋了	我昨天去王府井了。 나는 어제 왕푸징에 갔었다. Wǒ zuótiān qù Wángfǔjǐng le.
	임박	(就 / 快＋)要＋동사＋了	我们快要毕业了。 우리는 곧 졸업한다. Wǒmen kuàiyào bìyè le.
	변화	문장＋了	他是大学生了。 그는 대학생이 되었다. Tā shì dàxuéshēng le.

2 동태조사 '了'의 특징

(1) '동사＋了'의 부정형식은 '没有＋동사'로, 이때 완료를 나타내는 '了'는 반드시 생략한다.

昨天我家没来客人。 어제 우리 집에 손님이 오지 않았다.
Zuótiān wǒ jiā méi lái kèrén.

(2) '동사＋了'의 의문형식은 문장 뒤에 의문조사 '吗'를 더하거나, '동사＋了＋没有' 형식으로 나타낸다.

你们都看了这个电影没有? 너희는 모두 이 영화를 봤니?
Nǐmen dōu kàn le zhège diànyǐng méiyǒu?

(3) '是' '在' '姓' '叫' 등의 동사와 습관적이고 반복적인 행위를 의미하는 '每个' '天天' '常常' '经常' '一直' 등이 쓰인 문장에는 '了'를 사용할 수 없다.

他天天学了汉语。(✕) → 他天天学汉语。(○) 그는 매일 중국어를 공부한다.
　　　　　　　　　　　Tā tiāntiān xué Hànyǔ.

他的名字叫了王华。(✕) → 他的名字叫王华。(○) 그의 이름은 왕화이다.
　　　　　　　　　　　　Tā de míngzi jiào Wáng Huá.

- 밑줄 친 부분을 바르게 고쳐 보세요.
  ① 我常常看了中国电影。 나는 자주 중국 영화를 본다.
  ② 今天早上我们没吃了面包。 나는 오늘 아침에 빵을 먹지 않았다.

정답
① 常常看
② 没吃

05 동태조사 '了'의 쓰임

我知道他的名字了。 나는 그의 이름을 알게 되었다.
Wǒ zhīdào tā de míngzi le.

1 완료와 실현을 표현하는 '了'

(1) 동태조사 '了'는 구체적인 동작이나 행위가 이미 완성되었음을 나타낸다. 특히 완료와 실현은 시간의 흐름과 상관없으므로, '了'는 '과거, 현재, 미래'의 완료와 실현을 모두 나타낼 수 있다.

昨天已经来了两个人。 어제 이미 두 사람이 왔다. → 과거의 완료
Zuótiān yǐjing lái le liǎng ge rén.

明天我们参观了美术馆就去故宫。 내일 우리는 미술관을 참관하고 바로 고궁으로 간다. → 미래의 완료
Míngtiān wǒmen cānguān le měishùguǎn jiù qù Gùgōng.

(2) 완료를 나타내는 '동사+了+목적어' 구조에 수량구, 시량보어, 동량보어가 더해질 수 있다.

我打了两个小时网球。 나는 두 시간 동안 테니스를 쳤다. → + 시량보어
Wǒ dǎ le liǎng ge xiǎoshí wǎngqiú.

这本书我看了两遍。 이 책은 내가 두 번 보았다. → + 동량보어
Zhè běn shū wǒ kàn le liǎng biàn.

(3) '了'를 가진 동사구 뒤에 '再/就+동사(+목적어)'가 오면, '了' 앞의 동작이 실현되었음을 나타낸다.

我吃了饭再去。 나는 밥을 먹고 나서 간다.
Wǒ chī le fàn zài qù.

上午我下了课，就回宿舍了。 오전에 나는 수업이 끝나고 나서, 기숙사로 돌아왔다.
Shàngwǔ wǒ xià le kè, jiù huí sùshè le.

2 임박을 표현하는 '了'

(1) 동사, 목적어, 보어 등을 '要……了' 사이에 놓아서, 어떤 동작·행위 및 상태가 '막 발생하려 함' '사건의 발생이 임박했음'을 나타낸다. '要' 앞에 '就' '快' '马上'을 더하여, 단시간 내에 곧 발생함을 강조할 수 있다.

飞机马上就要起飞了。 비행기가 곧 이륙하려고 한다.
Fēijī mǎshàng jiù yào qǐfēi le.

(2) 임박 표현의 부정형식은 '还没……(呢)'의 형식을 사용한다.

飞机还没起飞(呢)。 비행기는 아직 이륙하지 않았다.
Fēijī hái méi qǐfēi (ne).

3 변화나 발생을 표현하는 '了'

(1) 동태조사 '了'는 문장 끝에 놓여, 동작이나 행위가 이미 발생했거나 상태가 변화했음을 나타낸다. 이때 술어로는 명사(구), 동사(구), 형용사(구), 수량구 등이 올 수 있다.

我儿子八岁了。 내 아들은 8살이 되었다. → 수량구
Wǒ érzi bā suì le.

我不去了。 나는 가지 않겠다. [본래는 가려고 했는데, 계획이 바뀌었다.] → 동사구
Wǒ bú qù le.

天气冷了。 날씨가 추워졌다. [전에는 춥지 않았는데, 지금은 변화가 생겼다.] → 형용사구
Tiānqì lěng le.

(2) 완료를 표현하는 '了'와 변화를 나타내는 '了'가 함께 오면, 문장 전체의 상태가 현재까지 지속되고 있음을 나타낸다.

我等了一个小时了。 나는 한 시간째 기다리고 있다.
Wǒ děng le yí ge xiǎoshí le.

他已经学了两年汉语了。 그는 이미 중국어를 배운 지 2년이 되었다.
Tā yǐjing xué le liǎng nián Hànyǔ le.

■ 문장의 알맞은 위치에 조사 '了'를 넣어 보세요.

① 明天吃　A　早饭　B　就去　C　公园散步　D　。（了）
내일 아침을 먹고 나면, 공원에 가서 산책을 할 것이다.

② 小李　A　现在　B　是　C　老师　D　。（了）
샤오리는 지금 선생님이 되었다.

정답
① A
② D

06 동태조사 '着'의 분류와 특징

桌子上放着一本杂志。 탁자 위에 잡지 한 권이 놓여있다.
Zhuōzi shang fàng zhe yì běn zázhì.

1 동태조사 '着'의 분류

동태조사 '着'는 '지속'과 '진행'을 나타낼 수 있는데, 이는 술어의 특징을 통해 구분된다. 즉, 술어가 지속 동사이면 '진행'을, 비[非]지속동사이면 '지속'의 의미를 나타낸다.

他没有看书, 他写着信呢。 그는 책을 보고 있는 것이 아니라, 편지를 쓰고 있다. → 동작의 진행[지속동사]
Tā méiyǒu kàn shū, tā xiě zhe xìn ne.

教室里的门开着。 교실 문이 열려 있다. → 상태의 지속[비지속동사]
Jiàoshì li de mén kāi zhe.

> 동작이나 행위가 시작된 후, 그 상태가 끝날 때까지 계속될 수 있는 것을 '지속동사'라고 한다. 지속동사는 '동작의 시작, 동작의 진행, 동작의 완료'라는 세 가지 과정을 가진다.
>
> ○―――――――――――――●
> 동작의 시작   동작의 진행   동작의 완료
>
> 동작·행위가 시작되자마자 완료된 후, 완료된 결과나 상태가 계속 되는 것을 '비지속동사'라고 한다.
>
> ●―――――――――――――
> 동작의 완료   상태의 지속
>
> ● 대표적인 비지속동사
> 到 dào 도착하다 | 丢 diū 잃다 | 完 wán 끝나다 | 来 lái 오다 | 死 sǐ 죽다 | 懂 dǒng 이해하다 | 见 jiàn 만나다 |
> 走 zǒu 떠나다 | 跑 pǎo 도망가다 | 离开 líkāi 떠나가다 | 同意 tóngyì 찬성하다 | 知道 zhīdào 알다

2 동태조사 '着'의 특징

(1) 조사 '着'의 부정형식은 보통 '没(有)'를 사용하며, 필요에 따라, '別' '不要' 등을 사용하기도 한다.

墙上没有挂着地图。 벽에 중국 지도가 걸려있지 않다.
Qiáng shang méiyǒu guà zhe dìtú.

别躺着看书！ 누워서 책 보지 말라니까!
Bié tǎng zhe kàn shū!

(2) 조사 '着'의 의문형은 '吗'를 쓰거나, '동사+着+没有'의 형식으로 표현한다.

外边下着雨吗? 밖에 비가 오고 있나요?
Wàibian xià zhe yǔ ma?

窗户关着没有? 창문은 닫혀 있습니까?
Chuānghu guān zhe méiyǒu?

(3) 조사 '着'는 어떤 동작이나 행위가 진행 또는 지속 과정 중에 있음을 표현하기 때문에, 뒤에 결과보어와 시량보어, 동량보어 등이 올 수 없다.

看完着小说。(✗) → 看完小说。(○) 소설을 다 봤다.
Kàn wán xiǎoshuō

听着三个小时音乐。(✗) → 听了三个小时音乐。(○) 30분 동안 음악을 들었다.
Tīng le sān ge xiǎoshí yīnyuè.

(4) 다음의 동사들은 뒤에 '着'를 쓸 수 없다.
① 판단이나 소유, 존재 등을 나타내는 관계동사 '是' '有' '在' 등.
② 심리나 지각을 나타내는 동사 '怕' '喜欢' '知道' '感到' '希望' 등. 단, '爱' 뒤에는 가능.
③ 방향성을 나타내는 동사 '到' '去' '来' '进' '出' 등.

■ 밑줄 친 부분을 바르게 고쳐 보세요.
① 家里有着几个孩子。 집 안에 아이들이 몇 명 있다.
② 今天下着三场雨。 오늘 비가 세 차례 내렸다.

정답
① 有
② 下了

---

07 동태조사 '着'의 쓰임

大家都等着你呢，你快去吧！ 모두 너를 기다리고 있으니, 빨리 가 봐!
Dàjiā dōu děng zhe nǐ ne, nǐ kuài qù ba!

1 지속을 표현하는 '着'

(1) 동태조사 '着'는 비지속동사 뒤에 쓰여, 동작이 완료된 후 그 동작의 결과나 상태가 계속 지속됨을 나타낸다.

他房间里的灯还亮着！ 그의 방은 아직 불이 켜져 있네!
Tā fángjiān li de dēng hái liàng zhe!

妈妈在沙发上坐着。 엄마는 쇼파 위에 앉아 계신다.
Māma zài shāfā shang zuò zhe.

(2) 주어 위치에 장소가 오고 뒤에 '동사+着'가 더해지면, 사람이나 사물이 장소에 어떠한 상태로 존재하고 있는지를 나타낸다.

屋里坐着很多人。 방 안에는 많은 사람들이 앉아 있다.
Wū li zuò zhe hěn duō rén.

那里住着很多外国留学生。 그곳에는 많은 유학생들이 살고 있다.
Nàlǐ zhù zhe hěn duō wàiguó liúxuéshēng.

● 존재표현과 관련된 내용은 '제10과 관계표현구문'을 참고하자! ∴ 163p

2 진행을 표현하는 '着'

(1) 동태조사 '着'는 지속동사 뒤에 쓰여, 동작이나 행위가 현재 진행중임을 나타낸다. 이 밖에도 부사 '正在' '正' '在'와 조사 '呢'도 동작의 진행을 표현할 수 있다.

他正在看书呢。 그는 지금 책을 보고 있다.
Tā zhèngzài kàn shū ne.

玛丽正跟朋友谈着话呢。 메리는 지금 친구와 이야기를 하고 있다.
Mǎlì zhèng gēn péngyou tán zhe huà ne.

(2) 사람의 신체 동작과 관련된 진행 표현은 '着'를 사용한다.

同学们说着、笑着。 학생들이 웃고 떠들고 있다.
Tóngxuémen shuō zhe, xiào zhe.

我正在喝着奶茶呢。 나는 지금 밀크티를 마시고 있다.
Wǒ zhèngzài hē zhe nǎichá ne.

(3) 지속을 나타내는 '동사+着'가 동사구 앞에 놓이면 동작이나 행위의 방식을 표현한다.

小王躺着看书。 샤오왕은 누워서 책을 본다.
Xiǎo Wáng tǎng zhe kàn shū.

我们走着去图书馆。 우리는 걸어서 도서관에 간다.
Wǒmen zǒu zhe qù túshūguǎn.

■ 동태조사 '着'의 쓰임에 주의하여 문장을 해석해 보세요.

① 他们正等着你。

② 她听着音乐。

정답
① 그들은 지금 당신을 기다리고 있다.
② 그녀는 음악을 듣고 있다.

 # 동태조사 '过'의 분류와 특징

以前，我学过半年的汉语。 예전에 나는 6개월 동안 중국어를 배운 적이 있다.
Yǐqián, wǒ xué guo bàn nián de Hànyǔ.

1 동태조사 '过'의 분류

동태조사 '过'는 '경험'과 '완료'를 나타낼 수 있다. 경험을 나타내는 '过'는 부사 '曾经'과 잘 쓰이고, 완료를 나타내는 '过'는 부사 '已经'을 더하여 의미를 강조한다.

我曾经学过日语。 나는 일찍이 일본어를 배운 적이 있다. → 경험
Wǒ céngjīng xué guo Rìyǔ.

他已经吃过早饭。 그는 이미 아침밥을 먹었다. → 완료
Tā yǐjing chī guo zǎofàn.

2 동태조사 '过'의 특징

(1) 부정형식은 보통 '没(有)'를 사용한다.

这个电影我没有看过。 이 영화를 나는 본 적이 없다.
Zhège diànyǐng wǒ méiyǒu kàn guo.

부정의 의미를 강화하기 위해, 부사 '从来'를 부가할 수 있다.

这件事我从来没听说过。 이 일을 나는 지금까지 들어본 적이 없다.
Zhè jiàn shì wǒ cónglái méi tīngshuō guo.

(2) 의문형은 조사 '吗'를 쓰거나, '동사+过+没有'의 형식으로 표현한다.

你去过北京吗? 당신은 중국에 가본 적이 있습니까?   这本书你看过没有? 이 책을 읽어본 적이 있나요?
Nǐ qù guo Běijīng ma?   Zhè běn shū nǐ kàn guo méiyǒu?

(3) 다음의 동사나 형용사는 '过'를 쓸 수 없다.

① 인지와 지각, 판단과 존재를 나타내는 동사 '是' '在' '知道' '懂' '明白' '认识' '忘' 등.
② 동작이나 행위가 일회성인 동사 '死' '出生' '毕业' '出发' 등.
② 상태형용사나 구별형용사 '男' '女' '雪白' 등.

■ 주어진 단어를 바르게 배열하여, 하나의 문장을 만들어 보세요.

① 过 / 以前 / 没 / 长城 / 去 / 我   예전에 나는 만리장성에 가본 적이 없다.
② 过 / 曾经 / 他 / 汉语 / 学 / 两个月   그는 일찍이 두 달 동안 중국어를 배운 적이 있다.

정답
① 以前我没去过长城。
② 他曾经学过两个月汉语。

동태조사 '过'의 쓰임

我已经吃过饭了，你们吃吧。 저는 이미 밥을 먹었으니, 어서들 드세요.
Wǒ yǐjing chī guo fàn le, nǐmen chī ba.

1 경험을 표현하는 '过'

(1) 동태조사 '过'는 동사 뒤에 쓰여, 동작이나 행위가 이미 행해졌거나 시간이 경과하여 '경험'을 나타내는 상태가 되었음을 표현한다.

我读过三国演义。 나는 삼국지[삼국연의]를 읽은 적이 있다.
Wǒ dú guo Sānguóyǎnyì.

我向这个人借过钱。 나는 이 사람에게 돈을 빌린 적이 있다.
Wǒ xiàng zhège rén jiè guo qián.

(2) 목적어나 수량보어, 동량보어 등은 모두 '동사+过' 뒤에 놓인다.

在韩国，我吃过烤鸭。 한국에서 오리구이를 먹은 적이 있다. → 동사 + 过 + 목적어
Zài Hánguó, wǒ chī guo kǎoyā.

他曾经去过几次北京。 그는 일찍이 베이징에 몇 차례 가본 적이 있다. → 동사 + 过 + 동량보어 + 목적어
Tā céngjīng qù guo jǐ cì Běijīng.

(3) '동사+过'가 나타내는 동작·행위는 일반적으로 발화 시점에 이미 존재하지 않는 경험적인 것이다.

小李去过美国。 샤오리는 미국에 간 적이 있다. [이미 미국에 없을 가능성이 크다]
Xiǎo Lǐ qù guo Měiguó.

妈妈学过半个月英语。 엄마는 보름 동안 영어를 배운 적이 있다. [이전에 배웠고, 지금은 더 이상 배우지 않는다]
Māma xué guo bàn ge yuè Yīngyǔ.

2 완료를 표현하는 '过'

(1) '过'가 '완료'를 나타내는 경우, 뒤에 '了'를 추가할 수도 있다.

弟弟吃过饭就出去了。 = 弟弟吃了饭就出去了。 동생은 밥을 먹고 나서 밖으로 나갔다.
Dìdi chī guo fàn jiù chūqù le.　　Dìdi chī le fàn jiù chūqù le.

她洗过了脸，走进餐厅。 그녀는 세수를 마치고 식당으로 걸어 들어갔다.
Tā xǐ guo le liǎn, zǒu jìn cāntīng.

(2) '동사+过'는 일상 생활에서 행해지는 동작의 완료를 나타내는 데 자주 사용된다.

晚饭，我吃过了。 나는 저녁을 먹었다.　　第五课我们已经学过了。 우리는 제5과를 이미 배웠다.
Wǎnfàn, wǒ chī guo le.　　　　　　　Dì wǔ kè wǒmen yǐjing xué guo le.

(3) 완료를 표현하는 '过'는 '没(有)……呢'의 형식으로 부정한다. 이때, '过'나 '过＋了'는 모두 생략한다.

A：午饭，你吃过了吗? 점심 먹었어요?
　　Wǔfàn, nǐ chī guo le ma?

B：还没(有)吃呢。 아직 안 먹었어요.
　　Hái méi(yǒu) chī ne.

- '过'의 쓰임에 주의하며 해석해 보세요.
  ① 我《红楼梦》读过了。
  ② 衣服我已经洗过了。

  | 红楼梦 Hónglóumèng 홍루몽[청(淸)나라 조설근이 지은 사대기서(四大奇書) 중 하나]

  정답
  ① 나는 홍루몽을 읽었다.
  ② 옷을 내가 이미 빨았다.

10 감탄사, 의성사

哈哈，终于找到你了。 하하, 결국 너를 찾아냈다.
Hāhā, zhōngyú zhǎo dào nǐ le.

1 감탄사

감탄사는 말하는 이의 '감탄' '부름' '대답' 등을 나타내는 품사로, 문장 밖에서 단독으로 사용된다.

啊	요구의 어투 [ā]	妈妈，我也要去，啊? 엄마, 저도 갈래요. 네? Māma, wǒ yě yào qù, ā?
	의문, 추궁의 어투 [á]	啊? 你说什么? 응? 무슨 소리야? Á? Nǐ shuō shénme?
	놀람과 의아함의 어투 [ǎ]	啊，有这样的事? 아, 이런 일이 다 있어? Ǎ, yǒu zhèyàng de shì?
	감탄의 어투 [à]	啊，风景太美了！ 아. 경치가 너무 아름답다! À, fēngjǐng tài měi le!
唉	탄식이나 슬픔의 어투	唉，真倒霉！ 아휴, 정말 재수 없어! Āi, zhēn dǎoméi!
哎呀	놀라움이나 불만의 어투	哎呀，你怎么又迟到了? 아이구, 너는 왜 또 지각을 한 거야? Āiyā, nǐ zěnme yòu chídào le?

哎哟	놀람, 고통, 아쉬움의 어투	哎哟！疼死我了。 아야! 아파 죽겠네. Āiyō! Téng sǐ wǒ le.
喂	(전화상) 사람을 부를 때 [wéi]	喂，你是谁呀？ 여보세요. 누구세요? Wéi, nǐ shì shéi ya?
	사람을 부를 때 [wèi]	喂，你上哪儿去啊？ 어이. 너 어디 가? Wèi, nǐ shàng nǎr qù a?
嗯	승낙이나 대답	嗯，就这么办吧。 응. 이렇게 하자고. Ǹg, jiù zhème bàn ba.

2 의성사

(1) 의성사란 사람, 사물 혹은 자연계의 소리를 모방하는 말이다.

사람이나 동물의 소리	哈哈 hāhā 하하 ｜ 嘻嘻 xīxī 히히 ｜ 哧哧 chīchī 키득키득 ｜ 汪汪 wāngwāng 멍멍 ｜ 喵喵 miāomiāo 야옹야옹
자연 현상의 소리	呼呼 hūhū 휙, 윙 [바람소리] ｜ 沙沙 shāshā 솨아 [빗소리] ｜ 嘀嗒 dīdā 똑똑 [물방울 떨어지는 소리] ｜ 轰隆隆 hōnglōnglōng 우르릉 쾅쾅 [천둥소리]
사물이나 기계의 소리	叮当 dīngdāng 딩동 ｜ 叮铃铃 dīnglínglíng 따르릉 [전화벨] ｜ 哗啦啦 huālālā 콸콸콸 ｜ 咚咚 dōngdōng 둥둥, 쿵쿵

(2) 의성사는 단독으로 사용되거나, 관형어 또는 부사어로 쓰인다.

叮铃铃，下课铃响了。 따르릉. 수업을 마치는 종소리가 울렸다.
Dīnglínglíng, xiàkè líng xiǎng le.

听着嘀嗒、嘀嗒的雨声，一会儿就睡着了。 똑똑 떨어지는 빗소리를 들으면서 곧 잠이 들었다. → 관형어
Tīng zhe dīdā, dīdā de yǔshēng, yíhuìr jiù shuìzháo le.

他哧哧地笑了起来。 그는 키득키득 웃기 시작했다. → 부사어
Tā chīchī de xiào le qǐlái.

■ 빈칸에 들어갈 알맞은 단어를 골라 보세요.
① _____，这可怎么办才好呢？（唉 / 嗯）아휴, 이걸 어떻게 해야 좋을까?
② 北风_____地刮着。（呼呼 / 轰隆隆）북풍이 휙휙 불고 있다.

정답
① 唉
② 呼呼

 실력 점검하기

1 빈칸에 들어갈 알맞은 단어를 골라 보세요.

(1) _____明天下雨，我们就不去长白山了。 _{내일 비가 온다면, 우리는 백두산에 가지 않는다.}

　A. 所以　　　　　B. 只要　　　　　C. 如果　　　　　D. 除非

(2) 他今天不高兴，_____考试成绩不好。 _{그가 오늘 기분이 나쁜 건 시험 성적이 좋지 않기 때문이다.}

　A. 不是　　　　　B. 因为　　　　　C. 而且　　　　　D. 所以

(3) 他是老师_____医生？ _{그는 선생님이야 아니면 의사선생님이야?}

　A. 还是　　　　　B. 于是　　　　　C. 就是　　　　　D. 不是

2 주어진 단어를 문장의 알맞은 위치에 넣어 보세요.

(1) ___A___ 我没___B___ 说___C___ 这种话___C___ 。（过）
　　나는 이런 말을 한 적이 없어.

(2) 我看___A___ 完___B___ 这本书，再出___C___ 去 ___D___ 。（了）
　　나는 이 책을 다 보고 나서 나갈 것이다.

(3) 我妈妈不喜欢 ___A___ 走 ___B___ 吃___C___ 东西 ___D___ 。（着）
　　우리 엄마는 걸으면서 음식 먹는 것을 싫어하신다.

3 주어진 단어를 사용하여 문장을 완성해 보세요.

(1) 昨天上午我们_____。（了 / 上 / 课 / 四节）
　　어제 오전에 우리는 4시간 동안 수업을 했다.

(2) 小李小时候曾经_____。（过 / 学 / 弹 / 钢琴）
　　샤오리는 어렸을 때 피아노 치는 것을 배운 적이 있다.

(3) 他常常_____。（着 / 听 / 音乐 / 看书）
　　그는 자주 음악을 들으면서 책을 읽는다.

新 HSK 문제 맛보기

1 알맞은 단어를 골라 문장을 완성해 보세요.

> 虽然　　和　　的　　所以　　了

(1) 那个电影太无聊_____，我看到一半就走了。 그 영화는 너무 지루해서 나는 절반만 보고 바로 갔다.

(2) _____我不知道他的名字，但是我看过他的照片。
비록 나는 그의 이름을 모르지만, 그의 사진은 본 적이 있다.

(3) 这件事情只有你_____我知道。 이 일은 너하고 나만 알고 있는 것이다.

2 주어진 어휘를 바르게 배열하여, 하나의 문장을 만들어 보세요.

(1) 下午 / 昨天 / 我们 / 去 / 了 / 学校 / 足球 / 踢　어제 오후에 나는 학교에 가서 축구를 했다.
→ _____

(2) 是 / 谁 / 伞 / 这 / 的　이거 누구 우산이야?
→ _____

(3) 开始 / 马上 / 比赛 / 要 / 了　경기가 곧 시작되려고 한다.
→ _____

3 문장들을 순서에 맞게 배열해 보세요.

(1) A：咖啡不仅西方人喜欢
　　B：很多东方人也每天要喝上一杯
　　C：虽然这还没有成为所有人的习惯　　→ _____

(2) A：但是他们打得很不错
　　B：韩国队，加油！
　　C：这场棒球比赛韩国队虽然输了　　→ _____

(3) A：而且想学韩国语的人也越来越多了
　　B：最近在中国和东南亚几个国家
　　C：韩国的电影和歌曲都很受欢迎　　→ _____

06 문장의 주요성분

문장은 단어나 구가 일정한 법칙에 의해 결합되어 비교적 완전한 의미를 나타내는 실재적인 문법 단위이다. 문장을 구성하는 성분을 '문장성분'이라고 하며, 문장에서 단어나 구가 담당하는 기능이 무엇인지를 나타낸다. 문장성분은 크게 '주요성분'과 '보조성분'으로 나눌 수 있으며, 주요성분은 문장을 구성하는 주요 부분으로 '주어' '술어' '목적어'가 있다.

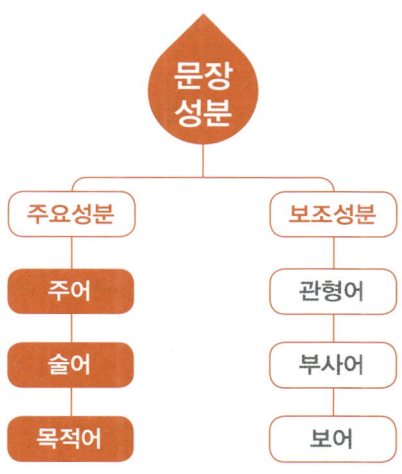

핵심 문법

주요성분

주어
주어란 술어가 진술하거나 설명·묘사하는 대상이다.
同学们都到了。
Tóngxuémen dōu dào le.

술어
술어란 주어 뒤에서 주어에 대해 상세하게 진술하거나 어떤 상태인지를 묘사·설명하는 성분을 말한다.

- **동사술어문**: 他看看这本书, 又看看那本书。
  Tā kànkan zhè běn shū, yòu kànkan nà běn shū.
- **형용사술어문**: 今天非常热。
  Jīntiān fēicháng rè.
- **명사술어문**: 今天已经星期五了。
  Jīntiān yǐjing xīngqīwǔ le.
- **주술술어문**: 这本书我读过。
  Zhè běn shū wǒ dú guo.

목적어
목적어란 술어 뒤에서 술어의 동작이나 행위, 상태 등이 미치는 대상, 장소, 결과, 도구 등을 나타낸다.

- **체언성 [목적어 한 개]**: 我看见了希望。
  Wǒ kànjiàn le xīwàng.
- **체언성 [목적어 두 개]**: 我送妈妈一份最好的礼物。
  Wǒ sòng māma yí fèn zuì hǎo de lǐwù.
- **용언성 목적어**: 我打算去上海旅游。
  Wǒ dǎsuan qù Shànghǎi lǚyóu.

주어	+	술어	+	목적어
妈妈		买了		一件衣服。
Māma		mǎi le		yí jiàn yīfu.

엄마는 옷 하나를 사셨다.

 # 주어의 구조와 특징

我们都是外国留学生。 우리는 모두 외국 유학생들입니다.
Wǒmen dōu shì wàiguó liúxuéshēng.

1 주어의 구조

주어는 술어의 행위 주체나 진술 대상으로, 주어가 될 수 있는 성분들은 다음과 같다.

명사(구)	고유명사	**鲁迅**是浙江绍兴人。 루쉰은 저장성 샤오싱 사람이다. Lǔxùn shì Zhèjiāng Shàoxīng rén.	
	일반명사	**同学们**都到了。 학생들이 모두 도착했다. Tóngxuémen dōu dào le.	
	시간명사	**明天**是星期三。 내일은 수요일이다. Míngtiān shì xīngqīsān.	
	방위명사	**外边**有人找你。 밖에서 어떤 사람이 너를 찾는다. Wàibian yǒu rén zhǎo nǐ.	
	장소명사	**这个楼西边**是食堂。 이 건물의 서쪽은 식당이다. Zhège lóu xībian shì shítáng.	
대명사(구)	인칭대명사	**我**想去中国。 나는 중국에 가고 싶다. Wǒ xiǎng qù Zhōngguó.	
	지시대명사	**这样、那样**都行。 이렇게 하든 저렇게 하든 다 괜찮다. Zhèyàng, nàyàng dōu xíng.	
	의문대명사	**谁**去看比赛? 누가 가서 경기를 봅니까? Shéi qù kàn bǐsài?	
수량구		**一公斤**等于一千克。 1kg은 1000g이다. Yì gōngjīn děngyú yìqiān kè.	
동사(구)		**说说**容易，**做**就难了。 말을 좀 하기는 쉬워도 행동을 하는 것은 어렵다. Shuōshuo róngyì, zuò jiù nán le.	
		吃一点儿也没关系。 좀 먹어도 괜찮다. Chī yìdiǎnr yě méi guānxi.	
형용사(구)		**着急**有什么用? 조급해한들 무슨 소용이 있어요? Zháojí yǒu shénme yòng?	
		短一点儿好看。 조금 짧은 것이 보기 좋다. Duǎn yìdiǎnr hǎokàn.	
주술(구)		**身体健康**最重要。 몸이 건강한 것이 가장 중요하다. Shēntǐ jiànkāng zuì zhòngyào.	

2 주어의 특징

(1) 주어가 가리키는 대상은 말하는 사람과 듣는 사람이 모두 알고 있는 특정적인 사람이나 사물이다.

一个人来了。(×) → 那个人来了。(○) 그 사람이 왔다.
　　　　　　　　　　Nàge rén lái le.

(2) 동작의 주체인 '행위자'뿐만 아니라 '행위의 대상' '시간' '장소' '도구' 등도 주어가 될 수 있다.

他的作业做完了。 그의 숙제는 다 끝났다. → 행위의 대상
Tā de zuòyè zuò wán le.

那支笔写小字用。 그 붓은 작은 글자를 쓸 때 사용된다. → 동작의 도구
Nà zhī bǐ xiě xiǎozì yòng.

(3) 주어는 일반적으로 문장 앞에 오지만, 구어체에서 술어를 강조하기 위해 문장 끝에 오기도 한다.

下了一天雨，昨天。 하루 종일 비가 내렸어, 어제는. → 비가 내렸음을 강조
Xià le yì tiān yǔ, zuótiān.

(4) 주어는 문장의 주요성분이지만, 자연현상을 설명하거나 명령이나 권유, 축원을 표현하는 문장에서는 생략되기도 한다.

下暴雨了。 폭우가 내렸다. → 자연현상　　　祝你生日快乐! 생일 축하합니다. → 축원
Xià bàoyǔ le.　　　　　　　　　　　　　　Zhù nǐ shēngrì kuàilè!

■ 문장에서 주어를 찾고, 그 의미를 말해 보세요.
① 昨天下了一场大雨。
② 你不去没关系。

정답
① 昨天, 어제 [시간명사]
② 你不去, 네가 안 가는 것 [주술구]

---

02 술어의 구조와 특징

小张学习，小王玩电脑。　샤오장은 공부하고, 샤오왕은 컴퓨터를 하며 논다.
Xiǎo Zhāng xuéxí, Xiǎo Wáng wán diànnǎo.

술어는 주어에 대해 상세하게 진술하거나 어떤 상태인지를 묘사·설명하는 문장성분이다. 중국어에서는 동사(구)뿐만 아니라, 명사(구)나 주술구 등도 형태의 변화 없이 술어 자리에 올 수 있다. 술어로 쓰이는 성분의 구조에 따라 문장을 '동사술어문' '형용사술어문' '명사술어문' '주술술어문'으로 분류할 수 있다.

1 동사술어문

술어가 동사나 동사구로 이루어지는 문장을 말한다.

他看看这本书，又看看那本书。 그는 이 책을 좀 보다가, 다시 저 책을 좀 본다. → 중첩식
Tā kànkan zhè běn shū, yòu kànkan nà běn shū.

2 형용사술어문

술어가 형용사 혹은 형용사구로 이루어지는 문장을 말한다. 형용사가 술어로 쓰일 때는 앞에 '是'를 붙이지 않고, 직접 술어로 쓰인다.

今天是非常热。(✗) → 今天非常热。(〇) 오늘은 매우 덥다.
　　　　　　　　　　　Jīntiān fēicháng rè.

3 명사술어문

명사나 명사구가 술어로 쓰이는 문장을 말한다. '날짜' '시간' '날씨' '계절' '국적' '나이' '가격' '특징' 등을 나타내는 명사구 등이 직접 술어로 쓰일 수 있다. 명사술어문은 주로 구어체에서 많이 쓰이며, 일부 부사의 수식을 받기도 한다.

今天已经星期五了。 오늘이 벌써 금요일이다.
Jīntiān yǐjing xīngqīwǔ le.

他才二十岁。 그는 겨우 20살이다.
Tā cái èrshí suì.

4 주술술어문

술어 자리에 '주어+술어' 구조가 온 것으로, '주어+술어' 구조는 문장 앞에 놓인 문장 전체의 주어를 설명·묘사·평가한다.

这本书我读过。 이 책은 내가 읽은 적이 있다.
Zhè běn shū wǒ dú guo.

他个子很高。 그는 키가 매우 크다.
Tā gèzi hěn gāo.

● 술어와 관련된 자세한 내용은 '제8과 문장의 구조'를 참고하자! 127p, 129p

■ 문장에서 술어를 찾고, 그 의미를 말해 보세요.
① 一斤苹果就十块。
② 饺子非常好吃。

정답
① (就)十块, (겨우/단지) 10위안이다
② (非常)好吃, (매우) 맛있다

 # 목적어의 구조와 특징

你要买**什么样的**? 너는 어떤 것을 사려고 해?
Nǐ yào mǎi shénme yàng de?

1 목적어의 구조

목적어는 동사나 전치사 뒤에 쓰이는 문장성분으로, 술어의 동작이나 행위, 상태 등이 미치는 대상, 장소, 결과, 도구 등을 가리킨다. 목적어를 그 성분과 개수에 따라 분류하면 다음과 같다.

체언성 목적어	목적어 한 개	我看见了**希望**。 나는 희망을 보았다. Wǒ kànjiàn le xīwàng.
	목적어 두 개	我送**妈妈**一份最好的**礼物**。 나는 엄마께 가장 좋은 선물을 드렸다. Wǒ sòng māma yí fèn zuì hǎo de lǐwù.
용언성 목적어		我打算**去上海旅游**。 나는 상하이로 여행을 갈 계획이다. Wǒ dǎsuan qù Shànghǎi lǚyóu.

2 목적어의 특징

(1) 목적어는 말하는 사람과 듣는 사람이 모두 알고 있는 특정적인 대상일 수도 있고, 불특정한 것일 수도 있다.

我看了**那部电影**。 나는 그 영화를 보았다. → 말하는 사람과 듣는 사람이 모두 아는 명확한 대상
Wǒ kàn le nà bù diànyǐng.

我看了**一部电影**。 나는 영화 한 편을 보았다. → 어떤 영화인지 명확하지 않은 대상
Wǒ kàn le yí bù diànyǐng.

> 주어는 말하는 사람과 듣는 사람이 모두 확실히 알고 있는 특정 대상인데 반해, 목적어는 꼭 그렇지는 않다. 이러한 특징은 의미의 차이를 가져오므로, 유의하도록 한다.
>
> **客人**来了。 (그) 손님이 오셨다. → 말하는 사람이 이미 알고 마침 기다리던 손님
> Kèrén lái le.
>
> 来**客人**了。 (어떤) 손님이 오셨다. → 말하는 사람이 올 줄 몰랐던 손님
> Lái kèrén le.

(2) 목적어는 술어의 동작이나 행위, 상태 등이 미치는 대상이나 장소뿐만 아니라, 행위의 주체도 올 수 있다.

离开**这儿** líkāi zhèr 여기를 떠나다 → 행위의 장소

办公室里站着**几个留学生**。 사무실에 유학생 몇 명이 서 있다. → 행위의 주체
Bàngōngshì li zhàn zhe jǐ ge liúxuéshēng.

> '존재' '출현' '소실'을 나타내는 존현구문과 관련된 자세한 내용은 '제10과 관계표현구문'을 참고하자! 163p, 164p

(3) 목적어로 명사가 올 때, 명사 앞에 '수량구'를 쓰지 않으면 문장이 성립하지 않거나 어색한 경우가 있다.

我们班来了两个新同学。 우리 반에 새로운 학생 두 명이 왔다. → 존현구문의 출현 대상
Wǒmen bān lái le liǎng ge xīn tóngxué.

午饭我只吃了一碗面条。 점심에 나는 국수 한 그릇만 먹었다. → 완료표현의 '동사+了+목적어' 구조
Wǔfàn wǒ zhǐ chī le yì wǎn miàntiáo.

我问你一个问题。 나 너한테 뭐 하나만 물어볼게. → 이중목적어 중 사물을 가리키는 직접목적어
Wǒ wèn nǐ yí ge wèntí.

■ 밑줄 친 부분을 바르게 고쳐 보세요.
① 昨天我家来了客人。 어제 우리 집에 손님 한 분이 오셨다.
② 我看了书。 나는 책을 한 권 봤다.

정답
① 一位客人 / 一个客人
② 一本书

04 체언성 목적어

小李送给老师一件礼物。 샤오리는 선생님께 선물 하나를 드렸다.
Xiǎo Lǐ sòng gěi lǎoshī yí jiàn lǐwù.

1 체언성 목적어의 구조

(1) 체언성 목적어란 명사(구)나 대명사(구), 수량구가 목적어 자리에 놓인 것을 말한다.

명사(구)	일반명사	他最近买了一辆新汽车。 그는 최근에 새 차를 구입했다. Tā zuìjìn mǎi le yí liàng xīn qìchē.
	시간명사	迎接2000年。 2000년을 환영하여 맞이한다. Yíngjiē èr líng líng líng nián.
	방위명사	小张住东头，小李住西头。 샤오장은 동쪽 끝에 살고, 샤오리는 서쪽 끝에 산다. Xiǎo Zhāng zhù dōngtou, Xiǎo Lǐ zhù xītou.
	장소명사	他昨天到了北京。 그는 어제 베이징에 도착했다. Tā zuótiān dào le Běijīng.
대명사(구)	인칭대명사	我还没见过他。 나는 아직 그를 만난 적이 없다. Wǒ hái méi jiàn guo tā.
	지시대명사	我要这些。 저는 이것들을 원합니다. Wǒ yào zhèxiē.

의문대명사	你在做什么? 너는 무엇을 하고 있니? Nǐ zài zuò shénme?	
수량구[수사+양사]	一加二等于三。 1더하기 2는 3과 같다. yī jiā èr děngyú sān.	
	我要二斤。 저는 두 근 주세요. Wǒ yào èr jīn.	

(2) '来' '去' '上' '下' '进' '出' '回' '离开' '到' '在' 등은 장소명사를 목적어로 가진다. 목적어는 동사의 목적지이거나, 동작이나 행위가 이루어지는 장소를 나타낸다.

我坐在沙发上看电视。 나는 쇼파에 앉아서 TV를 본다.
Wǒ zuò zài shāfā shang kàn diànshì.

2 이중목적어

(1) 동사가 두 개의 목적어를 갖는 경우, 대부분 앞의 목적어는 수여 대상인 사람으로 '간접목적어'라고 하고, 뒤의 목적어는 수여되는 사물로 '직접목적어'라고 한다. 이중목적어를 가지는 동사는 의미에 따라 네 가지로 구분할 수 있다.

수여 [~에게 ~을 해 주다]	给 gěi 주다 | 送 sòng 증정하다 | 交 jiāo 주다 还 huán 갚다 | 输 shū 지다 | 卖 mài 팔다 寄 jì 부치다 | 找 zhǎo 거슬러 주다	我给他一本书。 Wǒ gěi tā yì běn shū. 나는 그에게 책 한 권을 주었다.
	告诉 gàosu 알려주다 | 介绍 jièshào 소개하다 通知 tōngzhī 통지하다 | 教 jiāo 가르치다	他告诉我这是药。 Tā gàosu wǒ zhè shì yào. 그는 나에게 이것은 약이라고 알려 주었다.
취득 [~에게서 ~을 취득하다]	要 yào 구하다 | 买 mǎi 사다 | 赢 yíng 이기다 拿 ná 가지다, 받다	我拿了他几本书。 Wǒ ná le tā jǐ běn shū. 나는 그의 책을 몇 권 가졌다.
수여와 취득	借 jiè 빌리다, 빌려 주다 | 租 zū 임대하다 换 huàn 바꾸다	我想租他一间房子。 Wǒ xiǎng zū tā yì jiān fángzi. 나는 그에게 집 한 칸을 빌려 주고[빌리고] 싶다.
	问 wèn 묻다 | 请教 qǐngjiào 가르침을 청하다 求 qiú 구하다	我问他路怎么走。 Wǒ wèn tā lù zěnme zǒu. 나는 그에게 어떻게 가야 할지 물었다.
호칭 [~를 ~라고 부르다]	叫 jiào 부르다 | 称 chēng 칭하다	大家叫我大哥。 Dàjiā jiào wǒ dàgē. 모두들 나를 형님이라고 부른다.

(2) 위의 동사 중에서 '送' '交' '还' '输' '卖' '寄' '介绍' '教' '买' '借' '租' 등은 뒤에 '给'를 더하여, '주다'라는 의미를 더욱 강조한다.

他借我一百块钱。 그는 나에게 100원을 빌렸다. [그는 나에게 100원을 빌려 주었다.]
Tā jiè wǒ yìbǎi kuài qián.

他借给我一百块钱。 그는 나에게 100원을 빌려 주었다.
Tā jiè gěi wǒ yìbǎi kuài qián.

'借' '租' '换'은 단어 자체가 '주다'와 '받다'라는 의미를 모두 가지므로 쓰임에 유의한다. '问' '请教' '求' 등은 화자가 청자에게 말을 하면서 '~에게 ~을 해 주다'라는 수여의 의미와 함께 '~에게 ~을 취득하다'라는 대답을 얻고자 하는 의미도 갖는다.

■ 주어진 단어를 바르게 배열하여 하나의 문장을 만들어 보세요.
① 您 / 我 / 一个问题 / 请教 제가 한 가지 문제를 여쭙고자 합니다.
② 一个好消息 / 告诉 / 他 / 我 그는 나에게 좋은 소식을 전해 주었다.

정답
① 我请教您一个问题。
② 他告诉我一个好消息。

05 용언성 목적어

我爱喝咖啡。 나는 커피 마시는 것을 좋아한다.
Wǒ ài hē kāfēi.

1 용언성 목적어의 구조

타동사 중에는 동사(구), 형용사(구), 문장을 목적어로 갖는 동사가 있는데, 이러한 목적어를 용언성 목적어라고 한다. 대부분의 용언성 목적어는 한국어로 해석할 때, '~하는 것을' '~함을' '~하기를'의 형식으로 바꿔주는 것이 자연스럽다.

동사(구)	我们还要进行讨论。 우리는 또 다시 토론을 해야 한다. Wǒmen hái yào jìnxíng tǎolùn.	
	我妹妹很喜欢听音乐。 내 여동생은 음악 듣는 것을 좋아한다. Wǒ mèimei hěn xǐhuan tīng yīnyuè.	
	我们不知道怎么换。 우리는 어떻게 바꾸는지를 모른다. Wǒmen bù zhīdào zěnme huàn.	
형용사(구)	我怕热，不怕冷。 나는 더위를 많이 타지만, 추위는 타지 않는다. Wǒ pà rè, bú pà lěng.	
	这次考试我觉得太难了。 이번 시험은 너무 어렵다고 생각한다. Zhècì kǎoshì wǒ juéde tài nán le.	
	我感到非常安全。 나는 매우 안전하다고 생각한다. Wǒ gǎndào fēicháng ānquán.	

주술식	我看见小王去图书馆了。 나는 샤오왕이 도서관에 가는 것을 보았다. Wǒ kànjiàn Xiǎo Wáng qù túshūguǎn le.
	我忘了今天是你的生日。 나는 오늘이 네 생일인 것을 잊었다. Wǒ wàng le jīntiān shì nǐ de shēngrì.
	同学们觉得这次中国旅行怎么样？ 학생들이 생각하기에 이번 중국 여행은 어땠나요? Tóngxuémen juéde zhècì Zhōngguó lǚxíng zěnmeyàng?

2 용언성 목적어를 취하는 동사

용언성 목적어를 취하는 동사들은 심리동사나 지각동사가 대부분이며, 대표적인 동사들은 다음과 같다.

爱 ài 좋아하다, 즐기다　　打算 dǎsuan ~할 계획이다　　等 děng 기다리다
反对 fǎnduì 반대하다　　感到 gǎndào ~라고 느끼다　　记得 jìde 기억하고 있다
记住 jìzhù 확실하게 기억하다　　进行 jìnxíng 진행하다　　觉得 juéde ~라고 여기다
决定 juédìng 결정하다　　开始 kāishǐ 시작되다　　怕 pà 무서워하다
认为 rènwéi ~라고 생각하다　　同意 tóngyì 동의하다　　听说 tīngshuō 듣자하니
忘记 wàngjì 잊어버리다　　喜欢 xǐhuan 좋아하다　　希望 xīwàng 바라다
以为 yǐwéi 생각하다[주관적]　　知道 zhīdào 알다　　准备 zhǔnbèi 준비하다

(1) 주로 동사(구)나 형용사(구)를 목적어로 취하는 동사
　　특히 '打算' '感到' '进行' '开始' '希望' 등은 명사나 대명사구를 목적어로 취할 수 없다.

下个星期天你打算干什么？ 다음 주 일요일에 넌 무엇을 할 계획이니?
Xià ge xīngqītiān nǐ dǎsuan gàn shénme?

妈妈听到这个消息感到很高兴。 엄마는 이 소식을 듣고 나서 매우 기뻤다.
Māma tīng dào zhège xiāoxi gǎndào hěn gāoxìng.

这个问题我们正在进行讨论。 이 문제를 우리는 지금 토론 중이다.
Zhège wèntí wǒmen zhèngzài jìnxíng tǎolùn.

他开始准备期末考试。 그는 기말고사 준비를 시작했다.
Tā kāishǐ zhǔnbèi qīmò kǎoshì.

我们希望得到大家的帮助。 우리는 여러분의 도움을 받길 희망합니다.
Wǒmen xīwàng dédào dàjiā de bāngzhù.

> ① '打算'은 '계획' '생각'이라는 뜻의 명사로도 쓰인다.
> 　　我有我的打算。 저는 제 나름의 계획이 있습니다.
> 　　Wǒ yǒu wǒ de dǎsuan.
> ② '进行'은 '~하다'라는 뜻으로, 주로 지속적이고 정식적인 행위의 이음절 동사를 목적어로 가진다.
> 　　进行工作 jìnxíng gōngzuò 작업을 하다　|　进行改革开放 jìnxíng gǎigé kāifàng 개혁 개방을 하다

(2) 주로 문장[절] 형식을 목적어로 취하는 동사

我觉得肚子有点儿不舒服。 저는 배가 조금 아픕니다. → 감각적으로 느끼거나 생각함
Wǒ juéde dùzi yǒudiǎnr bù shūfu.

我以为小李是北方人，其实他是南方人。 → 판단과 예측이 사실과 다름을 깨달음
Wǒ yǐwéi Xiǎo Lǐ shì běifāngrén, qíshí tā shì nánfāngrén.
나는 샤오리가 북방사람인줄 알았는데, 실은 남방사람이더라.

我认为这个办法很好。 저는 이 방법이 좋다고 생각합니다. → 분명한 견해나 이성적인 판단
Wǒ rènwéi zhège bànfǎ hěn hǎo.

'等'과 '忘(记)'은 명사, 동사, 문장(절)을 모두 목적어로 가질 수 있다.

她正在等着你呢！ 그녀는 너를 기다리고 있어. → 명사
Tā zhèngzài děng zhe nǐ ne!

我等着看电影。 나는 영화 보기를 기다리고 있다. → 동사
Wǒ děng zhe kàn diànyǐng.

等你长大了，你就会明白。 네가 크고 나면 너도 알게 될 거야. → 문장(절)
Děng nǐ zhǎng dà le, nǐ jiù huì míngbai.

我忘了他的名字。 나는 그의 이름을 잊어버렸다. → 명사
Wǒ wàng le tā de míngzi.

刚才忘了说，现在告诉你吧。 방금 전에 말한다는 걸 잊었네. 지금 너에게 말해줄게. → 동사
Gāngcái wàng le shuō, xiànzài gàosu nǐ ba.

我忘了今天是你的生日。 나는 오늘이 너의 생일인 것을 잊어버렸다. → 문장(절)
Wǒ wàng le jīntiān shì nǐ de shēngrì.

■ 문장에서 목적어를 찾고, 그 의미를 말해 보세요.
① 我觉得有点儿冷。 저는 좀 춥습니다.
② 我希望您会喜欢。 저는 당신께서 좋아하시길 바랍니다.

정답
① 有点儿冷, 좀 춥다
② 您会喜欢, 당신이 좋아할 것이다

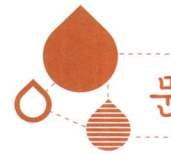

문장 만들기

1 두 구를 알맞게 연결하여 완전한 문장을 만들어 보세요.

(1) 电脑里　　　　　　　　　　ㄱ. 头晕，肚子疼

(2) 一公斤　　　　　　　　　　ㄴ. 有我上课的资料

(3) 我常常　　　　　　　　　　ㄷ. 又要下大雨

(4) 中国的国庆节　　　　　　　ㄹ. 两块五毛钱

(5) 明天　　　　　　　　　　　ㅁ. 真热闹

2 주어진 단어를 사용하여 문장을 완성해 보세요.

(1) 下雨后，天上_____。(彩虹 / 了 / 出)
　　　비가 온 후에 하늘에 무지개가 떴다.

(2) 我明天_____。(那本词典 / 小王 / 还)
　　　나는 내일 그 사전을 샤오왕에게 돌려준다.

(3) 我_____。(他 / 还 / 没 / 知道 / 回来)
　　　나는 그가 아직 돌아오지 않은 것을 알고 있다.

3 해석을 참고하여 빈칸에 알맞은 단어를 넣어 보세요.

(1) 昨天_____，今天_____。 어제는 춥지만, 오늘은 따뜻하다.

(2) 我哥哥_____很高。 우리 오빠는 키가 매우 크다.

(3) 我问他路_____。 나는 그에게 길을 어떻게 가야 하는지 물었다.

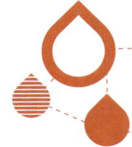

실력 점검하기

1 밑줄 친 부분을 바르게 고쳐 보세요.

(1) 爸爸<u>非常最近工作忙</u>。 아버지는 요즘 일이 매우 바쁘시다. → _____

(2) 这个药店的<u>前</u>没有书店。 이 약국의 앞에는 서점이 없다. → _____

(3) 您这是十二块，<u>找四块五毛钱您</u>。 → _____
　　여기 12원을 주셨습니다. 4원 50전을 거슬러 드리겠습니다.

2 빈칸에 알맞은 구조를 찾아 보세요.

(1) 广州的_____。 광저우의 교통 발전도 매우 빠르다.
　　A. 交通也很发展快　　　　　　B. 发展交通也很快
　　C. 交通发展也很快　　　　　　D. 发展也很快交通

(2) 九寨沟的风景_____。 구채구의 풍경은 매우 아름답다.
　　A. 太美了　　　B. 非美　　　C. 美了　　　D. 太了

(3) 他出差很长时间了，非常_____自己的孩子。 그는 오랫동안 출장을 가서, 아이가 너무 보고 싶다.
　　A. 喜欢　　　B. 想　　　C. 喜欢喜欢　　　D. 想想

3 문장들을 순서에 맞게 배열해 보세요.

(1) A : 每天到我宿舍来教我汉语
　　B : 我是刚来中国的韩国学生
　　C : 想找一位汉语老师　　　　　　　　　→ _____

(2) A : 在中国，中秋节休息吗？
　　B : 以前不休息，从2008年开始休息一天，还有清明节、端午节也休息
　　C : 是吗？在韩国，清明节和端午节都不休息 → _____

(3) A : 没吃过，听说中国菜很油腻，是吗？
　　B : 不都是，以后你吃一次就知道了
　　C : 你吃过中国菜吗？　　　　　　　　　→ _____

新 HSK 문제 맛보기

1 알맞은 단어를 골라 문장을 완성해 보세요.

　　　　在　　叫　　多少　　希望　　努力

(1) 我＿＿＿＿你早点儿回来，我们一起吃晚饭吧。 난 네가 일찍 돌아왔으면 좋겠어. 함께 저녁을 먹게.

(2) 我们家＿＿＿＿东京。 우리 집은 도쿄에 있다.

(3) 他是我爸爸的弟弟，我＿＿＿＿他叔叔。 그는 우리 아빠의 동생이다. 나는 그 분을 삼촌이라고 부른다.

2 주어진 어휘를 바르게 배열하여, 하나의 문장을 만들어 보세요.

(1) 来 / 又 / 两个 / 了 / 我们 / 新同学 / 班　우리 반에 또 새로운 친구가 두 명 왔다.
→ ＿＿＿＿＿＿＿＿＿＿＿＿＿＿＿＿＿＿＿＿＿＿＿＿＿

(2) 告诉 / 他 / 我 / 昨天 / 是 / 他的生日　그는 어제가 자신의 생일이라고 나에게 말했다.
→ ＿＿＿＿＿＿＿＿＿＿＿＿＿＿＿＿＿＿＿＿＿＿＿＿＿

(3) 愿意 / 我 / 意见 / 很 / 听听 / 大家的　나는 모두의 의견을 좀 들어보길 매우 희망한다.
→ ＿＿＿＿＿＿＿＿＿＿＿＿＿＿＿＿＿＿＿＿＿＿＿＿＿

3 사진을 보고 빈칸에 알맞은 단어를 넣어 보세요.

(1)

暑假你想去哪里＿＿＿＿＿？
　　　　　　　　lǚxíng

(2)

我们去上海＿＿＿＿＿。
　　　　　cānguān

07 문장의 보조성분

문장의 보조성분은 주요성분인 '주어' '술어' '목적어'를 꾸며주고 보충하는 것으로, '관형어' '부사어' '보어'가 있다. 중국어의 각 문장성분의 위치[어순]는 상당히 고정적이며 주어는 술어 앞에, 술어는 목적어 앞에 위치한다. 또 보어는 술어 뒤에, 관형어와 부사어와 같은 수식어는 피수식어[중심어] 앞에 위치한다. 문장에서 단어의 위치가 바뀐다는 것은 단어의 기능이 바뀌는 것을 의미한다.

핵심 문법

보조성분

관형어
- 我的钱包 wǒ de qiánbāo | 我们老师 wǒmen lǎoshī
- 我的一件朋友送的非常漂亮的白色衬衫
  wǒ de yí jiàn péngyou sòng de fēicháng piàoliang de báisè chènshān

부사어
- 很快地吃了 hěn kuài de chī le | 多听多说 duō tīng duō shuō
- 今天下午在学校用计算机认真地算了。
  Jīntiān xiàwǔ zài xuéxiào yòng jìsuànjī rènzhēn de suàn le.

보어

결과보어
- 看完那本小说 kàn wán nà běn xiǎoshuō

방향보어
- 拿来一张照片 ná lái yì zhāng zhàopiàn
- 拿出来一张照片 ná chūlái yì zhāng zhàopiàn

시량보어
- 离开上海一个月 líkāi Shànghǎi yí ge yuè

동량보어
- 去过三次上海 qù guo sān cì Shànghǎi

정도보어
- 跑得很快 pǎo de hěn kuài | 干净得很 gānjìng de hěn
- 好吃极了 hǎochī jí le

가능보어
- 写得完 xiě de wán | 写不完 xiě bù wán
- 走得了 zǒu deliǎo | 走不了 zǒu bùliǎo

부사어	관형어	주어	부사어	술어	보어	관형어	목적어
昨天	我	妈妈	从百货商场	买	回来 了	一件漂亮的	衣服。
Zuótiān	wǒ	māma	cóng bǎihuòshāngchǎng	mǎi	huílái le	yí jiàn piàoliang de	yīfu.

어제 우리 엄마는 백화점에서 예쁜 옷 한 벌을 사 가지고 돌아오셨다.

관형어의 구조와 특징

小李是个非常认真的学生。 샤오리는 매우 성실한 학생이다.
Xiǎo Lǐ shì ge fēicháng rènzhēn de xuésheng.

관형어란 '명사성 중심어'를 꾸며주는 문장성분이다.

1 관형어의 구조

관형어는 직접 중심어를 수식할 수도 있고, 구조조사 '的'를 통해 관형어와 중심어를 연결시키기도 한다. 관형어로 쓰이는 성분들을 구조에 따라 분류하면 다음과 같다.

명사(구)	일반명사	中文系的学生也学习书法吗? 중문과 학생도 서예를 배우나요? Zhōngwénxì de xuésheng yě xuéxí shūfǎ ma?
	시간명사	晚上的课我不上了。 저녁 수업 나는 안 들을래. Wǎnshang de kè wǒ bú shàng le.
	방위명사	前边的同学叫什么名字? 앞에 있는 학생의 이름은 뭐죠? Qiánbian de tóngxué jiào shénme míngzi?
	장소명사	图书馆的书还了没有? 도서관의 책은 반납했나요? Túshūguǎn de shū huán le méiyǒu?
대명사(구)	인칭대명사	我爸爸在一家银行工作。 우리 아빠는 은행에서 일을 하신다. Wǒ bàba zài yì jiā yínháng gōngzuò.
	지시대명사	这个人的学习成绩非常好。 이 사람의 학업 성적은 매우 우수하다. Zhège rén de xuéxí chéngjì fēicháng hǎo.
	의문대명사	哪位老师教你们汉语? 어느 선생님께서 너희에게 중국어를 가르치시니? Nǎ wèi lǎoshī jiāo nǐmen Hànyǔ?
수량구		他写了好几封信。 그는 몇 통의 편지를 썼다. Tā xiě le hǎo jǐ fēng xìn.
형용사(구)		短头发不好看。 짧은 머리는 예쁘지 않다. Duǎn tóufa bù hǎokàn.
		我要大一点的帽子。 나는 좀 큰 모자를 원한다. Wǒ yào dà yìdiǎnr de màozi.
동사(구)		新买的汽车是红色还是蓝色? 새로 산 차는 빨간색이야, 아니면 파란색이야? Xīn mǎi de qìchē shì hóngsè háishi lánsè?
		这些都是已经看完的书。 이것들은 이미 다 읽은 책이다. Zhèxiē dōu shì yǐjing kàn wán de shū.

2 관형어의 특징

(1) 주술구나 전치사구도 구조조사 '的'를 동반하여, 관형어로 쓰일 수 있다.

我喜欢看鲁迅写的小说。 나는 루쉰이 쓴 소설을 읽는 것을 좋아한다. → 주술구
Wǒ xǐhuan kàn Lǔxùn xiě de xiǎoshuō.

小王写了一篇关于鲁迅的文章。 샤오왕은 루쉰에 관한 글을 한 편 썼다. → 전치사구
Xiǎo Wáng xiě le yì piān guānyú Lǔxùn de wénzhāng.

(2) 이합동사의 경우 명사나 대명사가 '的'와 함께 관형어 형식으로 동작의 대상을 나타낸다.

帮他的忙 그를 돕다
bāng tā de máng

开他的玩笑 그에게 농담을 하다
kāi tā de wánxiào

- 문장에서 관형어를 찾고, 그 의미를 말해 보세요.
  ① 这是谁的书包?
  ② 他们俩是一对好朋友。

정답
① 谁的, 누구의[이것은 누구의 책가방입니까?]
② 好, 좋은[그들 둘은 좋은 친구이다.]

---

02 관형어와 구조조사 '的'

我们班那位在中国生活了多年的欧洲同学是玛丽的爱人。
Wǒmen bān nà wèi zài Zhōngguó shēnghuó le duō nián de Ōuzhōu tóngxué shì Mǎlì de àirén.
우리 반의 중국에서 오랫동안 생활한 그 유럽인 학생은 메리의 남편이다.

1 관형어와 구조조사 '的'

(1) 구조조사 '的'는 관형어와 중심어를 연결시키는 기능을 하지만, 모든 관형어가 '的'를 동반하는 것은 아니다. '的'를 사용하는 경우와 그렇지 않은 경우를 알아 보자.

	'的'가 반드시 있어야 하는 경우	'的'가 없어도 되는 경우
명사	• 소유, 소속관계, 시간명사 小王的书 Xiǎo Wáng de shū 샤오왕의 책 • 복합방위명사 黑板的上面 hēibǎn de shàngmian 칠판의 위쪽	• 재료, 성질, 직업, 비유 등을 묘사할 때 玻璃杯子 bōlí bēizi 유리잔

대명사	• 소유나 소속관계를 나타내는 경우 我的钱包 wǒ de qiánbāo 나의 지갑 • 의문대명사 '谁' '怎样' '怎么样' 怎么样的大学 zěnmeyàng de dàxué 어떤 대학	• 중심어가 친족이나 소속기관인 경우 我们老师 wǒmen lǎoshī 우리 선생님 • 지시대명사와 '지시대명사+양사'의 구조 这人 zhè rén 이 사람 那件事情 nà jiàn shìqing 그 일 • 의문대명사 '什么' '多少' 什么时候 shénme shíhou 언제
수량사	• 분수 三分之一的学生 학생의 1/3 sān fēnzhī yī de xuésheng • 묘사 기능 四百多页的小说 400여 페이지나 되는 소설 sìbǎi duō yè de xiǎoshuō • 중첩형 一块一块的巧克力 한 조각 한 조각의 초콜릿 yíkuài yíkuài de qiǎokèlì	• 대부분의 수량구 二十几个人 스물 몇 명 èrshí jǐ ge rén
동사	• 대부분의 동사(구) 看的人 kàn de rén 보는 사람	—
형용사	• 2음절 이상의 형용사 快乐的生活 kuàilè de shēnghuó 즐거운 생활 • 중첩형 漂漂亮亮的衣服 아주 예쁜 옷 piàopiaoliàngliàng de yīfu	• 단음절 형용사['多' '少'는 제외] 大房间 큰 방 dà fángjiān

(2) '的'가 있는 경우는 그 구조가 상대적으로 느슨하며 대비와 묘사의 느낌이 강하다. 반면 '的'가 없는 경우는 관용적이고 고유한 의미를 나타낸다.

韩国的银行 Hánguó de yínháng 한국의 은행　　韩国银行 Hánguó Yínháng 한국은행[고유 명사]
新的中国 xīn de Zhōngguó 새로운 중국　　新中国 xīn Zhōngguó 신 중국[중화인민공화국]

(3) 관형어가 두 음절 이상의 긴 구조일 경우 대부분 '的'를 더한다.

我喜欢老林写的那本小说。나는 라오린이 쓴 그 소설을 좋아한다.
Wǒ xǐhuan Lǎo Lín xiě de nà běn xiǎoshuō.

2 다항 관형어의 배열 순서

(1) 문장에 한정성 관형어와 묘사성 관형어가 함께 올 경우, 한정성 관형어가 묘사성 관형어 앞에 온다.

漂亮的她的衣服 (✕) → 她的(소유) + 漂亮(성질) + 衣服(중심어[명사]) (○) 그녀의 예쁜 옷
　　　　　　　　　　　tā de　　　piàoliang　　yīfu

> 관형어는 크게 '소유' '시간' '장소' '수량' '범위' 등을 나타내는 **한정성 관형어**와 '성질' '상태' '대상의 특징' '용도' '재료' '감정' '직업' 등과 같은 **묘사성 관형어**로 나뉜다.

(2) 관형어로 쓰이는 수량구의 위치는 비교적 자유롭지만, 대부분 '한정성 수식어＋수량구＋묘사성 수식어'
의 순으로 배열된다.

<u>她的</u> <u>一本</u> <u>刚买的</u> <u>语法</u> <u>书</u> 방금 구입한 그녀의 문법책 한 권
소유 / 수량 / 특징 / 용도 / 중심어[명사]
tā de / yī běn / gāng mǎi de / yǔfǎ / shū

(3) 관형어의 배열 규칙을 모두 종합하면 다음과 같다.

소유·소속·호칭 → 시간·장소·범위 → 지시대명사 → 수량사 → 주술구, 동사구, 전치사구 → 형용사구 → '的'가 없는 재료·속성 표시 형용사·명사 ＋ 중심어[명사]

我的 / 一件 / 朋友送的 / 非常漂亮的 / 白色 / 衬衫
소유 / 수량사 / 동사구 / 형용사구 / 형용사 / 중심어[명사]
wǒ de / yí jiàn / péngyou sòng de / fēicháng piàoliang de / báisè / chènshān
친구가 선물해 준 정말 예쁜 내 흰색 셔츠

■ 문장의 적절한 위치에 조사 '的'를 넣어 보세요.

① 她买了 A 一套 B 漂亮 C 衣服 D 。(的)
그녀는 예쁜 옷 한 벌을 샀다.

② 我们 A 学校 B 名字是北京 C 大学 D 。(的)
우리 학교의 이름은 베이징대학이다.

정답
① C
② B

03 부사어의 구조

我<u>舒舒服服</u>地睡了一觉。 나는 (정말) 편안하게 한숨 푹 잤다.
Wǒ shūshufūfū de shuì le yí jiào.

부사어란 술어나 문장 앞에서 이를 수식하거나 제한하는 성분으로, 일반적으로 부사, 형용사(구) 및 전치사구가 담당한다. 부사어로 사용되는 성분들을 살펴보자.

부사	他们<u>常常</u>坐公共汽车。 그들은 자주 버스를 탄다. Tāmen chángcháng zuò gōnggòng qìchē. <u>原来</u>他<u>还没有</u>走呢。 알고 보니 그는 아직 가지 않았다. Yuánlái tā hái méiyǒu zǒu ne.

	형용사(구)	你要少说话。 너는 말을 좀 조금만 해라. Nǐ yào shǎo shuōhuà.	
		他非常高兴地去了香港。 그는 매우 기뻐하면서 홍콩으로 갔다. Tā fēicháng gāoxìng de qù le Xiānggǎng.	
		你要好好儿地想想这个问题。 너는 이 문제를 제대로 좀 생각해 봐야 한다. Nǐ yào hǎohāor de xiǎngxiang zhège wèntí.	
	각종 전치사구	我们从去年九月开始学汉语。 우리는 작년 9월부터 중국어를 배우기 시작했다. Wǒmen cóng qùnián jiǔ yuè kāishǐ xué Hànyǔ.	
		我们学校离北京大学不远。 우리 학교는 베이징대학교에서 멀지 않다. Wǒmen xuéxiào lí Běijīng dàxué bù yuǎn.	
명사	시간명사	他们一天睡了十个小时的觉。 그들은 하루에 열 시간 잤다. Tāmen yì tiān shuì le shí ge xiǎoshí de jiào.	
	방위명사	各位朋友里边坐。 친구 여러분 안쪽에 앉으세요. Gè wèi péngyou lǐbian zuò.	
	장소명사	大家屋里坐！ 모두 방 안에 들어와 앉으세요. Dàjiā wū li zuò.	
대명사	지시대명사	你们可以这样写。 너희들은 이렇게 써도 된다. Nǐmen kěyǐ zhèyàng xiě.	
	의문대명사	我怎么回答他呢？ 저는 어떻게 그에게 대답해야 하나요? Wǒ zěnme huícá tā ne?	
	수량구	一口喝完了一瓶啤酒。 한 입에 맥주 한 병을 다 마셨다. Yì kǒu hē wán le yì píng píjiǔ.	
		一个一个地出来。 한 명씩 나온다. Yíge yíge de chūlái.	
	동사	妈妈生气地走了。 엄마는 화가 나서 가셨다. Māma shēngqì de zǒu le.	
		朋友们很关心地问我身体好了没有。 친구들은 매우 관심있게 내 건강이 좋아졌는지를 물었다. Péngyoumen hěn guānxīn de wèn wǒ shēntǐ hǎo le méiyǒu.	

■ 문장에서 부사어를 찾고, 그 의미를 말해 보세요.
　① 他正在打电话，您等一会儿吧。
　② 你多吃一点儿吧。

정답
① 正在, 마침 ~하고 있다
② 多, 더, 많이

04 부사어와 구조조사 '地'

他又在图书馆认真地准备期末考试了。
Tā yòu zài túshūguǎn rènzhēn de zhǔnbèi qīmò kǎoshì le.
그는 또 도서관에서 열심히 기말고사를 준비했다.

1 부사어와 구조조사 '地'

(1) 구조조사 '地'는 부사어와 중심어를 연결시키는 기능을 하지만, 모든 부사어가 '地'를 동반하는 것은 아니다. 구조조사 '地'를 사용하는 경우와 그렇지 않은 경우를 알아 보자.

	'地'가 있어야 하는 경우	'地'가 없어도 되는 경우
부사	• 일부 상태부사 渐渐地暖和了。 점점 따뜻해졌다. Jiànjiàn de nuǎnhuo le.	• 대다수의 부사 刚起床 gāng qǐchuáng 방금 일어나다 已经出国了 yǐjing chūguó le 이미 출국했다
형용사	• 형용사구['很少' '很难'은 제외], 중첩형, 이음절형용사+단음절동사 很快地吃了两个面包。 재빨리 빵 2개를 먹었다. Hěn kuài de chī le liǎng ge miànbāo.	• 단음절 형용사 多听多说 많이 듣고 많이 말한다 duō tīng duō shuō
명사	—	• 시간, 장소, 방위명사구 昨天家里来了几个朋友。 Zuótiān jiā li lái le jǐ ge péngyou. 어제 집에 친구 몇 명이 왔다.
대명사	—	• 대부분의 대명사구 用汉语怎么说? 중국어로 어떻게 말합니까? Yòng Hànyǔ zěnme shuō?
수량사	• 복잡한 수량사구, 수량사의 중첩형 一件一件地放在桌子上。 Yíjiàn yíjiàn de fàng zài zhuōzi shang. 하나씩 탁자 위에 놓았다.	• 간단한 수량사구 一眼看上你。 한눈에 네게 반하다. Yì yǎn kànshàng nǐ.
동사	• 동사구 雨不停地下着。 비가 끊임없이 내린다. Yǔ bù tíng de xià zhe.	—
전치사구	—	• 모든 전치사구 在家里看电视。 집에서 TV를 보다. Zài jiā li kàn diànshì.

(2) 2음절 형용사는 '地'가 있어도 되고 없어도 된다.

　　努力(地)学习 nǔlì (de) xuéxí 열심히 공부한다　　　　**好好儿(地)学习** hǎohāor (de) xuéxí 제대로 잘 공부한다

(3) 한정성 부사어는 대부분 '地'를 쓰지 않지만, 묘사성 부사어는 단음절 형용사를 제외하고는 일반적으로 '地'를 쓴다.

　　八点半在这儿上课。 여덟 시 반에 수업하다. → 한정성 부사어
　　Bā diǎn bàn zài zhèr shàngkè.

　　他声音**不大地**说: "这件事千万别告诉别人!" → 묘사성 부사어
　　Tā shēngyīn bú dà de shuō : "Zhè jiàn shì qiānwàn bié gàosu biérén!"
　　그는 목소리를 낮추고 말했다. "이 일을 절대로 다른 사람에게 말하지 마!"

> 부사어는 '시간' '장소' '원인' '목적' '대상' '부정' '수량' '범위' 등을 나타내는 **한정성 부사어**와 '동작자·행위자'와 '동작이나 행위'를 묘사하는 **묘사성 부사어**로 나눌 수 있다.

2 다항 부사어의 배열 순서

(1) 부사어는 일반적으로 주어 뒤에 오지만, 필요에 따라 문장 앞에 올 수도 있다. 특히 '关于 guānyú ~에 관해' '至于 zhìyú ~에 대하여' '当 dāng ~할 때'와 같은 전치사구는 반드시 주어 앞에만 올 수 있다.

　　我们关于这个问题还要研究一下。(×)

　　→ **关于**这个问题，我们还要研究一下。(○) 이 문제에 관하여 우리는 좀 더 연구해야 한다.
　　　　Guānyú zhège wèntí, wǒmen hái yào yánjiū yíxià.

> ① 시간명사는 주어의 앞뒤에 자유롭게 올 수 있다.
> ② '也许' '到底' '果然' '难道'와 같은 어기부사는 문장 전체를 수식하므로, 문장 앞에 올 수 있다.

(2) 여러 개의 부사어가 나오는 경우, 그 사이에 다음과 같은 배열규칙이 존재한다.

시간 → 장소 → 어기 관련 → 빈도, 범위, 부정 → 동작·행위자의 묘사 → 정도, 도구, 방식 → 공간, 노선, 방향, 대상, 목적, 근거 → 동작·행위의 묘사 → 중심어[술어]

　시간　　　　장소　　　　　도구　　　동작·행위의 묘사　　　　중심어[술어]
今天下午　**在学校**　　**用计算机**　**认真地**　　　　　　**算了**两个钟头。
Jīntiān xiàwǔ　zài xuéxiào　yòng jìsuànjī　rènzhēn de　　　 suàn le liǎng ge zhōngtóu.
오늘 오후에 학교에서 계산기로 열심히 두 시간을 계산하였다.

■ 문장의 적절한 위치에 조사 '地'를 넣어 보세요.

　① 老师 A 清楚 B 写了 C 两个字"语法" D 。(地)
　　선생님께서 '문법'이라는 두 글자를 분명하게 쓰셨다.

　② 每次 A 上课的时候，他都 B 认认真真 C 作 D 笔记。(地)
　　매번 수업시간마다 그는 아주 성실하게 필기를 한다.

정답
① B
② C

05 결과보어

要买的东西，我都买好了。 사야 하는 물건은 모두 다 샀다.
Yào mǎi de dōngxi, wǒ dōu mǎi hǎo le.

보어는 형용사나 동사 뒤에 위치하여 술어를 보충 설명하는 문장성분이다. 보어는 그 의미에 따라 '결과보어' '방향보어' '시량보어' '동량보어' '정도보어' '가능보어'로 분류된다.

1 결과보어의 유형

결과보어는 동작이나 행위, 변화의 결과를 보충해주는 성분으로, '술어+보어'의 형식으로 쓰인다. 결과보어로 자주 쓰이는 어휘와 그 의미를 살펴보면 다음과 같다.

好 hǎo	동작·행위의 완성 [결과가 만족스러움]	我们已经准备好了。 우리는 이미 준비를 다 마쳤다. Wǒmen yǐjing zhǔnbèi hǎo le.	
完 wán	동작·행위의 완료	我看完那本小说了。 나는 그 소설을 다 보았다. Wǒ kàn wán nà běn xiǎoshuō le.	
成 chéng	동작·행위의 변화 결과	我的美元换成了人民币。 내 달러를 인민폐로 바꾸었다. Wǒ de měiyuán huàn chéng le rénmínbì.	
到 dào	목적·결과가 어느 정도나 상태에 도달	我们学到第十二课了。 우리는 제12과까지 배웠다. Wǒmen xué dào dì shí'èr kè le.	
	동작·행위의 수확	那本书我们都买到了。 그 책을 우리는 모두 샀다. Nà běn shū wǒmen dōu mǎi dào le.	
着 zháo	목적에 이름, 결과를 얻음	那些资料你找着了吗？ 그 자료들을 당신은 찾았습니까? Nàxiē zīliào nǐ zhǎo zháo le ma?	
见 jiàn	보고 들은 결과가 드러남	孩子们看见妈妈回来了。 아이들은 엄마가 돌아오시는 것을 봤다. Háizimen kànjiàn māma huílái le.	
懂 dǒng	보고 들은 결과를 이해함	他的话不难，我们都听懂了。 그의 말은 어렵지 않아서, 우리는 모두 알아 들었다. Tā de huà bù nán, wǒmen dōu tīng dǒng le.	
住 zhù	머무르게 함, 고정됨	玛丽听见我叫她，就站住了。 메리는 내가 부르는 것을 듣고서, 멈춰 섰다. Mǎlì tīngjiàn wǒ jiào tā, jiù zhànzhù le.	
掉[=光] diào [=guāng]	~해 버리다[남지 않음]	他把自行车卖掉了。 그는 자전거를 팔아버렸다. Tā bǎ zìxíngchē mài diào le.	
给 gěi	수여, 이동됨	小李送给朋友一辆自行车。 샤오리는 친구에게 자전거 한 대를 선물했다. Xiǎo Lǐ sòng gěi péngyou yí liàng zìxíngchē.	

112

2 결과보어의 특징

(1) '술어+결과보어'의 결합은 매우 긴밀하여, 목적어나 동태조사 '了' '过'는 '술어+결과보어' 뒤에 온다. 결과보어는 기본적으로 '완료'를 나타내므로, 진행이나 지속을 나타내는 '着'와 결합할 수 없다.

他写错了一个字。 그는 한 글자를 잘못 썼다.
Tā xiě cuò le yí ge zì.

(2) '술어+결과보어'를 부정할 때는 '没(有)'를 사용하며, 뒤에 동태조사 '了'가 있으면 생략한다.

晚饭做好了。 저녁을 다 지었다. → 晚饭还没做好。 저녁이 아직 다 되지 않았다.
Wǎnfàn zuò hǎo le.　　　　　　　　　 Wǎnfàn hái méi zuò hǎo.

■ 해석을 참고하여 빈칸에 알맞은 보어를 넣어 보세요.
① 我说＿＿＿＿哪儿了? 내가 어디까지 말했죠?
② 明天要考试，你准备＿＿＿＿了吗? 내일이 시험인데, 넌 준비를 잘 했니?

정답
① 到
② 好

06 방향보어

上课了，我们进教室去吧。 수업이 시작된다. 우리 교실로 들어가자.
Shàngkè le, wǒmen jìn jiàoshì qù ba.

방향보어란 동작이나 행위의 '방향성'을 보충해 주는 보어이다.

1 방향보어의 유형

방향보어는 크게 동사 뒤에 '来' '去'만 더해지는 단순방향보어와 '来'와 '去'가 각각 '上' '下' '进' '出' '回' '过' '起'와 결합하여 이루어지는 복합방향보어로 나눌 수 있다.

	上 shàng	下 xià	进 jìn	出 chū	回 huí	过 guò	起 qǐ
来 lái 오다	上来 shànglái 올라오다	下来 xiàlái 내려오다	进来 jìnlái 들어오다	出来 chūlái 나오다	回来 huílái 돌아오다	过来 guòlái 건너오다	起来 qǐlái 일어나다
去 qù 가다	上去 shàngqù 올라가다	下去 xiàqù 내려가다	进去 jìnqù 들어가다	出去 chūqù 나가다	回去 huíqù 돌아가다	过去 guòqù 건너가다	—

2 방향보어의 배열순서

'술어＋방향보어' 구조가 목적어와 함께 쓰일 경우, 방향보어의 종류와 목적어의 성격에 주의해야 한다.

(1) 목적어가 장소명사인 경우, 목적어는 반드시 '来' '去' 앞에 온다.

你们都快上楼来吧。
Nǐmen dōu kuài shàng lóu lái ba.
너희들 모두 빨리 위 층으로 올라와라.

很多学生走进教室来了。
Hěn duō xuésheng zǒu jìn jiàoshì lái le.
많은 학생들이 교실로 들어왔다.

(2) 목적어가 일반사물인 경우에는 '来' '去' 앞뒤에 올 수 있다.

小李拿来了一张照片。[＝ 小李拿了一张照片来。] 샤오리는 사진 한 장을 가져왔다.
Xiǎo Lǐ ná lái le yì zhāng zhàopiàn.

他们从外边搬进来几把椅子。 그들은 밖에서 의자 몇 개를 옮겨 들여왔다.
Tāmen cóng wàibian bān jìnlái jǐ bǎ yǐzi.

(3) 방향보어가 '来' '去'가 아닌 경우, 목적어는 보통 보어 뒤에 온다.

很多学生走进了教室。 많은 학생들이 교실로 들어갔다.
Hěn duō xuésheng zǒu jìn le jiàoshì.

小李拿出一张照片。 샤오리는 사진 한 장을 꺼냈다.
Xiǎo Lǐ ná chū yì zhāng zhàopiàn.

3 방향보어의 특징

(1) '술어＋방향보어'를 부정할 때는 일반적으로 '没(有)'를 사용한다.

学生证我没带来。 저는 학생증을 가져오지 않았습니다.
Xuéshēngzhèng wǒ méi dài lái.

(2) 일부 방향보어는 경우에 따라 방향성의 의미보다 동작의 결과나 동작이 처한 상황을 표현하기도 한다.

술어＋上	关上门 guān shàng mén 문을 닫다 → 닫힘, 합쳐짐 穿上衣服 chuān shàng yīfu 옷을 입다 → 부착, 첨가 考上大学 kǎo shàng dàxué 대학에 합격하다 → 목표달성 爱上你 ài shàng nǐ 당신을 사랑하게 되다 → 동작이 시작되어 지속됨
술어＋下	坐下30个人 zuò xià sānshí ge rén 30명이 앉을 수 있다 → 수용함 脱下衣服 tuō xià yīfu 옷을 벗다 → 벗어남 记下了 jì xià le 기억하다, 기록해두다 → 고정완성
술어＋出	看出问题 kàn chū wèntí 문제를 알아차리다, 간파하다 → 드러남 想出办法 xiǎng chū bànfǎ 방법을 생각해내다 → 무에서 유로 결과가 생겨남
술어＋过	睡过头了 shuì guò tóu le 늦잠을 자다, 지나치게 자다 → 정도의 초과 坐过了站 zuò guò le zhàn 정거장을 지나치다 → 지나침
술어＋下来	停了下来 tíng le xiàlái 멈추어 서다 → 사물이 고정되거나 머무르게 됨 背下来了 bèi xiàlái le 외웠다 → 성공적인 완성 安静下来了 ānjìng xiàlái le 안정되어갔다 → 상태가 계속 발전되는 변화 과정 决定下来 juédìng xiàlái 결정을 내리다 → 사건의 결정, 확정

술어+下去	生活下去 shēnghuó xiàqù 계속 생활해 나가다 → 동작의 계속 再坏下去 zài huài xiàqù 다시 나빠지다 → 상태의 지속
술어+出来	写出来 xiě chūlái 써내다 → 무에서 유로 결과가 나타남 认出你来 rèn chū nǐ lái 너를 알아보다 → 사람이나 사물을 식별하거나 분별함 说出来 shuō chūlái 말해내다. 털어놓다 → 안에서 밖으로 드러남
술어+起来	看起来 kàn qǐlái 보아하니 → '~할 때'라는 의미. 예측이나 평가를 나타냄 想起来 xiǎng qǐlái 생각이 나다 → 회상에 대한 결과가 나타남 好起来 hǎo qǐlái 좋아지기 시작하다 → 새롭게 시작되어 지속됨 收起来 shōu qǐlái 거두다, 받아서 모으다 → 분산된 상태에서 가운데로 집중됨
술어+过来	活过来 huó guòlái 살아나다 → 정상적인 상태로 돌아옴 看得过来 kàn de guòlái 다 볼 수 있다 → 어떤 일의 완성 여부
술어+过去	晕过去了 yūn guòqù le 기절하다 → 정상적인 상태를 상실함 一页一页地翻过去 yí yè yí yè de fān guòqù 한 페이지씩 펼쳐보다 → 차례차례 일을 처리함

■ 빈칸에 들어갈 알맞은 단어를 골라 보세요.

① 他带_____了一些水果。(来 / 去) 그는 과일 몇 개를 가져 왔다.
② 他从书包里拿_____一个本子。(回来 / 起来 / 出来) 그는 책가방에서 공책 한 권을 꺼냈다.

정답
① 来
② 出来

07 시량보어

我们离开上海一个月了。 우리가 상하이를 떠나온 지 한 달이 되었다.
Wǒmen líkāi Shànghǎi yí ge yuè le.

시량보어란 술어 뒤에서 동작이나 행위와 관련된 '시간량'을 보충하는 성분으로, 주로 동작이나 행위의 지속시간을 나타낸다.

1 시량보어의 특징

(1) 지속동사 뒤에 시간량이 오게 되면 동작이나 행위가 '지속된 시간'을 나타낸다.

他病了四天。 그는 4일 동안 앓았다. → 아픈 상태가 지속된 시간량
Tā bìng le sì tiān.

(2) 비지속동사 뒤에 오는 시간량은 '동작이나 행위가 완료되고 난 후에 흘러간 시간량'을 가리킨다.

他大学毕业十年了。 그는 대학을 졸업한 지 10년이 되었다. → 대학 졸업 후 경과된 시간
Tā dàxué bìyè shí nián le.

● 지속동사와 비지속동사의 특징은 '제5과 허사(2)'를 참고하자! ∵ 80p

2 시량보어의 배열순서

시량보어가 목적어와 함께 문장에 나올 경우, 목적어의 유형에 따라 어순이 달라진다.

(1) 목적어가 일반명사인 경우, 동사를 중복시키거나 동사와 목적어 사이에 온다.

我们看电影看了两个小时。 우리는 영화를 두 시간 동안 보았다.
Wǒmen kàn diànyǐng kàn le liǎng ge xiǎoshí.

我们看了两个小时(的)电影。 우리는 두 시간 동안 영화를 보았다.
Wǒmen kàn le liǎng ge xiǎoshí (de) diànyǐng.

(2) 목적어가 인칭대명사이거나 장소인 경우, 보어는 반드시 목적어 뒤에 온다.

我们等他一个半小时。 나는 그를 한 시간 반 동안 기다렸다.
Wǒmen děng tā yí ge bàn xiǎoshí.

我来中国一年多了。 나는 중국에 온 지 일 년여가 되어간다.
Wǒ lái Zhōngguó yì nián duō le.

(3) 목적어가 화자와 청자가 모두 알고 있는 내용이라면, 문장의 처음에 오기도 한다.

昨天的晚饭我们吃了四十分钟。 어제 저녁을 우리는 40분 동안 먹었다.
Zuótiān de wǎnfàn wǒmen chī le sìshí fēnzhōng.

■ 문장의 적합한 위치에 주어진 단어를 넣어 보세요.

① 我们 A 等 B 你 C 。(十五分钟) 우리는 당신을 15분 동안 기다렸습니다.

② 小李已经 A 毕业 B 了 C 。(三年) 샤오리는 이미 졸업한 지 3년이 되었다.

정답
① C
② B

 # 동량보어

我能看一下你的笔记本吗? 내가 네 공책을 잠깐 볼 수 있을까?
Wǒ néng kàn yíxià nǐ de bǐjìběn ma?

동량보어란 동작이나 행위와 관련된 '횟수'를 보충하는 성분이다.

1 동량보어의 특징

동작의 횟수는 동사의 성격에 따라 특정한 양사를 쓴다.

我去过三次上海。 나는 상하이에 세 번 가본 적이 있다.
Wǒ qù guo sān cì Shànghǎi.

你有事就叫我一声。 일이 있으면 바로 나를 부르세요.
Nǐ yǒu shì jiù jiào wǒ yì shēng.

2 동량보어의 배열순서

동량보어와 목적어가 함께 올 경우, 목적어의 유형에 따라 배열 순서가 달라진다.

(1) 목적어가 일반명사인 경우, 대부분 동량보어는 목적어 앞에 온다.

小张念了一遍课文。 샤오장은 본문을 한 번 읽었다.
Xiǎo Zhāng niàn le yí biàn kèwén.

(2) 목적어가 인칭대명사일 경우, 동량보어는 목적어 뒤에 온다.

我去图书馆找了他三次,他都不在。 내가 도서관에 가서 그를 세 번이나 찾았는데, 그는 모두 없었다.
Wǒ qù túshūguǎn zhǎo le tā sān cì, tā dōu bú zài.

(3) 목적어가 사람이나 장소를 나타내는 명사인 경우, 동량보어는 목적어 앞뒤에 자유롭게 온다.

昨天我去了一趟王府井。 어제 나는 왕푸징에 갔다.
Zuótiān wǒ qù le yí tàng Wángfǔjǐng.

在北京的时候,我见过小王一次。 베이징에 있을 때, 나는 샤오왕을 한 번 만난 적이 있다.
Zài Běijīng de shíhou, wǒ jiàn guo Xiǎo Wáng yí cì.

■ 주어진 단어를 바르게 배열하여, 하나의 문장으로 만들어 보세요.

① 一趟 / 去 / 去年暑假 / 长城 / 我 / 过
작년 여름방학에 나는 만리장성에 갔다 온 적이 있다.

② 一下儿 / 去 / 小张那儿 / 明天 / 我
내일 나는 샤오장이 있는 그 곳에 한 번 가야겠다.

정답
① 去年暑假我去过一趟长城。
② 明天我去小张那儿一下儿。

09 정도보어, 가능보어

今年夏天热得很。 올해 여름은 너무나 덥다.
Jīnnián xiàtiān rè de hěn.

정도보어란 술어의 '정도성'을 보충하여 주는 성분을 말하며, 가능보어란 동작이나 행위가 '어떤 결과나 상황에 도달할 수 있는지의 여부'를 보충 설명하는 성분이다.

1 정도보어

(1) 정도보어는 조사 '得'를 가지는 구조와 조사 '得' 없이 술어 뒤에 정도보어가 직접 더해지는 구조로 나눌 수 있다.

동사＋得＋형용사	玛丽跑得很快。 메리는 매우 빠르게 달렸다. Mǎlì pǎo de hěn kuài.
형용사＋得＋부사	他的房间干净得很。 그의 방은 정말 깨끗하다. Tā de fángjiān gānjìng de hěn.
형용사＋极了, 多了, 死了, 坏了	这个菜好吃极了。 이 음식은 굉장히 맛있다. Zhège cài hǎochī jí le.

(2) 동사가 목적어를 가질 때, '동사＋목적어'는 보어 구조 앞에 중복되어 나온다. 또는 목적어가 단독으로 동사 앞에 오거나 주어 앞에 올 수도 있다.

玛丽说汉语说得非常流利。 메리는 중국어를 매우 유창하게 말한다.
Mǎlì shuō Hànyǔ shuō de fēicháng liúlì.

小李汉语说得不错。 샤오리는 중국어를 꽤 잘한다.
Xiǎo Lǐ Hànyǔ shuō de búcuò.

这首歌小张唱得很好听。 이 노래를 샤오장은 매우 잘 부른다.
Zhè shǒu gē Xiǎo Zhāng chàng de hěn hǎotīng.

(3) '술어＋得＋정도보어'를 부정할 때는, '술어＋得＋不＋정도보어'의 형식을 사용한다.

小王篮球打得不好。 샤오왕은 농구를 못한다.
Xiǎo Wáng lánqiú dǎ de bù hǎo.

(4) '형용사＋得' 뒤에 '很' '多'를 써서 '정도의 지나침'을 나타내거나, 보어 위치에 '不得了 bùdéliǎo 매우 심하다' '要命 yàomìng 매우' '不行 bùxíng 나쁘다' 등을 써서 '좋지 않은 성질과 상태'를 표시한다.

高兴得很 정말 기쁘다　　　疼得要命 아파 죽겠다
gāoxìng de hěn　　　　　　téng de yàomìng

2 가능보어

(1) 가능보어는 결과보어나 방향보어 앞에 조사 '得/不'를 넣어, '동사＋得/不＋보어'의 형식으로 만든다.

这么多作业，你写得完吗? 이렇게 많은 숙제를 너는 다 할 수 있어?
Zhème duō zuòyè, nǐ xiě de wán ma?

我拿不出来一千块钱。 나는 천 위안을 단번에 낼 수 없다.
Wǒ ná bù chūlái yìqiān kuài qián.

(2) 가능보어의 목적어는 대부분 보어 뒤에 오거나, 문장 앞에 온다.

我听不懂老师说的话。 → 老师说的话我听不懂。 나는 선생님 말씀을 알아듣지 못했다.
Wǒ tīng bu dǒng lǎoshī shuō de huà.　　Lǎoshī shuō de huà wǒ tīng bu dǒng.

(3) '술어＋得/不＋了liǎo' 형식은 조건상 실현될 수 없음을 나타내는데, 숙어적 성격이 강하다.

明天你走得了走不了? 내일 당신을 갈 수 있습니까, 갈 수 없습니까?
Míngtiān nǐ zǒu deliǎo zǒu bùliǎo?

정도보어와 가능보어는 모두 '得'를 사용한다는 공통점이 있기는 하지만, 쓰임에 있어 여러 가지 차이점이 있다.

	정도보어	가능보어
의미	동작과 상태의 정도	동작·행위의 가능여부
구조	술어＋得＋보어 : 写得好 잘 쓴다	술어＋得＋보어 : 听得懂 알아들을 수 있다
부정형식	술어＋得＋不＋보어 : 写得不好 잘 쓰지 못한다	술어＋不＋보어 : 听不懂 알아듣지 못 한다
의문형식	写得好吗? 잘 쓰나요? 写得好不好? 잘 쓰나요? 写得怎么样? (쓴 정도가) 어떤가요?	能听得懂吗? 알아들을 수 있나요? 听得懂吗? 알아들을 수 있나요? 听得懂听不懂? 알아들을 수 있니, 알아들을 수 없니?
구조확장	写得非常好 매우 잘 쓴다	확장불가

■ 빈칸에 들어갈 알맞은 단어를 골라 보세요.

① 汉语你们一定能学_____好。(得 / 不)
　중국어를 너희는 반드시 제대로 잘 배울 수 있다.

② 黑板上的字很小，我看_____清楚。(得 / 不)
　칠판 위의 글자가 작아서 나는 잘 볼 수가 없다.

정답
① 得
② 不

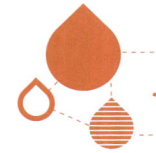 문장 만들기

1 두 구를 알맞게 연결하여 완전한 문장을 만들어 보세요.

(1) 该吃饭了　　　　　·　　　　　·㈀ 下起雨来了

(2) 天突然　　　　　·　　　　　·㈁ 受不了了

(3) 我们去医院　　　　　·　　　　　·㈂ 看过他两次

(4) 这个问题　　　　　·　　　　　·㈃ 快去把手洗干净

(5) 妹妹已经累得　　　　　·　　　　　·㈄ 他回答得很准确

2 주어진 단어를 사용하여 문장을 완성해 보세요.

(1) 他＿＿＿＿＿＿＿＿＿＿是上海，然后是苏州、杭州，最后是南京。　　（的 / 第一站 / 去）
그가 간 첫 여행지는 상하이고, 그 다음은 쑤저우, 항저우이고 마지막은 난징이었다.

(2) 妈妈，我＿＿＿＿＿＿＿＿＿＿去了，火车票买不到。　　（不 / 回 / 寒假）
엄마, 저 겨울방학에 돌아가지 못할 것 같아요. 기차표를 못 샀어요.

(3) 请你＿＿＿＿＿＿＿＿＿＿＿＿＿＿＿。　　（等我 / 在学校后门口 / 七点半）
7시 반에 학교 후문 입구에서 저를 기다려 주세요.

3 밑줄 친 부분들을 합쳐서 하나의 문장으로 만들어 보세요.

(1) 妈妈做了<u>一桌子</u>菜。／ 妈妈做了<u>中国</u>菜。／ 妈妈做了<u>我最爱吃</u>的菜。

→ ＿＿＿＿＿＿＿＿＿＿＿＿＿＿＿＿＿＿＿＿＿＿＿＿＿＿
엄마는 한 상 가득 내가 제일 좋아하는 중국 요리를 만드셨다.

(2) 小王<u>昨天</u>去北京了。／ 小王<u>跟几个朋友一起</u>去北京了。／ 小王<u>高高兴兴地</u>去北京了。

→ ＿＿＿＿＿＿＿＿＿＿＿＿＿＿＿＿＿＿＿＿＿＿＿＿＿＿
샤오왕은 어제 매우 즐거워하면서 몇 명의 친구들과 함께 베이징에 갔다.

(3) 这是<u>一本</u>书。／ 这是<u>给留学生用</u>的书。／ 这是<u>语法</u>书。

→ ＿＿＿＿＿＿＿＿＿＿＿＿＿＿＿＿＿＿＿＿＿＿＿＿＿＿
이 책은 유학생들이 사용하는 문법책이다.

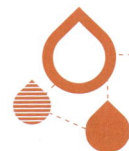

실력 점검하기

1 주어진 단어를 문장의 알맞은 위치에 넣어 보세요.

(1) 他___A___弟弟是我___B___大学时代___C___好___D___朋友。(的)
그의 동생은 내 대학 시절의 아주 친한 친구이다.

(2) 你心里___A___有什么___B___不高兴的事___C___，就说___D___吧。(出来)
네 마음속에 무슨 기분 나쁜 일이 있으면 말해 보렴.

(3) 我累了一天之后，___A___躺在___B___沙发上___C___看了___D___一部电影。
나는 온종일 힘들게 보낸 후, 소파에 누워서 아주 편안하게 영화 한 편을 보았다.   (舒舒服服地)

2 빈칸에 들어갈 알맞은 구조를 찾아 보세요.

(1) 明天下午，我要坐_____离开西安。
내일 오후 나는 8시 반 비행기를 타고 시안을 떠나려고 한다.

　　A. 的八点半飞机　　　　　　　B. 的八点半的飞机
　　C. 八点半的飞机的　　　　　　D. 八点半的飞机

(2) 黑板上_____地写着日期，你怎么没看到?
칠판에 날짜가 아주 분명하게 쓰여져 있는데, 너는 어떻게 보지 못했니?

　　A. 清楚　　　B. 清清楚楚　　　C. 清楚清楚　　　D. 很清清楚楚

(3) 他要在中国_____。
그는 중국에서 내년 7월까지 공부를 하려고 한다.

　　A. 到明年七月学习　　　　　　B. 明年七月学习到
　　C. 学习到明年七月　　　　　　D. 学习明年七月到

3 밑줄 친 부분을 바르게 고쳐 보세요.

(1) 你<u>今天买那件新衣服</u>在哪儿呢？→ _____
네가 오늘 산 그 새 옷은 어디에 있니?

(2) 突然从办公室里<u>一个人</u>走出来。→ _____
갑자기 사무실에서 한 사람이 걸어 나왔다.

(3) 我<u>一起玛丽跟</u>去百货商店。→ _____
나는 메리와 함께 백화점에 갔다.

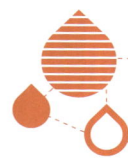 新 HSK 문제 맛보기

1 알맞은 단어를 골라 문장을 완성해 보세요.

> 昨天　　将来　　打来　　借来　　很少　　清楚

(1) 我＿＿＿＿＿去看京剧。 저는 경극을 거의 보지 않아요.

(2) 他＿＿＿＿＿了几次电话。 그는 몇 차례 전화를 걸어왔다.

(3) 黑板上写的是什么？你看＿＿＿＿＿了没有？ 칠판에 쓰여 있는 것이 뭐야? 너는 잘 보이니?

2 주어진 어휘를 바르게 배열하여 하나의 문장으로 만들어 보세요.

(1) 的 / 非常 / 他 / 可爱 / 儿子 / 两岁 그의 두 살배기 아들은 너무 귀엽다.
→ ＿＿＿＿＿＿＿＿＿＿＿＿＿＿＿＿＿＿＿＿＿＿＿＿＿＿＿

(2) 南京 / 他 / 下个月 / 就 / 来 / 要 / 了 그는 다음 달에 곧 난징에 올 것이다.
→ ＿＿＿＿＿＿＿＿＿＿＿＿＿＿＿＿＿＿＿＿＿＿＿＿＿＿＿

(3) 的 / 他 / 了 / 一个下午 / 泳 / 昨天 / 游 어제 그는 오후 내내 수영을 했다.
→ ＿＿＿＿＿＿＿＿＿＿＿＿＿＿＿＿＿＿＿＿＿＿＿＿＿＿＿

3 사진을 보고 빈칸에 알맞은 단어를 넣어 보세요.

(1)

玛丽能看懂＿＿＿＿＿报了。
　　　　　　Zhōngwén

(2)

已经很晚了，他还在＿＿＿＿＿地工作。
　　　　　　　　　　　rènzhēn

122

08 문장의 구조

중국어 문장은 여러 가지 기준에 따라 다양하게 나눌 수 있는데, 문장의 구조 특징에 따라 크게 단문[单句]과 복문[复句]으로 나눈다. 단문은 하나의 주어와 술어로 이루어진 문장이고, 복문은 두 개 이상의 단문이 연결되어 이루어진 문장을 말한다.

핵심 문법

문장 구조

- **단문**
  - **주술문 [갖춘 문장]**
    - 주어의 특성에 따라
      - 행위자 주어문: 小李正看书呢。 Xiǎo Lǐ zhèng kàn shū ne.
      - 지배대상 주어문: 这顿饭吃得很香。 Zhè dùn fàn chī de hěn xiāng.
    - 술어의 특성에 따라
      - 동사술어문: 他走得很累。 Tā zǒu de hěn lèi.
      - 형용사술어문: 风很大。 Fēng hěn dà.
      - 명사술어문: 三斤苹果十三块钱。 Sānjīn píngguǒ shísān kuài qián.
      - 주술술어문: 她眼睛挺大。 Tā yǎnjing tǐng dà.
  - **비주술문 [못갖춘 문장]**
    - 동사(구)문: 进来! Jìnlái.
    - 명사(구)문: 票! Piào!
    - 형용사(구)문: 可笑极了! Kěxiào jí le!
    - 감탄사문: 哎哟! Āiyō!

- **복문**
  - **단순복문**
    - 연합관계
      - 병렬관계: 我既不认识他，也没见过他。 Wǒ jì bú rènshi tā, yě méi jiàn guo tā.
      - 선택관계: 教我们英语的是李老师，还是金老师？ Jiāo wǒmen Yīngyǔ de shì Lǐ lǎoshī, háishi Jīn lǎoshī?
      - 점층관계: 不但小王会说日语，而且小李也会说日语。 Búdàn Xiǎo Wáng huì shuō Rìyǔ, érqiě Xiǎo Lǐ yě huì shuō Rìyǔ.
      - 순접관계: 他前年春节来过这儿，后来没有来过。 Tā qiánnián Chūn Jié lái guò zhèr, hòulái méiyǒu lái guo.
    - 수식관계
      - 역접관계: 房间虽然很大，但是不太干净。 Fángjiān suīrán hěn dà, dànshì bú tài gānjìng.
      - 인과관계: 因为张老师生病了，所以宋老师替他上课。 Yīnwèi Zhāng lǎoshī shēngbìng le, suǒyǐ Sòng lǎoshī tì tā shàngkè.
      - 가정관계: 如果明天天气不好，我们就不去天安门了。 Rúguǒ míngtiān tiānqì bù hǎo, wǒmen jiù bú qù Tiān'ānmén le.
      - 조건관계: 只有外语好，才能找到好工作。 Zhǐyǒu wàiyǔ hǎo, cái néng zhǎo dào hǎo gōngzuò.
      - 목적관계: 为了学习英语，他买了一本英语辞典。 Wèile xuéxí Yīngyǔ, tā mǎi le yì běn Yīngyǔ cídiǎn.
      - 양보관계: 即使你去，我也不去。 Jíshǐ nǐ qù, wǒ yě bú qù.
  - **다중복문**: 不管是谁，你都不要告诉他，因为这是我们两个人之间的秘密。 Bùguǎn shì shéi, nǐ dōu bú yào gàosu tā, yīnwèi zhè shì wǒmen liǎng ge rén zhījiān de mìmì.
  - **축약복문**: 不睡觉也要做完作业。 Bú shuìjiào yě yào zuò wán zuòyè.

 # 단문의 유형

我们一起去长城。 우리는 함께 만리장성에 간다.
Wǒmen yìqǐ qù Chángchéng.

단문이란 하나의 주어와 그에 딸린 술어로 구성된 문장으로, 크게 '주술문'과 '비주술문'으로 나눌 수 있다.

1 주술문

주술문이란 주어와 술어가 모두 나온 '갖춘문장'으로, 주어와 술어 사이의 의미적인 특성과 술어의 구조에 따라 다음과 같이 나눌 수 있다.

주술문	주어의 유형	행위자 주어문	小李正看书呢。 샤오리는 마침 책을 보고 있다. Xiǎo Lǐ zhèng kàn shū ne.
		지배대상 주어문	这顿饭吃得很香。 이번 식사는 정말 맛있게 먹었다. Zhè dùn fàn chī de hěn xiāng.
	술어의 유형	동사술어문	他走得很累。 그는 걸어서 아주 피곤하다. Tā zǒu de hěn lèi.
		형용사술어문	风很大。 바람이 무척 세차다. Fēng hěn dà.
		명사술어문	三斤苹果十三块钱。 사과는 3근에 13위안이다. Sānjīn píngguǒ shísān kuài qián.
		주술술어문	她眼睛挺大。 그녀는 눈이 아주 크다. Tā yǎnjing tǐng dà.

(1) 행위자 주어문이란 동작의 행위자가 주어로 쓰인 문장을 말한다.

爸爸买菜，妈妈做饭，我来洗碗。 아빠는 장을 보시고, 엄마는 밥을 하시고, 나는 설거지를 한다.
Bàba mǎi cài, māma zuò fàn, wǒ lái xǐ wǎn.

(2) 지배대상 주어문이란 동작의 지배대상인 목적어가 주어 자리에 위치하여, 문장의 진술 대상이 되는 문장이다.

电话号码记住了吧? 전화번호는 기억했지?　　　衣服还没有洗干净。 그 옷은 아직 깨끗이 빨지 않았다.
Diànhuà hàomǎ jì zhù le ba?　　　　　　　　Yīfu hái méiyǒu xǐ gānjìng.

> 중국어에서 주어는 화자와 청자가 이미 알고 있는 특정한 사물이어야 한다. 따라서 주어 자리에 지시대명사나 다른 수식어가 오지 않더라도, '이'나 '그'를 더하여 해석한다.
> 书买来了。 그 책을 사왔다. → 화자와 청자가 모두 알고 있는 그 책
> Shū mǎi lái le.

2 비주술문

비주술문이란 주어나 술어 가운데 어느 한 쪽이 없는 '못갖춘문장'으로, 단어나 구에 어투가 더해진다.

비주술문	동사(구)문	进来！Jìnlái! 들어와!
	명사(구)문	票！Piào! 표! [검표원이 표를 보여달라고 할 때]
	형용사(구)문	可笑极了！Kěxiào jí le! 너무 웃긴다!
	감탄사문	哎哟！Āiyō! 아이쿠!

(1) 자연현상을 설명하거나 새롭게 발생한 상황을 서술할 때, 또는 명령이나 요구를 나타낼 때는 주어가 없어도 명확한 뜻을 전달할 수 있으므로 비주술문을 사용한다.

下大雪了。 큰 눈이 내렸다. → 자연현상
Xià dàxuě le.

别吃！ 먹지 마! → 명령
Bié chī.

(2) 갑자기 나타난 사물이나 사람을 말하거나 상대방에게 무언가를 요구할 때, 혹은 상대방을 부르거나 대답할 때, 찬성·반대·의문을 표현할 때는 하나의 단어로도 문장을 구성할 수 있다.

汽车！ 자동차다! → 갑자기 나타난 사물
Qìchē!

谢谢。 고맙습니다. → 대답
Xièxie.

什么? 뭐? → 의문
Shénme?

> 중국어는 주어나 목적어를 생략하는 경우가 많다. 다음과 같이 화자와 청자가 모두 아는 내용이면 주어와 목적어를 자주 생략한다.
>
> 我去年去了一次黄山，(我)在那里住了一个星期。 → 주어 '我'가 생략됨
> Wǒ qùnián qù le yí cì Huángshān, (wǒ) zài nàlǐ zhù le yí gè xīngqī.
> 나는 작년에 황산에 가서 일주일 동안 그곳에 묵었다.
>
> 新出了一本汉英词典，你买(汉英词典)不买? → 목적어 '汉英词典'이 생략됨
> Xīn chū le yì běn Hànyīng cídiǎn, nǐ mǎi (Hànyīng cídiǎn) bù mǎi?
> 중영사전이 새로 나왔어. 너 살 거야, 안 살 거야?

■ 문장에서 술어를 찾고, 그 의미를 말해 보세요.
① 他姓李, 叫李明。
② 太美了！

정답
① 姓李, 성이 이씨이다 / 叫李明, 리밍이라고 부른다
② 太美了, 너무 아름다워!

02 동사술어문, 형용사술어문

春天来了，天气暖和了，人们都去公园了。
Chūntiān lái le, tiānqì nuǎnhuo le, rénmen dōu qù gōngyuán le.
봄이 와서 날씨가 따뜻해지자, 사람들은 모두 공원에 간다.

1 동사술어문

동사술어문이란 동사 및 동사구가 술어로 쓰인 문장으로, 주로 '주어가 무엇을 하는가'를 나타낸다.

동사술어문	동사(구)	小王可能不来了。 샤오왕은 아마도 오지 않을 것이다. Xiǎo Wáng kěnéng bù lái le. 妈妈能五点下班。 엄마는 5시에 퇴근하실 수 있다. Māma néng wǔ diǎn xiàbān.
	술목식	我很喜欢你。 나는 너를 아주 좋아한다. Wǒ hěn xǐhuan nǐ. 王老师通知我们明天不上课。 왕 선생님께서 우리에게 내일 수업이 없다고 통지하셨다. Wáng lǎoshī tōngzhī wǒmen míngtiān bú shàngkè. 我听说小王最近很忙。 듣자하니, 샤오왕이 요즘 바쁘다고 하더라. Wǒ tīngshuō Xiǎo Wáng zuìjìn hěn máng.
	술보식	你们听懂了没有？ 너희들은 알아들었니? Nǐmen tīng dǒng le méiyǒu? 你们都进来吧。 너희들 모두 들어오렴. Nǐmen dōu jìnlái ba. 他写得漂亮，我写得不漂亮。 그는 예쁘게 썼지만, 나는 잘 못썼다. Tā xiě de piàoliang, wǒ xiě de bú piàoliang. 这本书你们看得懂看不懂？ 이 책을 너는 이해하겠니? Zhè běn shū nǐmen kàn de dǒng kàn bu dǒng? 他们玩了两个小时了。 그들은 두 시간 째 놀고 있다. Tāmen wán le liǎng ge xiǎoshí le.
	중첩식	明天不用上班，大家休息休息。 내일은 출근할 필요가 없으니 모두 좀 푹 쉬자. Míngtiān búyòng shàngbān, dàjiā xiūxi xiūxi.

(1) 동사술어문은 긍정형식과 부정형식을 나란히 놓아 의문문을 만들 수 있다.

吃不吃? 먹을래, 안 먹을래?　　　　　吃没吃? 먹었니, 안 먹었니?
chī bu chī　　　　　　　　　　　　chī méi chī

吃了没有？ 먹었니?
chī le méiyǒu

吃了饭没有？ 밥을 먹었니?
chī le fàn méiyǒu

(2) 부정은 부정부사 '不' '没'를 사용해서 나타낸다.

我不是学生。 나는 학생이 아니다.
Wǒ bú shì xuésheng.

我没有钱。 나는 돈이 없다.
Wǒ méiyǒu qián.

● 문장의 부정과 관련된 자세한 내용은 '제9과 문장의 기능'를 참고하자! ∴ 150p

2 형용사술어문

형용사술어문이란 형용사 및 형용사 구가 술어로 쓰인 문장으로, 주로 '주어가 어떠하다'를 묘사하거나 설명한다.

형용사 술어문	형용사(구)	这个苹果真红。 이 사과는 정말 빨갛다. Zhège píngguǒ zhēn hóng.	
	술보식	夏天热极了。 여름은 너무 덥다. Xiàtiān rè jí le.	
	중첩식	房间里干干净净的。 방안이 아주 깨끗하다. Fángjiān li gānganjìngjìng de.	

(1) 술어인 형용사 앞에는 주로 부사 '很'이 더해지는데, 이때 '很'은 정도의 의미를 나타내지 않는다. 만약 부사가 없을 때는 대비나 비교의 의미를 갖게 된다.

这个房间很大。 이 방은 크다.
Zhège fángjiān hěn dà.

这个商店近，那个商店远。 이 상점은 가깝고, 그 상점은 멀다.
Zhège shāngdiàn jìn, nàge shāngdiàn yuǎn.

(2) 형용사술어문을 부정할 때는 주로 부정부사 '不'를 사용한다.

这条裤子的样子不好看。 이 바지의 모양은 예쁘지 않다.
Zhè tiáo kùzi de yàngzi bù hǎokàn.

■ 문장에서 술어를 찾고, 그 의미를 말해 보세요.
① 我们学校是第一名。
② 这件衣服漂亮极了。

정답
① 是第一名. 1등이다
② 漂亮极了. 아주 예쁘다

03 명사술어문, 주술술어문

这种西装价格不贵，一套五百八。
Zhè zhǒng xīzhuāng jiàgé bú guì, yí tào wǔbǎi bā.
이 종류의 양복은 가격이 비싸지 않다. 한 벌에 580위안이다.

1 명사술어문

명사술어문이란 구어에서 일부 명사 혹은 명사구가 술어로 쓰인 문장이다.

명사 술어문	요일, 날짜	今天星期五。 오늘은 금요일이다. Jīntiān xīngqīwǔ.	
	시간	现在下午四点。 지금은 오후 4시이다. Xiànzài xiàwǔ sì diǎn.	
	날씨	今天阴天。 오늘은 흐리다. Jīntiān yīntiān.	
	명절, 계절	明天春节。 내일은 춘제[설날]이다. Míngtiān Chūn Jié.	
	국적, 본적	马老师台湾人。 마 선생님은 타이완 사람이다. Mǎ lǎoshī Táiwānrén.	
	나이	他今年二十几了? 그가 올해 스물 몇 살이지? Tā jīnnián èrshí jǐ le?	
	수량	这个学期一共十五周。 이번 학기는 모두 15주이다. Zhège xuéqī yígòng shíwǔ zhōu.	
	가격	一公斤两块五毛钱。 1kg에 2.5위안이다. Yì gōngjīn liǎng kuài wǔ máo qián.	
	특징	她黄头发、蓝眼睛。 그녀는 노란 머리에 푸른 눈이다. Tā huáng tóufa、 lán yǎnjing.	

명사술어문을 부정할 때는 반드시 부정부사 '不' 뒤에 동사 '是'를 더해 준다.

后天五一劳动节。 모레는 근로자의 날[노동절]이다.

→ 后天不是五一劳动节。
　　Hòutiān búshì Wǔ-yī Láodòng Jié.

2 주술술어문

주술술어문이란 '주어+술어' 구조의 주술구가 술어 역할을 하는 문장으로, 주로 구어에서 많이 쓰인다. 주술술어문에서 첫 번째 주어를 '대주어'라고 하고, 두 번째 주어는 '소주어'라고 한다. 주술술어문을 대주어와 소주어 사이의 의미관계에 따라 분류하면 다음과 같다.

주술 술어문	전체와 부분 혹은 소속관계	他身体很好。 그는 건강이 좋다. Tā shēntǐ hěn hǎo. 我们学校学生很多。 우리 학교는 학생이 많다. Wǒmen xuéxiào xuéshēng hěn duō.
	행위의 주체와 대상 관계	中国菜我们都喜欢吃。 중국 요리는 우리 모두 잘 먹는다. Zhōngguócài wǒmen dōu xǐhuan chī.
	대주어가 범위나 관련 사물인 경우	这件事，知道的人太多了。 이 일은 아는 사람이 너무 많아졌다. Zhè jiàn shì, zhīdào de rén tài duō le.

(1) '주어+술어' 구조는 문장 앞에 놓인 문장 전체 주어를 '설명·묘사·평가'하는 기능을 한다.

这个电影我看过了。 이 영화는 난 본 적이 있다. → 설명
Zhège diànyǐng wǒ kàn guo le.

她眼睛很漂亮。 그녀는 눈이 참 예쁘다. → 묘사
Tā yǎnjing hěn piàoliang.

这种事情我没有兴趣。 이런 일에 난 관심 없다. → 평가
Zhè zhǒng shìqing wǒ méiyǒu xìngqù.

(2) 소주어의 위치에 동사(구)나 형용사(구)가 올 수도 있다.

我学习很努力。 나는 공부를 매우 열심히 한다.
Wǒ xuéxí hěn nǔlì.

他说话很快。 그는 말하는 것이 매우 빠르다.
Tā shuōhuà hěn kuài.

■ 문장에서 술어를 찾고, 그 의미를 말해 보세요.
① 衣服我不想买了。
② 我妈妈英国人。

정답
① 我不想买了, 나는 사고 싶지 않다
② 妈妈英国人, 엄마는 영국 사람이다

04 복문의 분류와 특징

你要喝茶还是要喝咖啡? 당신은 차를 마시겠습니까, 아니면 커피를 마시겠습니까?
Nǐ yào hē chá háishi yào hē kāfēi?

복문이란 두 개 이상의 단문으로 이루어진 문장을 말한다.

1 복문의 분류

복문은 논리관계에 따라 '단순복문' '다중복문' '축약복문'으로 나눌 수 있다.

단순복문	연합관계	他前年春节来过这儿, 后来没有来过。 Tā qiánnián Chūn Jié lái guo zhèr, hòulái méiyǒu lái guo. 그는 재작년 춘제[설날]에 이곳에 왔었고, 그 후로는 온 적이 없다.
	수식관계	即使明天下雨, 我也要去。 설사 내일 비가 오더라도, 나는 가야 한다. Jíshǐ míngtiān xià yǔ, wǒ yě yào qù.
다중복문		不管是谁, 你都不要告诉他, 因为这是我们两个人之间的秘密。 Bùguǎn shì shéi, nǐ dōu bú yào gàosu tā, yīnwèi zhè shì wǒmen liǎng ge rén zhījiān de mìmì. 누구한테라도 너는 말하면 안 돼. 왜냐하면 이건 우리 둘만의 비밀이니까.
축약복문		不睡觉也要做完作业。 잠을 자지 않더라도, 숙제는 마무리 해야 한다. Bú shuìjiào yě yào zuò wán zuòyè.

2 복문의 특징

(1) 복문을 구성하는 단문을 '절[分句]'이라고 하는데, 절과 절 사이에는 일정한 논리관계가 성립된다.

如果小王去北京, 小李也去北京。 만일 샤오왕이 베이징에 간다면 샤오리도 간다. → 가정관계
Rúguǒ Xiǎo Wáng qù Běijīng, Xiǎo Lǐ yě qù Běijīng.

(2) 복문은 보통 접속사나 부사를 사용하여 절을 연결한다. 접속사는 주어의 앞뒤에 놓을 수 있지만, 부사는 반드시 주어 뒤에만 올 수 있다.

他爱热闹, 可是这里安静极了。 그는 변화한 것을 좋아하는데, 이곳은 무척 조용하다. → 접속사
Tā ài rènao, kěshì zhèlǐ ānjìng jí le.

你不知道, 我们就更不知道了。 네가 모른다면, 우리는 더욱 모르지. → 부사
Nǐ bù zhīdào, wǒmen jiù gèng bù zhīdào le.

● 접속사의 위치와 관련된 내용은 '제5과 허사(2)'를 참고하자! 73p

■ 문장의 적절한 위치에 부사 '就'를 넣어 보세요.

정답
① C
② B

① 如果你们都想去， A 下个星期 B 咱们 C 一起 D 去。（就）
만약 너희가 모두 가고 싶다면, 다음 주에 우리 함께 가자.

② 你要是不喜欢这儿， A 我们 B 去 C 别的地方 D 。（就）
네가 만일 이곳이 맘에 들지 않으면, 우리 다른 곳으로 가자.

05 단순복문

你只要好好儿学习，就能考上北京大学。
Nǐ zhǐyào hǎohāor xuéxí, jiù néng kǎo shàng Běijīng Dàxué.
네가 열심히 공부하기만 하면, 베이징대학교에 합격할 수 있을 거야.

단순복문이란 구조상 하나의 논리관계를 가지는 복문을 말하며, 크게 연합관계를 나타내는 복문과 수식관계를 나타내는 복문으로 나눌 수 있다.

1 연합관계 복문

연합관계 복문은 절 사이에 종속개념이 없이, 두 절이 대등하게 연결되는 복문이다. 두 절 사이에는 병렬, 선택, 점층, 순접 등의 논리관계가 존재한다.

(1) 병렬관계 : 앞뒤의 절이 나란히 연결되어, 한 가지 사물이나 몇 가지 사건·상황을 여러 각도에서 설명한다.

병렬 관계	• 既……, 也[=又]…… ~하기도 하고 ~하기도 하다 我既不认识他, 也没见过他。 나는 그를 알지도 못하고, 만난 적도 없다. Wǒ jì bú rènshi tā, yě méi jiàn guo tā.
	• 也……, 也…… ~하기도 하고 ~하기도 하다[주어가 두 개일 수 있음] 面包我也吃, 他也吃。 빵을 나도 먹고, 그도 먹는다. Miànbāo wǒ yě chī, tā yě chī.
	• 一边……, 一边…… ~하면서 ~하다 我一边吃饭, 一边看书。 나는 밥을 먹으면서 책을 본다. Wǒ yìbiān chīfàn, yìbiān kàn shū.
	• 一方面……, (另)一方面…… 한편으로 ~하고, (다른) 한편으로 ~하다 这次来北京, 一方面想旅游, 另一方面也想看看朋友。 Zhècì lái Běijīng, yì fāngmiàn xiǎng lǚyóu, lìng yì fāngmiàn yě xiǎng kànkan péngyou. 이번에 베이징에 온 것은 한편으로 여행을 하고 싶고, 다른 한편으로는 친구를 좀 보고 싶어서이다.

(2) 선택관계 : 두 절 사이에 선택이나 대체 관계가 있음을 나타낸다.

선택관계	• 是……, 还是…… ~인가 ~인가? 教我们英语的**是**李老师，**还是**金老师？ 우리 영어 선생님이 이 선생님이시니, 아니면 김 선생님이시니? Jiāo wǒmen Yīngyǔ de shì Lǐ lǎoshī, háishi Jīn lǎoshī?
	• 或者……, 或者…… ~이든지 ~이든지, ~이거나 ~이다 他**或者**是日本人，**或者**是韩国人。 그는 일본인이거나 아니면 한국인이다. Tā huòzhě shì Rìběnrén, huòzhě shì Hánguórén.
	• 不是……, 就是…… ~가 아니면, ~이다 现在他**不是**在办公室，**就是**在教室。 지금 그는 사무실에 있지 않으면, 교실에 있을 것이다. Xiànzài tā bú shì zài bàngōngshì, jiùshì zài jiàoshì.
	• 不是……, 而是…… ~가 아니라 ~이다 这个演员**不是**日本人，**而是**中国人。 이 배우는 일본인이 아니라 중국인이다. Zhège yǎnyuán bú shì Rìběnrén, érshì Zhōngguórén.

(3) 점층관계 : 앞 절의 의미를 기초로 뒤 절의 정도가 더욱 심화됨을 나타낸다.

점층관계	• 不但……, 而且…… ~일 뿐만 아니라 ~이다, ~할 뿐만 아니라 ~하다 **不但**小王会说日语，**而且**小李也会说日语。 Búdàn Xiǎo Wáng huì shuō Rìyǔ, érqiě Xiǎo Lǐ yě huì shuō Rìyǔ. 샤오왕이 일어를 할 수 있을 뿐만 아니라, 샤오리도 일어를 할 수 있다.
	• ……, 何况[=况且] 하물며, 게다가 这本书很好，**何况**也不贵，所以我就买了。 이 책은 좋고 게다가 비싸지도 않아서 나는 바로 샀다. Zhè běn shū hěn hǎo, hékuàng yě bú guì, suǒyǐ wǒ jiù mǎi le.

(4) 순접관계 : 시간의 순서에 따른 상황이 앞뒤로 이어져 동작이나 사건의 선후 관계를 나타낸다.

순접관계	• ……, 于是…… ~해서 ~하다 我们等了半天，小张也没来，**于是**我们就走了。 Wǒmen děng le bàntiān, Xiǎo Zhāng yě méi lái, yúshì wǒmen jiù zǒu le. 우리는 한참을 기다렸지만 샤오장이 오지 않아서, 우리는 그냥 갔다.
	• ……, 后来…… ~하고 나중에 ~하다 十年前我见过她一面，**后来**我也不知道她去哪儿了。 Shínián qián wǒ jiànguo tā yí miàn, hòulái wǒ yě bù zhīdào tā qù nǎr le. 십 년 전에 나는 그녀를 한 번 만난 적이 있지만, 그 후에는 그녀가 어디로 갔는지 나도 알지 못한다.
	• 先……, 接着…… 먼저 ~하고 나서 연이어 ~하다 您**先**讲话，**接着**我说一句。 당신이 먼저 말씀하시면, 이어서 제가 한 마디 하겠습니다. Nín xiān jiǎnghuà, jiēzhe wǒ shuō yí jù.
	• 先……, 然后…… 먼저 ~하고 나서, ~하다 大家**先**商量商量，**然后**咱们再决定怎么解决这个问题。 Dàjiā xiān shāngliang shāngliang, ránhòu zánmen zài juédìng zěnme jiějué zhège wèntí. 다 함께 먼저 의논을 좀 하고 나서, 우리는 어떻게 이 문제를 해결할지 결정하자.

2 수식관계 복문

수식관계 복문은 두 절 사이에 주절과 종속절 관계가 성립하는 복문을 말하며, 역접, 인과, 가정, 조건, 목적, 양보 등의 논리관계가 존재한다.

(1) 역접관계 : 두 절간의 모순이나 대립을 나타낸다.

역접관계	• 虽然……，但(是)[=可是 / 不过] 비록 ~하지만 ~하다 房间虽然很大，但是不太干净。 방이 비록 크기는 하지만, 그다지 깨끗하지 않다. Fángjiān suīrán hěn dà, dànshì bú tài gānjìng.
	• ……，其实…… ~하지만, 사실은 ~하다 这个问题似乎很容易，其实并不容易。 이 문제는 아주 쉬워 보이나 사실은 결코 쉽지 않다. Zhège wèntí sìhū hěn róngyì, qíshí bìng bù róngyì.
	• ……，(但是 / 可是)却…… ~하지만, 오히려 ~하다 这篇课文很长，生词却不多。 본문은 매우 길지만, 새 단어는 오히려 많지 않다. Zhè piān kèwén hěn cháng, shēngcí què bù duō.

(2) 인과관계 : 두 절 사이의 원인과 그에 따른 결과를 나타낸다.

인과관계	• 因为……，所以…… ~이기 때문에 그래서 ~하다 因为张老师生病了，所以宋老师替他上课。 Yīnwèi Zhāng lǎoshī shēngbìng le, suǒyǐ Sòng lǎoshī tì tā shàngkè. 장 선생님께서 아프시기 때문에, 송 선생님이 대신 강의하신다.
	• 由于……，所以…… ~이기 때문에 그래서 ~하다 由于天气不好，所以我们决定明天再走。 날씨가 좋지 않기 때문에 우리는 내일 다시 가기로 결정했다. Yóuyú tiānqì bù hǎo, suǒyǐ wǒmen juédìng míngtiān zài zǒu.
	• (由于)……，因此…… ~(이기 때문에), 그러므로 ~하다 天太晚了，因此我们决定明天再走。 날이 너무 늦었기 때문에, 우리는 내일 다시 가기로 결정했다. Tiān tài wǎn le, yīncǐ wǒmen juédìng míngtiān zài zǒu.
	• 既然……，就[=那么]…… 이미 ~한 이상 ~하다 既然你不喜欢，就别买了。 네가 맘에 들지 않는 이상, 사지 마라. Jìrán nǐ bù xǐhuan, jiù bié mǎi le.

(3) 가정관계 : 앞 절에서 가설의 조건을 제시하고 뒤 절에서는 가설에 따른 결과나 추론을 나타낸다.

가정관계	• 如果[=假如]……(的话)，就[=那么]…… 만약 ~라면, ~하다 如果明天天气不好，我们就不去天安门了。 Rúguǒ míngtiān tiānqì bù hǎo, wǒmen jiù bú qù Tiān'ānmén le. 만약 내일 날씨가 좋지 않다면, 우리는 천안문에 가지 않는다.
	• 要是……(的话)，就…… 만일 ~라면, ~하다 要是便宜一点儿的话，我就买了。 만일 좀 싸다면, 난 바로 살 거야. Yàoshi piányi yìdiǎnr de huà, wǒ jiù mǎi le.

(4) 조건관계 : 앞 절에서 제시된 조건에 근거하여 뒤 절에서는 추측된 사물간의 관계나 결론을 나타낸다.

조건 관계	• 只有……, 才…… ~해야만 ~하다[필요조건] 只有外语好, 才能找到好工作。 외국어 실력이 좋아야만, 훌륭한 직업을 찾을 수 있다. Zhǐyǒu wàiyǔ hǎo, cái néng zhǎo dào hǎo gōngzuò.
	• 只要……, 就…… ~하기만 하면 된다[충분조건] 只要下个月学校放假, 我们就出去玩儿几天。 Zhǐyào xià ge yuè xuéxiào fàngjià, wǒmen jiù chūqù wánr jǐ tiān. 다음 달에 학교가 방학을 하기만 하면, 우리는 며칠 놀러갈 것이다.
	• 不管……, 都…… ~을 막론하고 ~하다 不管下多大的雨, 我们都要去。 아무리 비가 많이 내린다고 해도 우리는 갈 것이다. Bùguǎn xià duō dà ce yǔ, wǒmen dōu yào qù.

(5) 목적관계 : 어떤 목적과 그 목적을 이루기 위한 행동이나 방법을 나타낸다.

목적 관계	• 为了……, …… ~하기 위해서 ~하다[적극적인 목적관계] 为了学习英语, 他买了一本英语辞典。 영어 공부를 위해 그는 영어사전 한 권을 샀다. Wèile xuéxí Yīngyǔ, tā mǎi le yì běn Yīngyǔ cídiǎn.

(6) 양보관계 : 앞 절은 어떠한 사실이나 가설을 인정한 후, 뒤 절에서는 그러한 가설이나 사실과 정반대의 결론을 말한다.

양보 관계	• 即使……, 也…… 설령 ~하더라도 ~하다 即使你去, 我也不去。 설령 당신이 간다 해도 나는 안 간다. Jíshǐ nǐ qù, wǒ yě bú cù.
	• 就是……, 也…… 설사 ~하더라도 ~하다 就是事情没有办好, 也要谢谢你。 설사 일은 처리하지 못했더라도, 당신께 감사드려요. Jiùshì shìqing méiyǒu bàn hǎo, yě yào xièxie nǐ.

■ 해석을 참고하여, 빈칸에 들어갈 알맞은 접속사를 넣어 보세요.

① 他不但会说英语, _____ 说得非常好。
그는 영어를 할 수 있을 뿐만 아니라, 매우 잘한다.

② 因为他不会说汉语, _____ 听不懂我的话。
그는 중국어를 할 줄 모르기 때문에, 내 말을 알아듣지 못한다.

정답
① 而且
② 所以

 # 다중복문, 축약복문

我们**一**下课，**就**去食堂吃饭。 우리는 수업이 끝나자마자, 식당에 가서 밥을 먹는다.
Wǒmen yí xià kè, jiù qù shítáng chīfàn.

1 다중복문

(1) 다중복문이란 문장 안에 두 개 이상의 논리관계를 가지는 복문을 말한다.

虽然我没学过多少汉字， **但是**由于经常吃中国菜， 所以我很熟悉中国的菜名。
Suīrán wǒ méi xué guo duōshǎo Hànzì, dànshì yóuyú jīngcháng chī Zhōngguócài, suǒyǐ wǒ hěn shúxī Zhōngguó de càimíng.

虽然 — 但是 (역접관계)
由于 — 所以 (인과관계)

비록 내가 한자를 얼마 배우지는 않았지만, 중국 요리를 자주 먹기 때문에 중국 요리 이름을 잘 안다.

(2) 다중복문은 먼저 전체 문장을 읽고 절과 절 사이의 논리관계를 확인한 후, 의미를 파악한다. 특히 논리관계를 확정할 때, 생략된 접속사나 관련부사는 앞뒤 문맥을 살펴 더해준다.

我们已经不在一起学习了， 也不经常联系了， **但是**我们还是最好的朋友。
Wǒmen yǐjing bú zài yìqǐ xuéxí le, yě bù jīngcháng liánxì le, dànshì wǒmen háishi zuì hǎo de péngyou.

虽然 — 但是 (역접관계)
也 (병렬관계)

비록 이미 함께 공부하지도 않고 자주 연락하지도 않지만, 우리는 여전히 가장 좋은 친구이다.

2 축약복문

축약복문이란 두 개의 절로 이루어진 복문을 하나의 절로 축약시킨 복문이다. 형식상 하나의 문장 같지만, 문장 내에서 다수의 논리관계가 존재한다.

虽然你不说话，**但是**我也知道。 → 不说我也知道。
Suīrán nǐ bù shuōhuà, dànshì wǒ yě zhīdào. Bù shuō wǒ yě zhīdào.
네가 이야기하지 않아도 나도 안다. 말하지 않아도 안다.

(1) 축약복문은 보통 앞뒤가 호응하는 형식이 많다.

| 一……就…… | • ~하자마자 ~하다 [연이은 발생]
明天一起床我们**就**去爬山。 내일 일어나자마자 우리는 등산을 간다.
Míngtiān yì qǐchuáng wǒmen jiù qù páshān. |

再……也……	• 아무리 ~하더라도 ~하다 [양보관계] 这个东西有问题，再便宜也不买。 이 물건은 문제가 있어서 아무리 싸도 안 산다. Zhège dōngxi yǒu wèntí, zài piányi yě bù mǎi.
不 / 没有…… 也……	• ~않더라도 ~해야만 한다 [양보관계] 你不想走也得走。 너는 가고 싶지 않더라도 가야만 한다. Nǐ bù xiǎng zǒu yě děi zǒu. 没有钱也要去。 돈이 없더라도 가야 한다. Méiyǒu qián yě yào qù.
不……不……	• ~가 아니면 ~하지 않다 [가정관계] 面包不好吃不要钱。 빵이 맛이 없으면 돈을 받지 않는다. Miànbāo bù hǎochī bú yào qián.
不……就……	• ~가 아니면 바로 ~하다 [가정관계] 不愿意说就算了。 말하고 싶지 않으면 그만둬라. Bú yuànyì shuō jiù suàn le.

(2) 경우에 따라 관련된 어휘를 하나만 쓰거나 쓰지 않는 축약복문도 있다. 긴축복문은 간결함을 추구하는 언어의 경제성을 보여주는 예이다.

怎么说都不听。 어떻게 말해도 듣지 않는다. → 조건관계
Zěnme shuō dōu bù tīng.

上课不要说话。 수업을 하니까 말하지 마세요. → 인과관계
Shàngkè bú yào shuōhuà.

■ 해석을 참고하여 빈칸에 들어갈 알맞은 단어를 넣어 보세요.

① 我一回宿舍_____给妈妈打电话。
나는 기숙사에 돌아가자마자, 엄마에게 전화를 걸었다.

② 我再说他_____不明白。
내가 아무리 말해도, 그는 이해하지 못한다.

정답
① 就
② 也

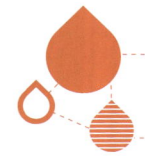 문장 만들기

1 사진과 어울리는 문장을 찾고 해석해 보세요.

> 西瓜一斤两毛五。　　我中国人，他德国人。　　现在五点四分。

(1) _____

(2) _____

2 두 문장을 주어진 접속사 구문을 이용하여 하나의 문장으로 만들어 보세요.

(1) 小王学习汉语。/ 小王打工。（一边……，一边……）
　　샤오왕은 중국어를 배우면서 아르바이트를 한다.

→ _____

(2) 这本语法书我看得懂。/ 你看得懂。（不但……，也……）
　　이 문법책은 내가 이해할 수 있을 뿐만 아니라, 너도 이해할 수 있다.

→ _____

3 문장을 주어진 형식으로 바꿔 보세요.

(1) 张老师有一个很聪明的孩子。（형용사술어문）
　　장 선생님의 아이는 똑똑하다.

→ _____

(2) 小李的汉子写得最漂亮。（주술술어문）
　　샤오리가 한자를 가장 예쁘게 쓴다.

→ _____

 실력 점검하기

1 빈칸에 들어갈 알맞은 구조를 찾아 보세요.

(1) 玛丽＿＿＿＿＿＿＿＿＿＿＿＿。 메리는 공부를 매우 열심히 한다.

A. 学习很努力　　　B. 努力学习很　　　C. 很学习努力　　　D. 学习努力很

(2) 这辆汽车＿＿＿＿＿＿＿＿＿＿＿了。 이 자동차는 고장났다.

A. 是　　　　　B. 得　　　　　C. 极　　　　　D. 坏

(3) 香蕉＿＿＿＿＿＿＿＿＿＿＿。 바나나가 세 근에 총 4.5위안이다.

A. 四块五一共三斤　　　　　B. 一共四块五三斤
C. 三斤一共四块五　　　　　D. 三斤四块五一共

2 주어진 단어를 문장의 적절한 위치에 넣어 보세요.

(1) ＿A＿你＿B＿喜欢泰国，＿C＿喜欢＿D＿越南？（还是）
너는 태국이 좋니, 아니면 베트남이 좋니?

(2) 虽然爸爸＿A＿同意买车，＿B＿妈妈＿C＿不＿D＿同意。（但是）
비록 아버지는 자동차를 사는 것에 동의하셨지만, 어머니는 동의하지 않으셨다.

(3) ＿A＿大家＿B＿都没来，＿C＿我＿D＿回家了。（只好）
모두들 오지 않아서 나는 할 수 없이 집으로 돌아갔다.

3 밑줄 친 부분을 바르게 고쳐 보세요.

(1) <u>不要你</u>一边吃饭，一边看报。　→ ＿＿＿＿＿＿＿＿＿＿＿＿＿＿＿
밥을 먹으면서 신문을 보지 마라.

(2) 小张<u>不但</u>想吃中国菜，我也想吃中国菜。　→ ＿＿＿＿＿＿＿＿＿＿
샤오장이 중국 요리를 먹고 싶을 뿐만 아니라 나도 중국 요리를 먹고 싶다.

(3) 只要你努力，<u>才</u>一定能成功。　→ ＿＿＿＿＿＿＿＿＿＿＿＿＿＿＿
네가 노력을 하기만 하면, 반드시 성공을 할 수 있다.

 新 HSK 문제 맛보기

1 알맞은 단어를 골라 문장을 완성해 보세요.

　　　　　　一边　　而且　　再　　就　　一

(1) 小李非常聪明，我一说，他_____明白了。 샤오리는 아주 똑똑해서 내가 말하기만 하면 알아듣는다.

(2) 小张不但喜欢唱歌，_____喜欢跳舞。 샤오장은 노래 부르는 것을 좋아할 뿐만 아니라, 춤추는 것도 좋아한다.

(3) 你先去打电话，我_____告诉你。 네가 먼저 가서 전화를 하면, 내가 너한테 말해 줄게.

2 주어진 어휘를 바르게 배열하여 하나의 문장으로 만들어 보세요.

(1) 毛衣 / 很 / 样子 / 这件 / 好看　이 스웨터는 디자인이 아주 예쁘다.
→ _____

(2) 过 / 见 / 在 / 好像 / 我 / 哪儿 / 那个人　나는 어디선가 그를 본 적이 있는 것 같다.
→ _____

(3) 漂亮 / 的时候 / 秋天 / 香山 / 极了　가을의 향산은 정말 아름답다.
→ _____

3 문장들을 순서에 맞게 배열해 보세요.

(1) A：小张的学习一直都很好
　　B：总是考90多分
　　C：但是这次考试竟然不及格　竟然 jìngrán 의외로, 뜻밖에도 ｜ 及格 jígé 합격하다　→ _____

(2) A：但他还是没有停下来
　　B：那个孩子一直在哭
　　C：虽然我给了他一件礼物　→ _____

(3) A：不会说汉语很不方便
　　B：于是我开始学习汉语
　　C：我经常跟中国人做生意　做生意 zuò shēngyi 사업을 하다, 장사하다　→ _____

09 문장의 기능

문장은 표현 기능에 따라 크게 평서문, 의문문, 명령문, 감탄문으로 나눌 수 있는데, 이는 문장의 어투와 밀접한 관계가 있다.

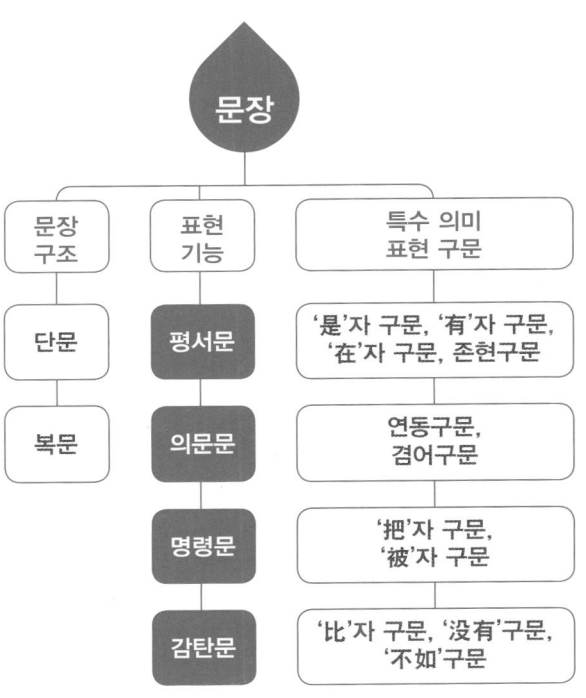

핵심 문법

文章의 표현 기능

평서문

- **긍정**: 张老师参加了足球比赛。
  Zhāng lǎoshī cānjiā le zúqiú bǐsài.
- **부정**: 张老师没参加足球比赛。
  Zhāng lǎoshī méi cānjiā zúqiú bǐsài.
- **강조형식**:
  - '是……的' 他们是2011年来的。
    Tāmen shì èr líng yī yī nián lái de.
  - 반어문 难道他也是足球运动员吗?
    Nándào tā yě shì zúqiú yùndòngyuán ma?
  - 连……都/也…… 他连中国的长城都不知道。
    Tā lián Zhōngguó de Chángchéng dōu bù zhīdào.

의문문

- **어기조사 사용**: 你昨天下午去逛街了吧?
  Nǐ zuótiān xiàwǔ qù guàngjiē le ba?
- **의문대명사 사용**: 我的发音怎么样了?
  Wǒ de fāyīn zěnmeyàng le?
- **술어의 긍정+부정**: 你喝不喝水?
  Nǐ hē bu hē shuǐ?
- **선택의문문**: 你们明天走还是后天走?
  Nǐmen míngtiān zǒu háishi hòutiān zǒu?
- **부가식 의문문**: 在这儿等我, 行吗?
  Zài zhèr děng wǒ, xíng ma?

명령문

- **동사(구)**: 过来! Guòlái! | 慢点儿说! Màn diǎnr shuō!
- **겸어식**: 请叫他早一点儿来。
  Qǐng jiào tā zǎo yìdiǎnr lái.
- **형용사(구)**: 快一点儿!
  Kuài yìdiǎnr!

감탄문

- **단어 형식**: 好!
  Hǎo!
- **太/真+형용사구**: 太好了! Tài hǎo le! | 真糟糕! Zhēn zāogāo!
- **多/好+형용사+명사(구)**:
  多好看的花啊!
  Duō hǎokàn de huā a!
  好聪明的孩子!
  Hǎo cōngming de háizi!
- **어기조사 사용**: 这可怎么办啊!
  Zhè kě zěnme bàn a!

평서문

我们的汉语水平提高了。 우리의 중국어 실력은 향상되었다.
Wǒmen de Hànyǔ shuǐpíng tígāo le.

1 평서문의 특징

(1) 평서문은 어떤 사실에 대하여 '서술' '판단' '묘사' 등의 진술 기능을 가진 문장을 말하며, 문장 끝에 마침표[。]를 사용한다.

今天是我爸爸的生日。 오늘은 우리 아빠의 생신이다. → 서술
Jīntiān shì wǒ bàba de shēngrì.

这孩子很可爱。 이 아이는 매우 귀엽다. → 묘사
Zhè háizi hěn kě'ài.

(2) 평서문은 크게 '긍정형식'과 '부정형식'으로 나눌 수 있다. 긍정형식은 부정부사가 없는 문장형식이며, 부정형식은 부정부사 '不'나 '没(有)'를 사용하여 만든다.

我想知道他们要去哪儿。 → 긍정
Wǒ xiǎng zhīdào tāmen yào qù nǎr.
나는 그들이 어디에 가려고 하는지 알고 싶다.

我不想知道他们要去哪儿。 → 부정
Wǒ bù xiǎng zhīdào tāmen yào qù nǎr.
나는 그들이 어디에 가려고 하는지 알고 싶지 않다.

张老师参加了足球比赛。 → 긍정
Zhāng lǎoshī cānjiā le zúqiú bǐsài.
장 선생님은 축구 경기에 참가했다.

张老师没参加足球比赛。 → 부정
Zhāng lǎoshī méi cānjiā zúqiú bǐsài.
장 선생님은 축구 경기에 참가하지 않았다.

> 평서문의 부정형식과 관련한 자세한 내용은 본 과의 '06 부정문'을 참고하자! 150p

2 평서문의 강조

(1) '是……的' 형식은 '是'과 '的' 사이의 내용을 강조하는 구문이다.

강조 의미	시간	他们是2011年来的。 그들은 2011년에 왔다. Tāmen shì èr líng yī yī nián lái de.
	장소	他们是从韩国来的。 그들은 한국에서 왔다. Tāmen shì cóng Hánguó lái de.
	방식	他们是坐飞机来的。 그들은 비행기를 타고 왔다. Tāmen shì zuò fēijī lái de.

(2) 반어문을 사용하여 강조를 나타낼 수 있다. 반어적 의미를 갖는 문장을 의문 형태로 되물으며, 말하고자 하는 내용을 강조한다. 어기부사 '难道'를 사용하거나, '不是……吗' 형식을 쓰기도 한다.

难道他也是足球运动员吗? 설마 그도 축구 선수란 말인가? → 그는 축구 선수가 아님을 강조
Nándào tā yě shì zúqiú yùndòngyuán ma?

不是说你要和我一起去的吗? 너는 나하고 같이 간다고 말하지 않았니? → 같이 간다고 말했음을 강조
Bú shì shuō nǐ yào hé wǒ yìqǐ qù de ma?

(3) '连……都/也……' 구문을 사용하여 강조를 나타내는데, 전치사 '连'은 구어체에서 생략할 수 있다.

他连中国的长城都不知道。 그는 중국의 만리장성조차도 모른다.
Tā lián Zhōngguó de Chángchéng dōu bù zhīdào.

他们(连)火车也没坐过，更不用说飞机了。 그들은 기차도 타본 적이 없으니, 비행기는 더 말할 것도 없다.
Tāmen (lián) huǒchē yě méi zuò guo, gèng búyòng shuō fēijī le.

● 이중부정을 통한 평서문의 강조와 관련한 자세한 내용은 본 과의 '06 부정문'을 참고하자! 150p

3 평서문의 어투

평서문은 '啊' '吧' '罢了' '呗' '的' '嘛' '呢' 등의 어기조사를 사용하여 다양한 어투를 나타낼 수 있다.

啊 a	해석, 설명, 확신	干什么都不容易啊。 무엇을 하던 모두 쉽지는 않아. Gàn shénme dōu bù róngyì a.	
吧 ba	승낙, 허락, 가능	好吧，下午我去吧。 좋아. 오후에 내가 갈게. Hǎo ba, xiàwǔ wǒ qù ba.	
	추측, 확신	小张大概不会来了吧。 샤오장은 아마도 오지 않으려나 봐. Xiǎo Zhāng dàgài bú huì lái le ba.	
罢了 bàle	축소된 과장, 그것에 불과함	不过是梦罢了，这些事都是梦。 꿈에 불과해. 이 일들은 모두가 꿈이야. Búguò shì mèng bàle, zhèxiē shì dōu shì mèng.	
呗 bei	이치적으로 그러함, 괜찮음, 문제 없음, 약한 불만의 어기	你告诉他一声就行了呗。 네가 그 사람한테 한 번 알려주면 되는 거지 뭐. Nǐ gàosu tā yì shēng jiù xíng le bei.	
的 de	확인, 확정	他是不会生气的。 그는 화내지 않을 거야. Tā shì bú huì shēngqì de.	
嘛 ma	이치적으로 그러함을 설명	这简直是开玩笑嘛。 이건 그야말로 농담이잖아. Zhè jiǎnzhí shì kāi wánxiào ma.	
呢 ne	사실을 확인시킴	我跟你说话呢，你听见没有? 내가 너한테 말하잖아. 너 들은 거야? Wǒ gēn nǐ shuōhuà ne, nǐ tīngjiàn méiyǒu?	
	반박, 약한 과장	重庆的夏天才热呢。 충칭의 여름이야말로 덥지. Chóngqìng de xiàtiān cái rè ne.	

■ 문장을 부정문으로 만들어 보세요.
① 他是我们的老师。 그분은 우리 선생님이다.
② 他有个姐姐。 그는 누나가 있다.

정답
① 他不是我们的老师。
② 他没有姐姐。

02 의문문(1)

你们的汉语水平提高了吗? 너희들의 중국어 실력은 늘었니?
Nǐmen de Hànyǔ shuǐpíng tígāo le ma?

1 의문문의 분류

의문문은 질문을 하는 문장으로 문장 끝에 물음표[?]를 사용하며, 형식에 따라 다음과 같이 분류한다.

의문문 형식		
	의문 어기조사	你昨天下午去逛街了吧? 너는 어제 오후에 쇼핑하러 갔었지? Nǐ zuótiān xiàwǔ qù guàngjiē le ba?
	의문대명사	我的发音怎么样了? 제 발음이 어떻습니까? Wǒ de fāyīn zěnmeyàng le?
	선택 의문문	你们明天走还是后天走? 너희는 내일 가니, 아니면 모레 가니? Nǐmen míngtiān zǒu háishi hòutiān zǒu?
	'긍정+부정'의 정반의문문	你喝不喝水? 너 물 마실래, 안 마실래? Nǐ hē bu hē shuǐ?
	부가식 의문문	在这儿等我, 行吗? 여기서 나를 기다려, 괜찮니? Zài zhèr děng wǒ, xíng ma?

2 어기조사를 쓰는 의문문

(1) '吗'를 쓰는 의문문은 상대방에게 '예/아니오'의 답을 요구하며, '~입니까?'라는 뜻을 나타낸다.

你的家在山东吗? 당신의 집은 산둥성입니까?
Nǐ de jiā zài Shāndōng ma?

你今年二十岁吗? 당신은 올해 스무 살입니까?
Nǐ jīnnián èrshí suì ma?

(2) '吧'를 쓰는 의문문은 화자의 추측이 담긴 질문인지, 아니면 '예/아니오'의 답을 요구하는지를 구별해야 한다.

那个学生是英国人吧? 그 학생은 영국인이죠? → 추측
Nàge xuésheng shì Yīngguórén ba?

老张不来了吧? 라오장은 안 온다지? → 답을 요구
Lǎo Zhāng bù lái le ba?

(3) '呢'를 쓰는 의문문은 어떤 사항을 특별히 지적하는 의문문으로, '~는[은]요' '~하면요' '~인지요'와 같은 완곡한 어투를 나타낸다. 또한 의문대명사로 이루어진 의문문이나 선택의문문에도 부가할 수 있다.

要是他不同意呢? 만일 그가 동의하지 않으면은요?
Yàoshi tā bù tóngyì ne?

你为什么不去呢? 당신은 왜 가지 않지요?
Nǐ wèishénme bú qù ne?

(4) '啊'를 쓰는 의문문도 '예/아니오'의 답을 요구할 수 있다.

你喝点汽水啊? 사이다 마실래요?
Nǐ hē diǎn qìshuǐ a?

- 주어진 어기조사를 사용하여 의문문으로 만들어 보세요.
  ① 今天是星期一。（吗） 오늘은 일요일이다.
  ② 他是美国人。（吧） 그는 미국사람이다.

정답
① 今天是星期一吗?
② 他是美国人吧?

03 의문문(2)

你的专业是什么? 당신의 전공은 무엇입니까?
Nǐ de zhuānyè shì shénme?

1 의문대명사를 사용하는 의문문

'누가' '무엇을' '어떻게' '어디서' '언제' '왜' '얼마만큼' 등을 구체적으로 물을 때 사용한다. 따라서 의문대명사를 쓰는 의문문은 일반적으로 어떤 사항에 대하여 특별히 지적하는 특징이 있다.

의문 대명사	누가	谁是你的汉语老师? 어느 분이 너의 중국어 선생님이니? Shéi shì nǐ de Hànyǔ lǎoshī?	
	언제	你什么时候回来? 당신은 언제 돌아옵니까? Nǐ shénme shíhou huílái?	
	어디서	你在哪儿工作? 당신은 어디에서 일합니까? Nǐ zài nǎr gōngzuò?	
	무엇을	你看什么? 당신은 무엇을 봅니까? Nǐ kàn shénme?	
	어떻게	你怎么知道的? 당신은 어떻게 압니까? Nǐ zěnme zhīdào de?	
	왜	你为什么骂她呀? 당신은 왜 그녀를 욕하나요? Nǐ wèishénme mà tā ya?	
	선택	你喜欢哪本书? 당신은 어느 책을 좋아합니까? Nǐ xǐhuan nǎ běn shū?	
	상태	他的病怎么样了? 그의 병세는 어떻습니까? Tā de bìng zěnmeyàng le?	

양	다량	多少	你们班有多少学生? 너의 반에는 학생이 얼마나 있니? Nǐmen bān yǒu duōshao xuésheng?
	소량	几	你们班有几个学生? 너의 반에는 학생이 몇 명이니? Nǐmen bān yǒu jǐ ge xuésheng?
나이	많음	多	您多大年纪了? 연세가 어떻게 되십니까? Nín duō dà niánjì le?
	적음	几	小朋友，你几岁? 꼬마야, 몇 살이니? Xiǎo péngyou, nǐ jǐ suì?

2 선택의문문

선택의문문은 두 가지 혹은 그 이상의 가능성 가운데 하나를 선택하여 답할 것을 요구하는 의문문으로, 접속사 '还是'를 사용한다.

这是你的词典**还是**他的词典? 이것은 당신의 사전입니까, 아니면 그의 사전입니까? → 명사구
Zhè shì nǐ de cídiǎn háishi tā de cídiǎn?

你们现在(是)到图书馆去**还是**回宿舍去? 당신들은 지금 도서관에 갑니까, 아니면 기숙사에 갑니까? → 동사구
Nǐmen xiànzài (shì) dào túshūguǎn qù háishi huí sùshè qù?

■ 주어진 단어를 사용하여 의문문에 답해 보세요.
① 你在哪儿工作?（学校）당신은 어디에서 일합니까?
② 你是哪国人?（德国）당신은 어느 나라 사람입니까?

정답
① 我在学校工作。
② 我是德国人。

의문문(3)

你最近**忙不忙**? 너는 요즘 바쁘니?
Nǐ zuìjìn máng bu máng?

1 '긍정+부정' 형식의 정반의문문

(1) 술어의 주요 성분인 동사, 조동사, 형용사 등을 '긍정+부정'의 형식으로 병렬시켜 의문문을 만든다.

你**听不听**我的话? 너 내 말을 듣는 거야? → 동사 병렬
Nǐ tīng bu tīng wǒ de huà?

他**会不会**说汉语? 그는 중국어를 할 수 있습니까? → 조동사 병렬
Tā huì bu huì shuō Hànyǔ?

这种电视机**好不好**? 이런 텔레비전은 좋습니까? → 형용사 병렬
Zhè zhǒng diànshìjī hǎo bu hǎo?

(2) '是不是'나 '有没有'는 위치가 비교적 자유롭다.

这**是不是**你的书? → 这**是**你的书**不是**? 이것은 당신의 책입니까?
Zhè shì nǐ de shū bú shì?

老李**走没走**? → 老李**走了没有**? 라오리는 떠났습니까?
Lǎo Lǐ zǒu le méiyǒu?

2 부가식 의문문

'부가식 의문문'이란 일정한 내용을 진술한 후, 문장 끝에 어떤 의문성분을 부가하는 의문형식이다. 보통 '好吗?' '对吗[对吧]?' '行吗?' '可以吗?' '是吗[是吧]?' '是不是?' '对不对' 등을 자주 쓴다.

咱们明天去颐和园,**好吗**? 우리 내일 이화원에 가자. 어때?
Zánmen míngtiān qù Yíhéyuán, hǎo ma?

三加四等于七,**对吧**? 3과 4를 더하면 7이야. 맞지?
Sān jiā sì děngyú qī, duì ba?

借我词典用用,**行吗**? 사전 좀 빌려 쓰자. 그래도 돼?
Jiè wǒ cídiǎn yòngyong, xíng ma?

■ 주어진 단어를 바르게 배열하여, 하나의 문장을 만들어 보세요.
① 没有 / 回来 / 小王 / 了 샤오왕은 돌아왔습니까?
② 对吗 / 写 / 这个字 / 这样 이 글자는 이렇게 쓰는 게 맞습니까?

정답
① 小王回来了没有?
② 这个字这样写,对吗?

 ## 05 명령문, 감탄문

天气太热了!快点来吧! 날씨가 너무 더워. 빨리 좀 와라!
Tiānqì tài rè le! Kuài diǎn lái ba!

1 명령문

(1) 명령, 부탁, 건의, 재촉, 권고, 금지 따위의 어투를 포함하는 문장을 명령문이라고 한다. 명령문 끝에는 마침표[。]를 쓰지만, 어투가 비교적 강한 경우는 느낌표[!]를 쓴다.

过来! 이리와! → 술보식
Guòlái!

慢点儿说! 좀 천천히 말하시오! → 수식식
Màn diǎnr shuō!

请叫他早一点儿来。 그 사람더러 좀 더 일찍 오라고 해 주세요. → 겸어식
Qǐng jiào tā zǎo yìdiǎnr lái.

快一点儿！좀 빨리! → 형용사구
Kuài yìdiǎnr!

(2) 부정적인 '권고'나 '금지'를 표현할 때는 '别' '不要' '不准 bùzhǔn ~하면 안 된다' '不许 bùxǔ 허락하지 않는다' 등을 쓴다.

你不要生气，他不是那个意思。 너 화내지 마. 그는 그런 뜻이 아니야.
Nǐ búyào shēngqì, tā bú shì nàge yìsi.

不准喝酒开车！술을 마시고 운전하면 안 됩니다.
Bù zhǔn hē jiǔ kāi chē!

(3) 명령문은 주로 명령의 대상을 바라보면서 말하기 때문에, 주어가 생략되기도 한다.

(我们)走吧！(우리) 갑시다!
(Wǒmen) Zǒu ba!

(小李，你)回来！(샤오리, 자네) 돌아와!
(Xiǎo Lǐ, nǐ) Huílái!

(你们)来吧！来吧！来吃饭吧！(당신들) 오세요! 오세요! 와서 식사하세요!
(Nǐmen) Lái ba! Lái ba! Lái chīfàn ba!

(4) 명령문 중에서 '건의' '재촉' '요청'의 어투를 나타낼 때는, 문장 끝에 어기조사 '啊'나 '吧'를 더한다.

明天早上早点儿叫啊！내일 아침엔 좀 일찍 불러 줘.
Míngtiān zǎoshang zǎo diǎnr jiào a!

便宜一点儿吧！좀 싸게 해 주세요.
Piányi yìdiǎnr ba!

> 요청이나 요구를 나타내는 명령문에는 겸양을 나타내는 '请'을 더해 줄 수 있다. 술어는 중첩을 하거나 술어 뒤에 '一下'의 보어를 쓰기도 한다.
>
> 请你照顾照顾他吧！그를 좀 돌봐 주세요.
> Qǐng nǐ zhàogu zhàogù tā ba!
>
> 请您让一下！좀 비켜 주세요.
> Qǐng nín ràng yíxià!

2 감탄문

놀람, 기쁨, 과장 등 말하는 사람의 감정을 나타내는 감탄문은 주로 감탄사에 의해 표시되며, 문장 끝에 느낌표[！]를 쓴다.

(1) 1음절의 감탄사나 단어로 이루어진 경우

唉！예/아!
Āi!

好！좋아!
Hǎo!

(2) '太+형용사(구)+了'나 '真+형용사(구)+啊'의 형식

太好了！참 잘됐다!
Tài Hǎo le!

真糟糕！정말 큰일이다!
Zhēn zāogāo!

(3) '多/多么+형용사+명사(구)'나 '好+형용사+명사(구)' 형식

多好看的花啊！얼마나 예쁜 꽃인가!
Duō hǎokàn de huā a!

好聪明的孩子！정말 똑똑한 아이야!
Hǎo cōngming de háizi!

多么好啊，多么好！얼마나 좋은가, 얼마나 좋아!
Duōme hǎo a, duōme hǎo!

(4) 어기조사 '啊'나 '了'가 더해지는 경우

这可怎么办啊? 이걸 정말 어쩐담?
Zhè kě zěnmebàn a?

时间过得太快了! 시간이 정말 빨리 흐르는구나!
Shíjiān guò de tài kuài le!

■ 빈칸에 들어갈 알맞은 단어를 골라 보세요.
① 她长得＿＿＿漂亮啊!（大 / 小 / 多 / 少） 그녀가 얼마나 예쁘게 생겼던지!
② 请常常给我写信＿＿＿!（吗 / 吧 / 呢） 내게 자주 편지를 써 주렴.

정답
① 多
② 吧

부정문

星期天我没有去看电影。 일요일에 나는 영화를 보러 가지 않았다.
Xīngqītiān wǒ méiyǒu qù kàn diànyǐng.

1 부정문의 특징

어떠한 사실이나 사물에 대하여 '부정의 판단'을 하는 문장을 부정문이라고 하는데, 부정부사 '不'나 '没(有)'를 사용한다. '不'는 일반적으로 주관적인 부정표현으로 실현여부를 중시하지 않는 반면, '没(有)'는 객관적인 부정표현으로 동작이나 상태가 실현되지 않았음을 나타낸다.

他不吃饭。 그는 밥을 안 먹는다.
Tā bù chīfàn.

他没吃饭。 그는 밥을 안[못] 먹었다.
Tā méi chīfàn.

2 '不'를 쓰는 부정문

(1) 화자의 주관적 판단이 개입될 수 있는 동사 '是'는 항상 '不'로 부정한다.

那不是书。 그것은 책이 아니다. → 동사 '是'의 부정
Nà bú shì shū.

他不是昨天来的。 그는 어제 오지 않았다. → '(是)……的' 형식의 부정
Tā bú shì zuótiān lái de.

(2) 가능보어를 부정할 때는 항상 '不'를 쓴다.

我记不住那些同学的名字。 나는 그 친구들의 이름을 기억할 수 없다.
Wǒ jì bu zhù nàxiē tóngxué de míngzi.

那张画儿挂得很好，掉不下来。 그 그림은 잘 걸려 있어서 떨어질 리가 없다.
Nà zhāng huàr guà de hěn hǎo, diào bu xiàlái.

3 '没(有)'를 쓰는 부정문

소유관계를 나타내는 동사 '有'는 항상 '没'로 부정한다.

他**没有**中文报。 그는 중국 신문이 없다. → 일반 사물 소유
Tā méiyǒu Zhōngwén bào.

他**没有**信心。 그는 믿음이 없다. → 속성적 소유
Tā méiyǒu xìnxīn.

4 이중부정문

한 문장에 두 개의 '부정'이 출현하여 '[부정]+[부정] → 긍정'의 의미를 나타내는 형식이다. 이중부정 표현의 목적은 긍정을 강조하는 데 있으며, '必须 bìxū 반드시' '一定 yídìng 꼭'이라는 뜻을 나타낸다.

他**不**会**不**知道。 그는 모를 리 없다. [= 他**一定**知道。 그는 반드시 알 것이다.]
Tā bú huì bù zhīdào.   Tā yídìng zhīdào.

(1) '不……不' 형식

'不……不' 사이의 동작을 반드시 수행해야 한다는 '당위성이나 필연성'을 강조한다. 보통 '不……不' 사이에 조동사가 들어간다.

他们**不得不**去。 그들은 가지 않으면 안 된다.
Tāmen bù dé bú qù.

现在，他们**不能不**工作。 현재, 그들은 일을 하지 않을 수 없다.
Xiànzài, tāmen bù néng bù gōngzuò.

(2) '非……不可/不行' 형식

'~하지 않으면 안 된다'라는 뜻으로, '非……不可/不行' 사이에는 다양한 성분[동사, 술목구, 명사, 주술구 등]이 들어갈 수 있다.

他**非**走**不可**！ 그는 떠나지 않으면 안 돼! → 동사
Tā fēi zǒu bùkě!

人们都说**非**小李**不行**。 사람들은 모두 샤오리가 아니면 안 된다고 한다. → 명사
Rénmen dōu shuō fēi Xiǎo Lǐ bù xíng.

(3) '没有'와 '不'의 연용

'没有'와 '不'가 함께 쓰일 때, '예외가 없음'을 나타내며, '所有的……都'로 바꿀 수 있다.

没有人**不**去。 가지 않는 사람이 없다. [= **所有的**人**都**去。 모든 사람들이 다 간다.]
Méiyǒu rén bú qù.   Suǒyǒu de rén dōu qù.

没有人**不**休息。 쉬지 않는 사람이 없다. [= **所有的**人**都**休息。 모든 사람들이 다 쉰다.]
Méiyǒu rén bú xiūxi.   Suǒyǒu de rén dōu xiūxi.

■ 문장을 부정문으로 만들어 보세요.
① 这本书我看得懂。 이 책을 나는 알아볼 수 있다.
② 玛丽是从法国来的。 메리는 프랑스에서 왔다.

정답
① 这本书我看不懂。
② 玛丽不是从法国来的。

1 두 구를 알맞게 연결하여 완전한 문장을 만들어 보세요.

(1) 你什么时候回来　　·　　　·㉠ 我们可能离得很近

(2) 我从来没去过那里　·　　　·㉡ 走哪条路近？

(3) 你住在什么地方　　·　　　·㉢ 要是太晚了，我就不等了

(4) 天气这么热　　　　·　　　·㉣ 骑车和坐车哪个快？

(5) 去北京大学　　　　·　　　·㉤ 你喝什么饮料？

2 주어진 단어를 사용하여 '긍정형식+부정형식'의 정반의문문을 완성해 보세요.

(1) 今天来不及了，明天＿＿＿＿＿＿＿＿？（去 / 能 / 不 / 一次 / 能）
오늘은 늦었으니, 내일 한 번 갈 수 있겠어?

(2) 你＿＿＿＿＿＿＿＿我？你要是帮不了我，我就完蛋了。（不 / 能 / 帮助 / 能）
네가 나를 도와줄 수 있어? 네가 도와줄 수 없다면, 나는 끝장이야.

　　　　　　　　　　　　　　　　　帮不了 bāng bu liǎo 도울 수 없다　│　完蛋 wándàn 망하다, 끝장이다

(3) 明天去人民广场玩，小李＿＿＿＿＿＿＿＿？（不 / 早 / 起 / 早）
내일 인민광장에 가서 놀려고 하는데, 샤오리는 일찍 일어날까?

3 주어진 단어를 이용하여 같은 의미의 의문문으로 바꿔 보세요.

(1) 今天没有口语课，对吗？（吧）
오늘은 회화 수업이 없어. 맞지?

→ _____

(2) 咖啡和绿茶，你要喝哪种？（是……还是……）
커피와 녹차 중에 너는 어떤 거 마실래?

→ _____

(3) 我可以看看你的笔记本吗？（可以吗）
내가 너의 노트 좀 봐도 되겠니?

→ _____

 ## 실력 점검하기

1 밑줄 친 부분을 바르게 고쳐 보세요.

(1) 我是前天下午到广州的了。→ _____
　　나는 그저께 오후에 광저우에 도착했다.

(2) 他的广东话你听得懂听不懂吗？→ _____
　　그의 광둥어를 너는 알아듣니?

(3) 这些不是礼物送给你的吗？→ _____
　　이 선물들을 네게 주는 게 아니었어?

2 문장의 빈칸에 알맞은 단어나 구조를 골라 보세요.

(1) 你们到底_____？　너희는 도대체 갔었니?
　　A. 去了没有　　　　　　　B. 没有去了
　　C. 去没有了　　　　　　　D. 没去有了

(2) 今天的作业我还没做完_____。　오늘 숙제를 나는 아직 다 끝내지 못했다.
　　A. 了　　　B. 呢　　　C. 吧　　　D. 吗

(3) 我们去找老师问问题，你去不去_____？　우리는 선생님을 찾아가서 물어볼건데, 넌 갈꺼니?
　　A. 吗　　　B. 了　　　C. 吧　　　D. 啊

3 주어진 단어를 문장의 적절한 위치에 넣어 보세요.

(1) ___A___ 你的朋友___B___ 喝酒___C___ 了___D___？（没有）
　　네 친구는 술을 마셨니?

(2) ___A___ 今天___B___ 我___C___ 学会做这个菜___D___ 不可。（非）
　　오늘 나는 이 요리를 배우지 않으면 안돼.

(3) 你的汉语水平考试成绩这么好，___A___ 你还___B___ 觉得___C___ 不满意___D___？
　　너는 HSK 성적이 이렇게 좋은데, 설마 아직도 만족을 못하는 거야?　　　　（难道）

新 HSK 문제 맛보기

1 알맞은 단어를 골라 문장을 완성해 보세요.

> 应该   没有   或者   可以   还是

(1) 请问，今天的考试是笔试_____口试? 실례합니다. 오늘 시험은 필기시험인가요? 아니면 구술시험인가요?

(2) 我想星期天去香港，你看_____吗? 나는 일요일에 홍콩에 가고 싶은데, 네가 보기에 가능하니?

(3) 房间里的玫瑰花开了_____? 방 안에 장미꽃이 피었니?

2 주어진 단어를 바르게 배열하여 하나의 문장으로 만들어 보세요.

(1) 他 / 不 / 了 / 想 / 上课 / 来   그는 수업을 들으러 오고 싶어 하지 않는다.

→ _____

(2) 吗 / 你 / 为什么 / 是 / 知道 / 这   너는 이게 왜 그런지 알아?

→ _____

(3) 是 / 的 / 我 / 两个月前 / 来到 / 中国 / 第一次   나는 두 달 전에 처음으로 중국에 왔다.

→ _____

3 사진을 보고 빈칸에 적절한 단어를 넣어 보세요.

(1)
这里好_____啊，一点儿声音都没有。
　　　ānjìng

(2)
他对我们太_____了！
　　　　　kèqi

10 관계표현 구문

주어와 목적어를 연결시켜 두 문장성분 간에 어떤 관계가 존재함을 나타내는 동사를 관계동사라고 한다. 이러한 관계동사가 문장에서 술어로 쓰여, 주로 '판단' '소유' '존재' '변화' '소실' '유사함' 등을 표현하는 문장을 '관계표현구문'이라고 한다.

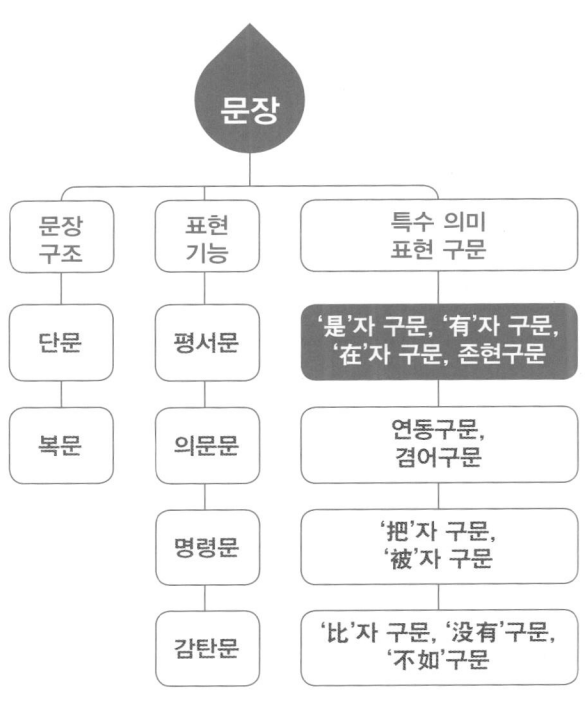

관계표현구문

'是'자 구문
- 동일함 — 他是我们的老师。 Tā shì wǒmen de lǎoshī.
- 일부 — 我是韩国大学的学生。 Wǒ shì Hánguó Dàxué de xuésheng.
- 특징 — 他是个慢性子。 Tā shì ge mànxìngzi.
- 존재 — 我们学校的对面是个公园。 Wǒmen xuéxiào de duìmiàn shì ge gōngyuán.

'有'자 구문
- 소유 — 我有汉语词典。 Wǒ yǒu Hànyǔ cídiǎn.
- 존재 — 学校前边有很多汽车。 Xuéxiào qiánbian yǒu hěn duō qìchē.
- 발생, 출현 — 这个孩子很有进步。 Zhège háizi hěn yǒu jìnbù.
- 도달 — 他大约有三十多岁。 Tā dàyuē yǒu sānshí duō suì.
- 포괄적 소유 — 一年有四季。 Yì nián yǒu sìjì.

'在'자 구문
- 존재 — 小王在图书馆。 Xiǎo Wáng zài túshūguǎn.

존현구문
- 존재 — 桌子上放着一本杂志。 Zhuōzi shang fàng zhe yì běn zázhì.
- 출현 — 家里来了一个人。 Jiā li lái le yí ge rén.
- 소실 — 上午搬走了几把椅子。 Shàngwǔ bān zǒu le jǐ bǎ yǐzi.

기타 관계 구문
- 호칭 — 我姓李。 Wǒ xìng Lǐ.
- 닮음 — 老王很像父亲。 Lǎo Wáng hěn xiàng fùqīn.
- 소속 — 老王属马。 Lǎo Wáng shǔ mǎ.
- 동등 — 二加三等于五。 Èr jiā sān děngyú wǔ.

'是'자 구문

前面是我们学校的图书馆。 앞은 우리 학교의 도서관이다.
Qiánmiàn shì wǒmen xuéxiào de túshūguǎn.

1 '是'자 구문의 구조

(1) '是'자 구문은 동사 '是'가 술어로 쓰여, 어떤 사건이나 상황에 대한 판단과 그 결과를 표현하는 문장이다. 주로 '~은 ~이다'라는 뜻을 나타낸다.

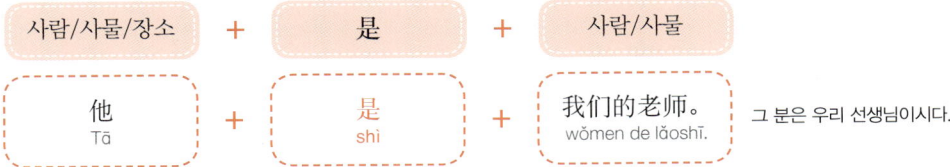

(2) 목적어는 주로 명사(구), 대명사(구), 수량구 등이 온다. 형용사(구)나 동사(구)는 뒤에 '的'를 붙여 명사화시킨 후, 목적어로 쓴다.

汉语是我的专业。 중국어는 나의 전공이다. → 대명사구
Hànyǔ shì wǒ de zhuānyè.

我的房间是314号。 내 방은 314호이다. → 수량구
Wǒ de fángjiān shì sān yāo sì hào.

这幅画是小李画的。 이 그림은 샤오리가 그린 것이다. → 동사구
Zhè fú huà shì Xiǎo Lǐ huà de.

> 목적어 위치에 '대명사+的'나 '명사+的'가 오면, 소유나 재료를 나타낸다.
> 那本书是小王的。 그 책은 샤오왕의 것입니다. → 소유
> Nà běn shū shì Xiǎo Wáng de.
> 这种书包是牛皮的。 이런 책가방은 소가죽으로 만든 것이다. → 재료
> Zhè zhǒng shūbāo shì niúpí de.

2 '是'자 구문의 용법

'是'자 구문은 주어와 목적어가 나타내는 의미와 구조적 특징에 따라 다음과 같이 분류할 수 있다.

(1) 주어와 목적어가 동일함을 나타내며, '~은/는 ~이다[=等于]'인 경우

她是小杨的妹妹。 그녀는 샤오양의 여동생이다.
Tā shì Xiǎo Yáng de mèimei.

(2) 주어가 목적어의 일부분임을 설명하며, '~는 ~에 속한다[=属于]'인 경우

我是韩国大学的学生。 나는 한국대학교 학생이다.
Wǒ shì Hánguó dàxué de xuésheng.

(3) 목적어가 주어의 특징이나 재료를 나타내는 경우

他是个慢性子。 그는 성격이 느긋하다.
Tā shì ge mànxìngzi.

(4) 목적어가 주어의 위치에 존재함을 나타내는 경우

你旁边是谁? 네 옆은 누구니?
Nǐ pángbiān shì shéi?

我们学校的对面是个公园。 우리 학교 맞은편은 공원이다.
Wǒmen xuéxiào de duìmiàn shì ge gōngyuán.

3 '是'자 구문의 특징

(1) '是' 뒤에는 동태조사 '了' '着' '过' 등이 올 수 없으며, 필요할 경우 술어 앞에 시간을 표시하는 단어를 더해준다. 단, 새로운 상황의 출현에 대한 판단을 나타낼 때는 문장 끝에 '了'가 오기도 한다.

这本书以前是他的。 이 책은 예전에 그의 것이었다.
Zhè běn shū yǐqián shì tā de.

他不再是我的男朋友了。 그는 더 이상 내 남자친구가 아니다.
Tā bú zài shì wǒ de nánpéngyou le.

(2) '是'는 반드시 부정부사 '不'로 부정한다.

小王的哥哥不是大学生。 샤오왕의 형은 대학생이 아니다.
Xiǎo Wáng de gēge bú shì dàxuéshēng.

我们辅导的时间不是晚上，是下午。 우리가 과외하는 시간은 저녁이 아니라 오후이다.
Wǒmen fǔdǎo de shíjiān bú shì wǎnshang, shì xiàwǔ.

(3) 의문형식은 '是＋A＋吗?' '是不是＋A?' '是＋A＋不(是)?'를 사용한다.

你是留学生吗? = 你是不是留学生? = 你是留学生不是? 당신은 유학생입니까?
Nǐ shì liúxuéshēng ma?　Nǐ shì bu shì liúxuéshēng?　Nǐ shì liúxuéshēng bú shì?

> ● '是'의 강조용법
>
> '是'는 '판단'의 의미 외에 강조용법으로도 자주 쓰인다. 이때, '是'는 부사로서 바로 뒤의 내용을 강조하며, 생략하더라도 문장의 기본 의미는 차이가 없다.
>
> 做饭有什么难? 是人都会。 밥 짓는 게 뭐 어려울 거 있어? 누구나 다 할 수 있지. → 예외가 없음을 강조
> Zuò fàn yǒu shénme nán? Shì rén dōu huì.

● '是……的'를 이용한 강조용법은 '제9과 문장의 기능'을 참고하자! 143p

■ 주어진 단어를 바르게 배열하여 하나의 문장으로 만들어 보세요.

① 是 / 汉语 / 我的 / 词典 / 那本　그 중국어사전은 내 것이다.
② 是 / 东边 / 图书馆 / 学生食堂　도서관의 동쪽은 학생식당이다.

정답
① 那本汉语词典是我的。
② 图书馆东边是学生食堂。

'有'자 구문

我有五本中文书。 나는 중국어 책이 다섯 권 있다.
Wǒ yǒu wǔ běn Zhōngwén shū.

1 '有'자 구문의 구조

(1) '有'자 구문은 동사 '有'가 술어로 쓰여, 주어가 어떤 구체적이거나 추상적인 대상을 소유하거나 존재함을 나타내는 문장이다.

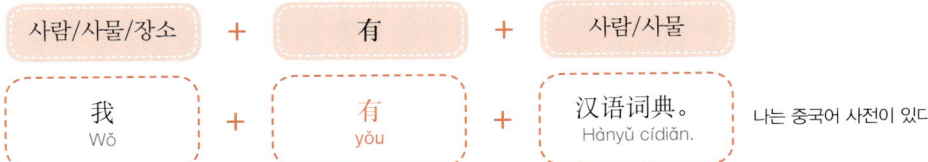

나는 중국어 사전이 있다.

(2) '有'자 구문의 주어는 말하는 사람과 듣는 사람이 모두 알고 있는 대상이다. 그러나 목적어는 주로 불특정한 사람이나 사물이 쓰이므로, 대부분 목적어 앞에 수량사가 더해진다.

我有两个姐姐。 나는 언니가 두 명 있다.
Wǒ yǒu liǎng ge jiějie.

教室里有三十张桌子。 교실에 책상 30개가 있다.
Jiàoshì li yǒu sānshí zhāng zhuōzi.

2 '有'자 구문의 용법

'有'자 구문은 주어와 목적어의 관계에 따라 다음과 같이 분류할 수 있다.

(1) 주어가 구체적이거나 추상적인 대상을 소유하고 있음을 나타낸다. 특히 소유물이 추상적 사물인 경우는 양이 매우 많거나 정도가 높음을 표현한다.

我想有个女朋友。 나는 여자 친구가 한 명 있으면 좋겠다.
Wǒ xiǎng yǒu ge nǚpéngyou.

老王很有经验。 라오왕은 많은 경험이 있다.
Lǎo Wáng hěn yǒu jīngyàn.

(2) 어떤 장소나 시점에 대상이 존재함을 나타낸다.

学校前边有很多汽车。 학교 앞에 차들이 많이 있다.
Xuéxiào qiánbian yǒu hěn duō qìchē.

明天下午有课吗? 내일 오후에 수업이 있나요?
Míngtiān xiàwǔ yǒu kè ma?

(3) 상황의 발생이나 출현을 나타낸다.

这个孩子很有进步。 이 아이는 많이 향상되었다.
Zhège háizi hěn yǒu jìnbù.

事情有了变化。 사건에 변화가 생겼다.
Shìqing yǒu le biànhuà.

(4) 상황이나 수준, 혹은 비교점에 도달함을 나타낸다.

他大约有三十多岁。 그는 대략 30세 정도 되었다.
Tā dàyuē yǒu sānshí duō suì.

他有她那么爱听音乐。 그는 그녀만큼 음악 듣기를 좋아한다.
Tā yǒu tā nàme ài tīng yīnyuè.

(5) 주어가 목적어를 포괄적으로 소유함을 나타내거나, 여러 항목의 열거를 나타낸다.

　　一年有四季。 1년은 사계절이 있다.
　　Yì nián yǒu sìjì.

　　飞机上有韩国人、日本人和中国人。 비행기에는 한국인, 일본인 그리고 중국인이 있다.
　　Fēijī shang yǒu Hánguórén、Rìběnrén hé Zhōngguórén.

3 '有'자 구문의 특징

(1) '有'의 뒤에 동태조사 '了'나 '过'가 쓰여 상황이나 상태의 변화, 과거의 소유 경험을 나타낼 수 있다.

　　老人有病了。 어르신께서 병이 나셨다.
　　Lǎorén yǒu bìng le.

　　我曾经有过去国外工作的机会。 나는 일찍이 해외에 나가서 일할 기회가 있었다.
　　Wǒ céngjīng yǒu guo qù guówài gōngzuò de jīhuì.

(2) 목적어가 추상명사일 경우, '有'는 '很' '非常' '最'와 같은 정도부사의 수식을 받을 수 있다.

　　他很有办法。 그는 좋은 방법이 있다. [그는 수완이 좋다.]
　　Tā hěn yǒu bànfǎ.

(3) '有'는 반드시 부정부사 '没'로 부정한다. 이때 대비나 강조를 제외하고, 목적어 앞에 수량구를 쓰지 않는다.

　　他没有一个中国朋友。(×) → 他没有中国朋友。(○) 그는 중국인 친구가 없다.
　　　　　　　　　　　　　　　　 Tā méiyǒu Zhōngguó péngyou.

(4) '有'자 구문의 의문형식은 '有+A+吗?' '有没有+A?' '有+A+没(有)?' 형식을 사용한다.

　　你有钱吗? = 你有没有钱? = 你有钱没有? 너 돈 있니?
　　Nǐ yǒu qián ma?　Nǐ yǒu méiyǒu qián?　Nǐ yǒu qián méiyǒu?

> '有'는 아래와 같은 특수한 형식이 있다.
> ① '有……的' 형식 : 那边有打太极拳的, 还有练气功的。
> 　　　　　　　　　 Nàbiān yǒu dǎ tàijíquán de, hái yǒu liàn qìgōng de.
> 　　　　　　　　　 저쪽에는 태극권을 하는 사람도 있고, 기공을 연마하는 사람도 있다.
> ② '有的……' 형식 : 图书馆的阅览室里人很多, 有的看书, 有的看报。
> 　　　　　　　　　 Túshūguǎn de yuèlǎnshì li rén hěn duō, yǒude kàn shū, yǒude kàn bào.
> 　　　　　　　　　 도서관 열람실에는 사람이 많은데, 어떤 이는 책을 보고 어떤 이는 신문을 본다.

● '有'로 이루어진 연동구문과 겸어구문에 관한 자세한 설명은 '제11과 연동구문과 겸어구문'을 참고하자! ∴ 174p, 177p

---

■ '有'가 나타내는 의미가 무엇인지 말해 보세요.
　① 房间里有两张床。 방 안에 침대가 두 개 있다.
　② 小张有四十多岁。 샤오장은 40여 세가 되었다.

정답
① 존재
② 도달

'在'자 구문

你的手机在床上。 네 휴대전화는 침대 위에 있다.
Nǐ de shǒujī zài chuáng shang.

1 '在'자 구문의 구조

(1) '在'자 구문은 동사 '在'가 술어로 쓰여, 주어가 어디에 존재함을 나타내는 문장이다.

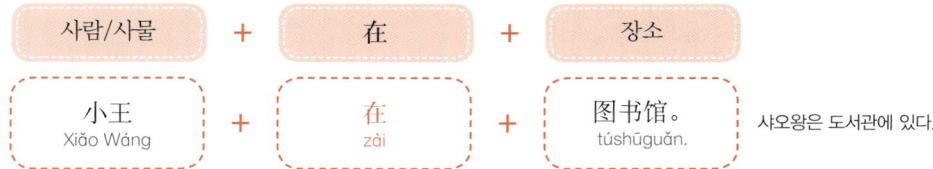

샤오왕은 도서관에 있다.

(2) 주어는 대부분 이미 알고 있는 대상이거나 특정한 사람이나 사물이 온다.

书在桌子上。 그 책은 탁자 위에 있다.
Shū zài zhuōzi shang.

(3) '在'자 구문의 목적어는 주로 장소를 나타내는데, 이미 알고 있는 내용이면 생략이 가능하다.

沙发在桌子旁边。 쇼파는 탁자 옆에 있다. → 일반명사 + 방위명사
Shāfā zài zhuōzi pángbiān.

我的书在你那儿吗？ 내 책이 너한테 있니? → 일반명사 + 지시대명사
Wǒ de shū zài nǐ nàr ma?

我昨天给你打了几次电话，你没(不)在。 내가 어제 너에게 여러 번 전화를 했는데, 없더라.
Wǒ zuótiān gěi nǐ dǎ le jǐ cì diànhuà, nǐ méi (bú) zài.

2 '在'자 구문의 특징

(1) '在'는 단지 '존재'만을 나타낼 뿐 동작을 나타내지 못하므로, 동태조사 '了' '着' '过' 등이 올 수 없다.

昨天上午，我在了图书馆。(×)

→ 昨天上午，我在图书馆。(○) 어제 오전에 나는 도서관에 있었다.
　　Zuótiān shàngwǔ, wǒ zài túshūguǎn.

(2) '在'를 부정할 때는 부정부사 '不'나 '没'를 모두 쓸 수 있다. 일반적인 상황, 미래의 존재, 혹은 위치가 고정불변인 경우는 '不'를 쓴다. 위치가 유동적인 경우는 '不'나 '没'를 상황에 따라 선택한다.

图书馆不在书店旁边。 도서관은 서점 옆에 있지 않다.
Túshūguǎn bú zài shūdiàn pángbiān.

今天上午我没在家。 오늘 오전에 나는 집에 없었다.
Jīntiān shàngwǔ wǒ méi zài jiā.

3 '是'자 구문, '有'자 구문, '在'자 구문의 비교

(1) 각 존재표현 구문의 구조를 비교하면 다음과 같다.

장소 + 是 + 사람·사물	邮局对面是中国银行。 우체국의 맞은편은 중국은행이다. Yóujú duìmiàn shì Zhōngguó yínháng.
장소 + 有 + 사람·사물	邮局对面有一个中国银行。 우체국의 맞은편에 중국은행이 있다. Yóujú duìmiàn yǒu yí ge Zhōngguó yínháng.
사람·사물 + 在 + 장소	中国银行在邮局对面。 중국은행은 우체국 맞은편에 있다. Zhōngguó yínháng zài yóujú duìmiàn.

(2) '是'자 구문의 대상물은 그 장소의 유일한 존재이지만, '有'자 구문은 유일한 존재가 아니다.

柜子里是她的衣服。 옷장 안은 그녀의 옷이다. → 옷장 안에는 옷만 있고, 다른 것은 없다.
Guìzi li shì tā de yīfu.

柜子里有她的衣服。 옷장 안에 그녀의 옷이 있다. → 옷장 안에는 옷 외에도 다른 물건들이 있다.
Guìzi li yǒu tā de yīfu.

(3) '是'자 구문은 어딘가에 무엇이 존재한다는 사실을 알면서, 구체적으로 어떤 대상인가를 설명할 때 쓰고, '在'자 구문은 사람이나 사물이 존재하는 위치를 모를 때 사용한다.

A: **你旁边是谁?** 네 옆은 누구니?
　　Nǐ pángbiān shì shéi?

B: **我旁边是小张。** 내 옆은 샤오장이야.
　　Wǒ pángbiān shì Xiǎo Zhāng.

A: **你现在在什么地方?** 너는 지금 어디에 있니?
　　Nǐ xiànzài zài shénme dìfang?

B: **我就在你附近。** 나는 지금 네 근처에 있어.
　　Wǒ jiù zài nǐ fùjìn.

■ 빈칸에 들어갈 알맞은 단어를 골라 보세요.

① 他的照片_____我的钱包里。(是 / 有 / 在) 그의 사진은 내 지갑 안에 있다.

② 我的钱包里_____一张照片。(是 / 有 / 在) 내 지갑 안에는 사진이 한 장 있다.

정답
① 在
② 有

존현구문(1)

墙上挂着一张世界地图。 벽에는 세계지도 한 장이 걸려 있다.
Qiáng shang guà zhe yì zhāng shìjiè dìtú.

1 존현구문의 분류

존현구문이란, '장소명사'가 주어에 오고, '존재' '출현' '소실'의 대상이 목적어에 오는 문장을 말한다. '존재'를 나타내는 존현구문과 '출현'과 '소실'을 나타내는 존현구문으로 나누어 살펴 볼 수 있다.

존현구문	존재	桌子上放着一本杂志。 탁자 위에 잡지 한 권이 놓여있다. Zhuōzi shang fàng zhe yì běn zázhì.
	출현	家里来了一个人。 집에 어떤 사람이 왔다. Jiā li lái le yí ge rén.
	소실	上午搬走了几把椅子。 오전에 의자 몇 개를 옮겨 갔다. Shàngwǔ bān zǒu le jǐ bǎ yǐzi.

2 '존재'를 나타내는 존현구문

(1) '주어[장소]+술어+着+목적어[존재대상]'의 구조이다. 여기서 '着'는 동작의 지속을 나타내는 조사로 존재의 의미를 나타내는 필수요소이다. 또, 주어에 장소의 의미가 나타나지 않을 경우, '上'이나 '里' 등의 방위명사를 부가하여 표현한다.

주어	술어+着	목적어	
黑板上 Hēibǎn shang	写着 xiě zhe	一个标语。 yí ge biāoyǔ.	칠판에 표어가 써 있다.
这本小说里 Zhè běn xiǎoshuō li	存在着 cúnzài zhe	爱国精神。 àiguó jīngshén.	이 소설에는 나라를 사랑하는 정신이 있다.

(2) 존재의 정지는 '주어[존재대상]+술어+在+목적어[장소]'의 구조로 표현된다. 이때, '在'는 행위가 발생한 위치를 표시하는 필수요소이다. 문장 앞의 '有'는 화자와 청자가 모두 알지 못하는 명사구에 '어떤'이라는 의미를 더하여, 주어로 만드는 역할을 한다.

주어	술어+在	목적어	
有一本杂志 Yǒu yì běn zázhì	放在 fàng zài	桌子上。 zhuōzi shang.	어떤 잡지 한 권이 책상에 놓여 있다.
有一张画儿 Yǒu yì zhāng huàr	挂在 guà zài	墙上。 qiáng shang.	어떤 그림 한 장이 벽에 걸려 있다.

(3) 존재의 지속은 '주어[존재대상]+부사어[장소]+술어+着'의 구조로 표현된다. 이때, 조사 '着'는 동작의 '지속'을 나타내는 필수요소이다.

주어	부사어[장소]	술어+着	
有一本书	在桌子上	放着。	어떤 책 한 권이 책상에 놓여 있다.
Yǒu yì běn shū	zài zhuōzi shang	fàng zhe.	
有一位老人	在床上	躺着。	어떤 노인 한 분이 침대에 누워 있다.
Yǒu yí wèi lǎorén	zài chuáng shang	tǎng zhe.	

■ 주어진 어휘를 바르게 배열하여, 하나의 문장을 만들어 보세요.

① 躺 / 人 / 沙发上 / 着 / 一个 쇼파 위에 한 사람이 누워있다.
② 坐 / 同学 / 教室里 / 着 / 两个 교실 안에 학생 두 명이 앉아 있다.

정답
① 沙发上躺着一个人。
② 教室里坐着两个同学。

05 존현구문(2)

前边开过来了一辆汽车。 앞에서 차 한 대가 다가왔다.
Qiánbian kāi guòlái le yí liàng qìchē.

1 '출현'과 '소실'을 나타내는 존현구문

(1) '출현' '소실'을 나타내는 존현구문은 '주어[장소]+술어+了+목적어[존재대상]'의 구조이다. 여기서 '了'는 동작이나 행위의 '실현'이나 '완료'를 나타내는 동태조사로 필수요소이다.

주어	술어+了	목적어	
学校	来了	一位客人。	학교에 손님이 오신다.
Xuéxiào	lái le	yí wèi kèrén.	
桌子上	少了	一本书。	책상 위에 책 한 권이 없어졌다.
Zhuōzi shang	shǎo le	yì běn shū.	

(2) '주어[존재대상]+부사어[동작의 시작]+술어+了' 구조는 장소명사구에 전치사 '从'이나 '由'를 더하여 동작의 '시작'을 확실하게 나타낸다.

주어	부사어[시작 장소]	술어+了	
他们	从家里	出来了。	그들은 집에서 왔다.
Tāmen	cóng jiā li	chūlái le.	
他们	由南大门	入场了。	그들은 남대문에서 입장했다.
Tāmen	yóu nándàmén	rù chǎng le.	

(3) '주어[존재대상]+술어+了+부사어[마무리]'이 구문에서 술어 뒤에 보어 '到' '在' 등을 써서 '도달'이나 '존재'의 의미를 확실히 할 수 있다.

주어	술어+到/在	부사어[마무리 장소]	
有一个人 Yǒu yí ge rén	来到 lái dào	家里。 jiā li.	어떤 사람이 집에 왔다.
有一张画儿 Yǒu yì zhāng huàr	挂在 guà zài	墙上。 qiáng shang.	그림 한 장이 벽에 걸려 있다.

■ 밑줄 친 부분을 알맞게 고쳐 보세요.
① 昨天上午我家来一位客人。 어제 오전 우리 집에 손님 한 분이 오셨다.
② 昨天我家不来客人。 어제 우리 집에 손님이 오지 않았다.

정답
① 来了一位客人
② 没来客人

06 기타 관계표현구문

我姓孙，孙子的孙，我叫志宇。
Wǒ xìng sūn, sūnzi de sūn, wǒ jiào Zhìyǔ.
저는 성이 손입니다. 손자의 '손'이고, 이름은 지우라고 합니다.

'是자 구문' '有자 구문' '존현구문' 외에도 주어와 목적어의 관계를 표현하는 여러 구문들이 있다.

	주어	술어	목적어
호칭 관계를 표시하는 구문	我 Wǒ	姓 xìng	李。 저는 성이 이(씨)입니다. Lǐ.
닮음 관계를 표시하는 구문	老王 Lǎo Wáng	很像 hěn xiàng	父亲。 라오왕은 아버지와 매우 닮았다. fùqīn.
소속된 관계를 표시하는 구문	老王 Lǎo Wáng	属 shǔ	马。 라오왕은 말 띠이다. mǎ.
동등한 관계를 표시하는 구문	二加三 Èr jiā sān	等于 děngyú	五。 2 더하기 3은 5이다. wǔ.

■ 해석을 참고하여 빈칸에 알맞은 동사를 넣어 보세요.
① 我____李，我叫李明。 저는 성이 이씨이고, 이름은 리밍이라고 합니다.
② 你____什么? 너는 무슨 띠니?

정답
① 姓
② 属

1 두 구를 알맞게 연결하여 완전한 문장을 만들어 보세요.

(1) 今天　　　　　　　　　　·　　　　·㉠ 在图书馆的前边

(2) 我对他的看法　·　　　　·㉡ 下来两个女学生

(3) 楼上　　　　　　　　　　·　　　　·㉢ 没有改变

(4) 我的宿舍就　　·　　　　·㉣ 出现了一只狗

(5) 路边　　　　　　　　　　·　　　　·㉤ 是开学的第一天

2 주어진 단어를 사용하여 문장을 완성해 보세요.

(1) 那个房间＿＿＿＿＿＿＿＿＿＿＿＿＿＿＿＿＿＿。（着 / 留学生 / 两个 / 住）
　　그 방에는 두 명의 유학생이 살고 있다.

(2) 那个书店＿＿＿＿＿＿＿＿＿＿＿＿＿＿＿＿＿。（了 / 几本书 / 丢）
　　그 서점은 책을 몇 권 잃어버렸다.

(3) 天上＿＿＿＿＿＿＿＿＿＿＿＿＿＿＿＿＿＿。（过来 / 一架 / 飞 / 飞机）
　　하늘에서 비행기가 한 대 날아온다.

3 문장들이 같은 의미가 되도록 빈칸에 적절한 단어를 넣어 보세요.

(1) ＿＿＿＿躺着一位老人。= 有＿＿＿＿躺在床上。= 有一位老人在床上＿＿＿＿。
　　침대 위에 노인 한 분이 누워 계신다. / 어떤 노인 한 분이 침대 위에 누워 계신다.

(2) ＿＿＿＿写着两个大字。= 有＿＿＿＿写在黑板上。= 有两个大字在黑板上＿＿＿＿。
　　칠판 위에 '大'자가 두 개 쓰여져 있다. / '大'자 두 개가 칠판 위에 쓰여져 있다.

(3) ＿＿＿＿放着一个茶壶。= 有＿＿＿＿放在桌子上。= 有一个茶壶在桌子上＿＿＿＿。
　　테이블 위에 차 주전자 하나가 놓여져 있다. / 차 주전자 하나가 테이블 위에 놓여져 있다.

실력 점검하기

1 주어진 단어를 문장의 적절한 위치에 넣어 보세요.

(1) ___A___ 在操场上 ___B___ 打篮球的 ___C___ 那个学生 ___D___ 我弟弟。（是）
운동장에서 농구를 하고 있는 그 학생은 내 동생이다.

(2) 大家 ___A___ 在 ___B___ 生活，要注意 ___C___ 公共卫生 ___D___ 。（一起）
모두 다 함께 생활하니, 공공위생에 주의합시다.

(3) 你要去的 ___A___ 那个医院 ___B___ 就 ___C___ 那两座楼 ___D___ 中间（在）
네가 가려는 그 병원은 저 두 건물 사이에 있다.

2 빈칸에 들어갈 알맞은 구조를 찾아 보세요.

(1) 这个房间的墙上_____? 이 방의 벽에는 계속 그림이 한 장 걸려 있다.
　　A. 一直挂一幅画着　　　　B. 一直一幅画挂着
　　C. 一直挂着一幅画　　　　D. 一直挂了一幅画着

(2) 昨天是学校开学的日子，_____。
어제는 학교가 개학하는 날이라서 그런지, 학교 정문 앞에 자전거가 많이 세워져 있었다.
　　A. 在学校门口停着很多自行车　　B. 很多自行车学校门口停着
　　C. 很多自行车停着学校门口　　　D. 学校门口停着很多自行车

(3) _____有四千五百多？ 우리 학교의 학생은 모두 4,500여 명 정도이다.
　　A. 一共我们学校的学生　　B. 我们一共学校的学生
　　C. 我们学校的学生一共　　D. 我们学校一共的学生

3 밑줄 친 부분을 바르게 고쳐 보세요.

(1) 今天<u>不</u>十二月二十四号。→ _____
오늘은 12월 24일이 아니다.

(2) <u>在桌子上放着很多书</u>。→ _____
탁자에 많은 책이 놓여져 있다.

(3) 他现在<u>正在着</u>房间里。→ _____
그는 지금 방 안에 있다.

 新 HSK 문제 맛보기

1 알맞은 단어를 골라 문장을 완성해 보세요.

去　　是　　来　　在　　有

(1) 我家门前_____一个小卖店。 우리 집 앞에는 작은 매점이 하나 있다.

(2) 照相机不_____我这儿，可能_____哥哥那儿。
카메라는 나한테 있지 않고, 아마도 오빠한테 있을 것이다.

(3) 他_____愿意帮助别人的。 그는 다른 사람들을 도와주고 싶어한다.

2 주어진 단어를 바르게 배열하여 하나의 문장을 만들어 보세요.

(1) 是 / 中国 / 为了 / 了解 / 中国的文化 / 来 / 他
그가 중국에 온 것은 중국 문화를 이해하기 위해서이다.

→ _____

(2) 有 / 晚上 / 明天 / 晚会 / 我们班 / 一个
내일 저녁에 우리반은 파티가 있다.

→ _____

(3) 在 / 中间 / 学校食堂 / 咖啡馆 / 和 / 书店
학교 식당은 커피숍과 서점 사이에 있다.

→ _____

3 사진을 보고 빈칸에 적절한 단어를 넣어 보세요.

(1) 　　我的愿望是_____老师。
　　　　　　　　　　　　　　　dāng

愿望 yuànwàng 희망, 소망

(2) 　　_____上有很多人。
　　　　　　　　　　cāochǎng

168

11 연동구문과 겸어구문

중국어의 동사술어문에는 비교적 특수한 유형이 있는데, 바로 '연동구문'과 '겸어구문'이다. '연동구문'이란 두 개 이상의 동사나 동사구가 하나의 주어의 술어가 되는 문장을 말한다. '겸어구문'이란 한 문장에 두 개 이상의 동사가 나올 때, 앞 동사의 목적어가 뒷 동사의 주어가 되는 문장을 말한다.

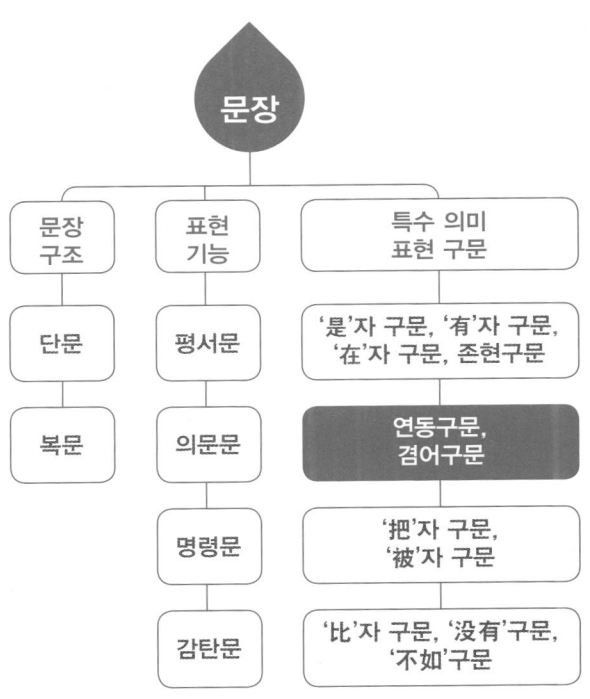

핵심 문법

연동구문과 겸어구문

연동구문

- 두 동작이 순차적으로 발생함 他倒水喝。
  Tā dào shuǐ hē.
- 술어2는 술어1의 목적 他上书店买书。
  Tā shàng shūdiàn mǎi shū.
- 술어1은 술어2의 수단·방식 他们打出租车来了。
  Tāmen dǎ chūzūchē lái le.
- 술어1과 술어2가 동시동작 他们坐着看书。
  Tāmen zuò zhe kàn shū.
- 술어1과 술어2가 상반 행위 他抓住我的手不放。
  Tā zhuā zhù wǒ de shǒu bú fàng.

겸어구문

사역동사
- 请 请你早(一)些来。
  Qǐng nǐ zǎo (yì) xiē lái.
- 让 他不让我替你做。
  Tā bú ràng wǒ tì nǐ zuò.
- 叫 他叫我带来一本书。
  Tā jiào wǒ dài lái yì běn shū.
- 使 他使人去打听消息。
  Tā shǐ rén qù dǎting xiāoxi.
- 派 公司派我们到俄罗斯去工作。
  Gōngsī pài wǒmen dào Éluósī qù gōngzuò.
- 劝 你应该劝他们休息休息。
  Nǐ yīnggāi quàn tāmen xiūxi xiūxi.

비사역동사
- 是 是老师帮助我们。
  Shì lǎoshī bāngzhù wǒmen.
- 有 他有个哥哥在北京念大学。
  Tā yǒu ge gēge zài Běijīng niàn dàxué.
- 기타 동사 同学们选我当班长。
  Tóngxuémen xuǎn wǒ dāng bānzhǎng.

 # 연동구문의 구조와 특징

我去超市买点儿东西。 나는 물건을 사러 슈퍼마켓에 간다.
Wǒ qù chāoshì mǎi diǎnr dōngxi.

연동구문은 두 개 이상의 동사(구)가 연달아 놓이는 문장으로, 접속사 없이 동사가 연속해서 나오는 것을 '연동'이라고 한다. 연동 형식의 술어는 공통적으로 동일한 주어에 대하여 서술·묘사·설명한다.

1 연동구문의 구조

'주어+술어1(+목적어1)+술어2(+목적어2)'의 어순으로, 주어는 두 동작의 행위자이다. 두 동작은 이치상 혹은 자연적인 선후관계를 가진다.

주어	술어1(+목적어1)	술어2(+목적어2)	
他 Tā	倒水 dào shuǐ	喝。 hē.	그는 물을 따라서 마신다.
大家 Dàjiā	听了这个消息 tīng le zhège xiāoxi	很高兴。 hěn gāoxìng.	모두 이 소식을 듣고 매우 기뻐했다.

2 연동구문의 특징

(1) 연동구문은 연이은 술어 사이에 쉼이나 접속사가 오지 않는다.

　他坐下来看书。 그는 앉아서 책을 읽는다. → 연동구문
　Tā zuò xiàlái kàn shū.

　他一坐下来就看书。 그는 앉자마자 책을 읽는다. → 축약복문
　Tā yí zuò xiàlái jiù kàn shū.

(2) 부정부사나 조동사는 일반적으로 술어1 앞에 온다.

　他没有时间去锻炼身体。 그는 운동하러 갈 시간이 없다.
　Tā méiyǒu shíjiān qù duànliàn shēntǐ.

　我感冒了，要去医院看医生。 나는 감기에 걸려서, 병원에 가서 진찰을 받으려고 한다.
　Wǒ gǎnmào le, yào qù yīyuàn kàn yīshēng.

(3) 동작이 이미 완성됨을 강조할 때는 주로 문장 끝이나 술어2 뒤에 '了'를 더한다.

　我去商店买东西了。 → 我去商店买了东西。 나는 상점에 가서 물건을 샀다.
　Wǒ qù shāngdiàn mǎi dōngxi le.　　Wǒ qù shāngdiàn mǎi le dōngxi.

3 연동구문의 쓰임

연동구문은 다양한 문장성분으로 쓰일 수 있다.

躺着看书对眼睛不好。 누워서 책을 보는 것은 눈에 좋지 않다. → 주어
Tǎng zhe kàn shū duì yǎnjing bù hǎo.

他们坐飞机来北京。 그들은 비행기를 타고 베이징에 온다. → 술어
Tāmen zuò fēijī lái Běijīng.

他累得躺在沙发上睡着了。 그는 피곤해서 소파에 누워 잠들었다. → 보어
Tā lèi de tǎng zài shāfā shang shuìzháo le.

■ 문장의 적절한 위치에 주어진 단어를 넣어 보세요.
① 昨天他去 A 银行 B 交 C 学费。(了) 어제 그는 은행에 가서 학비를 냈다.
② 我们 A 用 B 电脑 C 做作业。(要) 우리는 컴퓨터를 사용해서 숙제를 하려고 한다.

정답
① C
② A

---

02 연동구문의 분류

这是我送给你的生日礼物，快打开看看吧。
Zhè shì wǒ sòng gěi nǐ de shēngrì lǐwù, kuài dǎkāi kànkan ba.
이건 내가 너에게 주는 생일선물이야. 빨리 열어 보렴.

연동구문은 두 술어 간의 의미관계에 따라 '술어1과 술어2가 순차적으로 발생하는 연동구문' '술어2가 술어1의 목적임을 나타내는 연동구문' '술어1이 술어2의 수단·방식임을 나타내는 연동구문' '술어1과 술어2가 상반되는 행위를 표시하는 연동구문' '술어2가 술어1의 결과를 나타내는 연동구문' '술어1이 '有'인 연동구문'으로 나눌 수 있다.

1 술어1과 술어2가 순차적으로 발생하는 연동구문

첫 번째 술어와 두 번째 술어가 연이어 발생한 동작의 선후 관계를 표시한다. '去'와 '来'는 특별한 의미가 없고, 단순히 두 동작을 연결시키는 기능을 한다.

주어	술어1	목적어1	술어2	목적어2	
他 Tā	看完 kàn wán	电影 diànyǐng	去买 qù mǎi	东西 dōngxi	。그는 영화를 보고 물건을 사러 갔다.
咱们 Zánmen	开 kāi	个会 ge huì	来讨论一下吧。 lái tǎolùn yíxià ba.		우리 회의를 열고 토론을 합시다.

2 술어2가 술어1의 목적임을 나타내는 연동구문

첫 번째 술어와 두 번째 술어는 순차적인 관계를 갖는 동시에, 두 번째 술어가 첫 번째 술어의 목적이 된다. 한국어에서는 목적인 술어2가 술어1의 앞에 놓이므로, 해석할 때 주의한다.

주어	술어1	목적어1	술어2	목적어2	
他 Tā	上 shàng	书店 shūdiàn	买 mǎi	书 shū。	그는 책을 사러 서점에 간다.
我 Wǒ	去 qù	电影院 diànyǐngyuàn	看 kàn	电影 diànyǐng。	나는 영화를 보러 극장에 간다.

3 술어1이 술어2의 수단·방식임을 나타내는 연동구문

첫 번째 술어가 두 번째 술어의 수단이나 방식이 됨을 나타낸다. 두 번째 동사로 '来'나 '去'가 오는 경우가 많으며, 이때 두 번째 목적어는 장소를 표시하는 명사(구)가 온다.

(1) 첫 번째 술어가 두 번째 술어의 수단이나 방식임을 나타낸다.

주어	술어1	목적어1	술어2	목적어2	
我们 Wǒmen	用 yòng	英语 Yīngyǔ	谈话 tánhuà。		우리는 영어로 대화를 나눈다.
我们 Wǒmen	要坐 yào zuò	飞机 fēijī	去 qù.	西安 Xī'ān。	우리는 비행기를 타고 시안에 가야 한다.

(2) 첫 번째 술어와 두 번째 술어의 동작이 동시에 이루어진다. 첫 번째 동사 뒤에 반드시 조사 '着'가 더해진다.

주어	술어1	술어2	목적어2	
他们 Tāmen	坐着 zuò zhe	看 kàn	书 shū。	그들은 앉아서 책을 본다.
我们 Wǒmen	走着 zǒu zhe	去 qù	车站吧 chēzhàn ba。	우리는 걸어서 정류장에 갑시다.

4 술어1과 술어2가 상반되는 행위를 표시하는 연동구문

서로 상반된 의미를 나타내는 첫 번째 술어와 두 번째 술어가 두 가지 측면에서 주어의 행위를 설명한다. 술어2 앞에 위치하는 부정부사 '不' '没'는 이 형식의 필수요소다.

주어	술어1	목적어1	술어2	
他俩 Tā liǎ	互相握住 hùxiāng wò zhù	手 shǒu	不放 bú fàng。	그들 둘은 서로 악수를 하고 놓지 않는다.
他 Tā	坐在 zuò zài	那边 nàbiān	不站起来 bú zhàn qǐlái。	그는 그 쪽에 앉아서 일어나지 않는다.

> 연동구문에서 주어의 상반된 행위를 표현할 때는 두 술어 사이에 부정부사를 더하거나, 반의관계를 나타내는 단어를 쓴다.
> 他穿这件衣服一周没换。 그는 이 옷을 입고 일주일 동안 갈아입지 않았다.
> Tā chuān zhè jiàn yīfu yìzhōu méi huàn.
> 他紧闭着嘴一句话也不说。 그는 입을 꽉 다물고 한 마디도 말하지 않는다.
> Tā jǐn bì zhe zuǐ yí jù huà yě bù shuō.

5 술어2가 술어1의 결과를 나타내는 연동구문

두 번째 술어가 첫 번째 술어의 결과를 나타낸다.

他 看了 那件电子邮件 高兴极了。 그는 그 이메일을 보고 난 후 너무나 기뻤다.
Tā kàn le nà jiàn diànzi yóujiàn gāoxìng jí le.

我 今天早上出 门 丢了 钱包。 나는 오늘 아침에 외출했다가 지갑을 잃어버렸다.
Wǒ jīntiān zǎoshang chū mén diū le qiánbāo.

● 술어1이 '有'인 연동구문

첫 번째 술어가 '有' '没有'인 연동구문이다. 이 연동구문은 첫 번째 목적어가 두 번째 술어의 전제가 되거나, 행동 조건이 되는 경우가 많다. 해석할 때는 두 번째 술어를 먼저 해석해야 한다.

他 有 话 要说。 그는 해야 할 말이 있다.
Tā yǒu huà yào shuō.

老师 没有 时间 休息。 선생님께서는 쉬는 시간이 없다.
Lǎoshī méiyǒu shíjiān xiūxi.

■ 주어진 단어를 바르게 배열하여, 하나의 문장을 만들어 보세요.

① 去 / 旅游 / 明天 / 留学生 / 要 / 南京
내일 유학생들이 난징에 여행을 하러 갈 것이다.

② 有 / 帮助 / 能力 / 我们 / 他们
우리는 그들을 도울 능력이 있다.

정답
① 明天留学生要去南京旅游。
② 我们有能力帮助他们。

03 겸어구문의 구조와 특징

我请他来家里吃饭。 나는 그에게 집에 와서 식사를 하도록 청했다.
Wǒ qǐng tā lái jiā li chīfàn.

겸어구문은 한 문장에 두 개 이상의 술어가 나오고, 첫 번째 술어의 목적어가 두 번째 술어의 주어 역할을 겸하는 문장을 말한다.

1 겸어구문의 구조

술어1과 술어2 사이의 성분은 '술어1의 목적어'이면서 '술어2의 주어'로, 주어와 목적어 기능을 겸하는 성분으로 '겸어'라고 한다.

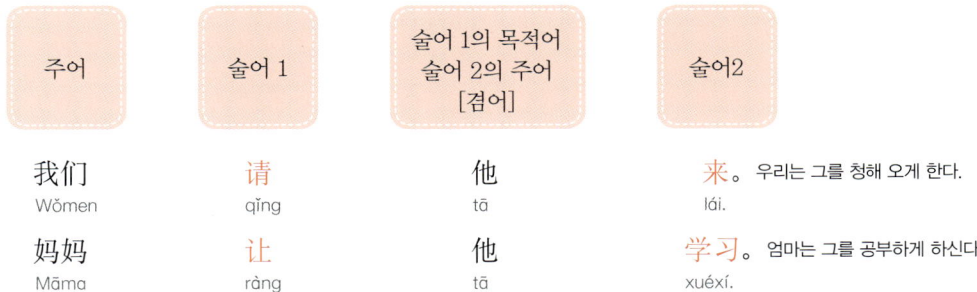

我们 请 他 来。 우리는 그를 청해 오게 한다.
Wǒmen qǐng tā lái.

妈妈 让 他 学习。 엄마는 그를 공부하게 하신다.
Māma ràng tā xuéxí.

2 겸어구문의 특징

(1) 부정부사나 조동사는 일반적으로 첫 번째 술어 앞에 온다.

老师没让我们写作业。 선생님은 우리가 숙제를 하게 하지 않으신다.
Lǎoshī méi ràng wǒmen xiě zuòyè.

我们想请他来一起吃饭。 우리는 그와 함께 식사하기를 청한다.
Wǒmen xiǎng qǐng tā lái yìqǐ chīfàn.

(2) 일반적으로 술어1 뒤에는 '了' '着' '过'를 붙이지 않는다. 만약 필요할 경우, '了'는 술어2의 뒤나 문장 끝에 온다.

爸爸让我叫了一辆出租车。 아버지는 내게 택시를 한 대 불러 오라고 시키셨다.
Bàba ràng wǒ jiào le yí liàng chūzūchē.

我们派他去上海了。 우리는 그를 상하이로 파견하였다.
Wǒmen pài tā qù Shànghǎi le.

(3) 어떤 겸어구문은 주어나 겸어가 생략되기도 한다. 이때, '请'은 사역의 의미가 아니라 'please'의 의미이다.

叫他来。 그 사람을 오라고 해. → 주어가 생략된 경우
Jiào tā lái.

请喝茶。 차를 마시세요. → 주어와 겸어가 모두 생략된 경우
Qǐng hē chá.

■ 밑줄 친 부분의 표현이 맞으면 ○, 틀리면 ✕를 표시하고 바르게 고쳐 보세요.

① 小张让我那件事告诉你。 → (○ , ✕)
샤오장은 나에게 그 일을 너에게 알려주라고 했다.

② 请明天早上你来我这儿一趟。 → (○ , ✕)
내일 아침에 저한테 한 번 와 주세요.

정답
① ✕, 小张让我告诉你那件事。
② ✕, 请你明天早上来我这儿一趟。

04 겸어구문의 분류

爸爸不让我上网聊天儿。 아빠는 내가 인터넷 채팅을 못하게 하신다.
Bàba bú ràng wǒ shàngwǎng liáotiānr.

겸어구문은 크게 '술어가 누구에게 어떤 일을 시킨다'라는 의미를 나타내는 '사역 겸어구문'과 '시키다'라는 의미를 나타내지 않는 '비사역 겸어구문'으로 분류할 수 있다.

1 사역 겸어구문

첫 번째 술어에 '请' '让' '叫' '使' '派' '劝'과 같은 동사를 사용하여 '사역' '요청' '명령' 등을 표현한다.

주어	술어1	겸어	술어2	목적어2	
	请 Qǐng	你 nǐ	早(一)些来。 zǎo (yì) xiē lái.		좀 빨리 오세요.
他 Tā	不让 bú ràng	我 wǒ	替你做。 tì nǐ zuò.		그는 내가 네 대신 하지 못하게 한다.
他 Tā	叫 jiào	我 wǒ	带来 dài lái	一本书。 yì běn shū.	그는 나에게 책 한 권을 가지고 오라고 한다.
他 Tā	使 shǐ	人 rén	去打听 qù dǎting	消息。 xiāoxi.	그는 사람을 보내 소식을 알아보게 한다.
公司 Gōngsī	派 pài	我们 wǒmen	到俄罗斯去工作。 dào Éluósī qù gōngzuò.		회사는 우리를 러시아에 파견하여 일하도록 했다.
你 Nǐ	应该劝 yīnggāi quàn	他们 tāmen	休息休息。 xiūxi xiūxi.		당신은 마땅히 그들이 좀 쉬도록 권해야 한다.

2 비사역 겸어구문

첫 번째 술어에 '사역'이나 '요구'의 의미가 없는 동사를 사용하여 비사역 의미를 나타낸다.

(1) 술어1이 '是'인 겸어구문

첫 번째 술어인 '是'는 겸어에 대한 판단을 나타내고, 두 번째 술어는 겸어에 대하여 해석하거나 설명한다. 일반적으로 주어가 생략된다.

주어	술어1	겸어	술어2	목적어2	
	是 Shì	老师 lǎoshī	帮助 bāngzhù	我们。 wǒmen.	선생님께서 우리를 도와주신 겁니다.
	不是 Bú shì	我 wǒ	去过 qù guo	加拿大。 Jiānádà.	제가 캐나다에 간 적이 있는 게 아닙니다.

(2) 술어1이 '有' '没有'인 겸어구문

첫 번째 술어인 '有' '没有'는 겸어의 존재를 나타내고, 두 번째 술어는 겸어의 동작이나 상태를 서술한다. 이 경우 겸어는 주로 사람을 가리키는 명사나 대명사이며, 주어는 생략할 수 있다.

주어	술어1	겸어	술어2	목적어	
他 Tā	有 yǒu	个哥哥 ge gēge	在北京念 zài Běijīng niàn	大学 dàxué。	그는 베이징에서 대학교에 다니는 형이 한 명 있다.
	没有 Méiyǒu	人 rén	知道 zhīdào	小张去哪儿 Xiǎo Zhāng qù nǎr.	샤오장이 어디로 갔는지 아는 사람이 없다.

(3) 술어1이 호칭이나 인정을 나타내는 겸어구문

주로 첫 번째 술어로 '选 xuǎn 뽑다' '认 rèn 승인하다' '称 chēng 칭하다' '叫 jiào 부르다' 등이 쓰인다.

주어	술어1	겸어	술어2	목적어	
同学们 Tóngxuémen	选 xuǎn	我 wǒ	当 dāng	班长 bānzhǎng。	친구들이 나를 반장으로 선출했다.

(4) 술어1에 일반 동사가 오는 겸어구문

첫 번째 술어에 일반동사가 오고, 그 목적어가 두 번째 술어의 주어 역할을 하는 경우이다.

주어	술어1	겸어	술어2	목적어2	
我 Wǒ	最讨厌 zuì tǎoyàn	他 tā	老吹牛 lǎo chuīniú.		나는 그가 자주 허풍 떠는 것을 가장 싫어한다.
我朋友 Wǒ péngyou	留 liú	我 wǒ	多住 duō zhù	几天 jǐ tiān。	내 친구는 나를 며칠 더 머물게 했다.

3 '겸어구문'과 '연동구문'이 결합된 구문

한 문장에 겸어구문과 연동구문이 함께 쓰인 비교적 복잡한 구문도 있다.

老师让我去办公室拿同学们的成绩单。 → 겸어구문+연동구문
Lǎoshī ràng wǒ qù bàngōngshì ná tóngxuémen de chéngjìdān.
선생님께서 나에게 교무실에 가서 반 친구들의 성적표를 가져오라고 시키셨다.

你写封信叫他赶快来。 → 연동구문+겸어구문
Nǐ xiě fēng xìn jiào tā gǎnkuài lái.
당신이 편지를 써서 그에게 빨리 오라고 하세요.

■ 주어진 어휘를 바르게 배열하여 하나의 문장을 만들어 보세요.

① 让 / 玛丽 / 到图书馆 / 我 / 她 / 找
   메리는 나에게 도서관에 와서 자기를 찾으라고 했다.

② 今天 / 人 / 迟到 / 没有
   오늘 지각한 사람은 없다

정답
① 玛丽让我到图书馆找她。
② 今天没有人迟到。

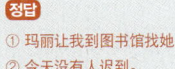

1 두 구를 알맞게 연결하여 완전한 문장을 만들어 보세요.

(1) 我饿死了　　　　　　　　　　·　　　　　·㈀ 咱们吃饭去吧

(2) 这件事情让我想想　　　　　·　　　　　·㈁ 我想请他吃饭

(3) 上次小李帮我很多忙　　　　·　　　　　·㈂ 然后再告诉你怎么做

(4) 他病了　　　　　　　　　　·　　　　　·㈃ 然后回宿舍休息

(5) 上午上完课后就吃午饭　　　·　　　　　·㈄ 我们班同学都去看他

2 주어진 단어를 사용하여 문장을 완성해 보세요.

(1) 他的话＿＿＿＿＿＿＿＿＿＿＿＿＿＿＿＿＿＿。（使 / 感动 / 很 / 我）
그의 말은 나를 매우 감동시켰다.

(2) 我＿＿＿＿＿＿＿＿＿＿＿＿＿＿＿＿说得非常好。（说 / 朋友 / 有个 / 汉语）
나에게는 중국어를 매우 잘하는 친구가 하나 있다.

(3) 妈妈＿＿＿＿＿＿＿＿＿＿＿＿＿＿＿＿＿。（超市 / 牛奶 / 去 / 买）
엄마는 우유를 사러 슈퍼마켓에 가신다.

3 두 문장을 합쳐서 하나의 문장으로 만들어 보세요.

(1) 暑假他想去成都旅游。／ 他想坐火车去。
여름방학에 그는 기차를 타고 청두에 여행을 가고 싶다.

→ ＿＿＿＿＿＿＿＿＿＿＿＿＿＿＿＿＿＿＿＿＿＿＿＿＿＿＿＿＿

(2) 操场上有几个留学生。／ 他们在打篮球。
운동장에서 유학생 몇 명이 농구를 하고 있다.

→ ＿＿＿＿＿＿＿＿＿＿＿＿＿＿＿＿＿＿＿＿＿＿＿＿＿＿＿＿＿

(3) 明年他要去中国。／ 他去上大学。
내년에 그는 중국에 가서 대학에 입학하려고 한다.

→ ＿＿＿＿＿＿＿＿＿＿＿＿＿＿＿＿＿＿＿＿＿＿＿＿＿＿＿＿＿

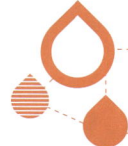

실력 점검하기

1 주어진 단어를 문장의 적합한 위치에 넣어 보세요.

(1) 我想＿＿A＿＿吃＿＿B＿＿饭去＿＿C＿＿看＿＿D＿＿电影。（了）
나는 밥을 먹고 영화를 보러 가고 싶다.

(2) ＿＿A＿＿小王＿＿B＿＿照一张照片＿＿C＿＿寄＿＿D＿＿给奶奶。（要）
샤오왕은 사진을 한 장 찍어서 할머니께 부쳐드렸다.

(3) 小张曾经请＿＿A＿＿我来＿＿B＿＿帮＿＿C＿＿几次＿＿D＿＿忙。（过）
샤오장는 일찍이 나에게 몇 번 도와달라고 부탁한 적이 있다.

2 빈칸에 들어갈 알맞은 구조를 찾아 보세요.

(1) 弟弟打算＿＿＿＿＿＿＿＿＿＿去杭州旅游。 남동생은 시험이 끝난 후 항저우로 여행을 가려고 한다.
   A. 考完了试　　　　　　　B. 考试了
   C. 先考试　　　　　　　　D. 完了考试

(2) 刚才＿＿＿＿＿＿给你打电话。 방금 전에 어떤 사람이 너에게 전화를 했어.
   A. 有些人　　　　　　　　B. 那个人
   C. 一个人　　　　　　　　D. 有个人

(3) 我的女朋友明天到釜山，我＿＿＿＿＿＿＿。
내 여자친구가 내일 부산에 오기 때문에, 나는 공항에 마중을 나가야만 한다.
   A. 去机场要接她　　　　　B. 要机场去接她
   C. 要去机场接她　　　　　D. 机场要去接她

3 밑줄 친 부분을 바르게 고쳐 보세요.

(1) 小李吃早饭了就出去了，到现在还没回来。→ ＿＿＿＿＿＿＿＿＿＿＿＿＿＿＿＿＿
샤오리는 아침을 먹고 나가서 아직까지 안 돌아왔다.

(2) 刚才吃饭的时候有那个人来宿舍找你。→ ＿＿＿＿＿＿＿＿＿＿＿＿＿＿＿＿＿
아까 밥 먹을 때 어떤 사람이 기숙사로 널 찾아 왔다.

(3) 我们没谈话用英语。→ ＿＿＿＿＿＿＿＿＿＿＿＿＿＿＿＿
우리는 영어로 대화하지 않는다.

新 HSK 문제 맛보기

1 알맞은 단어를 골라 문장을 완성해 보세요.

骑   坐   走   旅游   锻炼   结婚

(1) 我们班同学都知道他不想去南方_____。 우리 반 친구들은 모두 그가 남쪽지방으로 여행하고 싶어하지 않는 걸 알아요.

(2) 小李每天早上_____自行车上班。 샤오리는 매일 아침 자전거를 타고 출근한다.

(3) 那里离这儿不远，我们_____着去吧。 그곳은 여기에서 멀지 않으니, 우리 걸어서 갑시다.

2 주어진 어휘를 바르게 배열하여 하나의 문장을 만들어 보세요.

(1) 常常 / 联系 / 他 / 电子邮件 / 跟 / 用 / 朋友们   그는 자주 이메일을 이용해서 친구들과 연락한다.

→ _____

电子邮件 diànzǐ yóujiàn 전자우편, 이메일

(2) 让 / 老师 / 我们 / 下午 / 都 / 图书馆 / 去   선생님은 우리를 오후에 모두 도서관에 가도록 하셨다.

→ _____

(3) 看 / 我 / 没有 / 去 / 朋友 / 时间 / 最近   요즘 나는 친구를 보러 갈 시간이 없다.

→ _____

3 사진을 보고 빈칸에 적합한 단어를 넣어 보세요.

(1)

这个周末我有空去_____。
　　　　　　　　　　　páshān

(2)

请他来给我们_____一下学习经验吧。
　　　　　　　　　jièshào

12. 능동구문과 피동구문

'능동구문'이란 주어가 어떤 동작이나 작용을 스스로 하는 표현을 말하며, '피동구문'이란 주어가 어떤 동작의 대상이 되어 그 작용을 받는 표현을 말한다. 일반적으로 전자는 전치사 '把'를 쓰므로 '把'자 구문이라고 하며, 후자는 전치사를 '被'를 쓰므로 '被'자 구문이라고 한다.

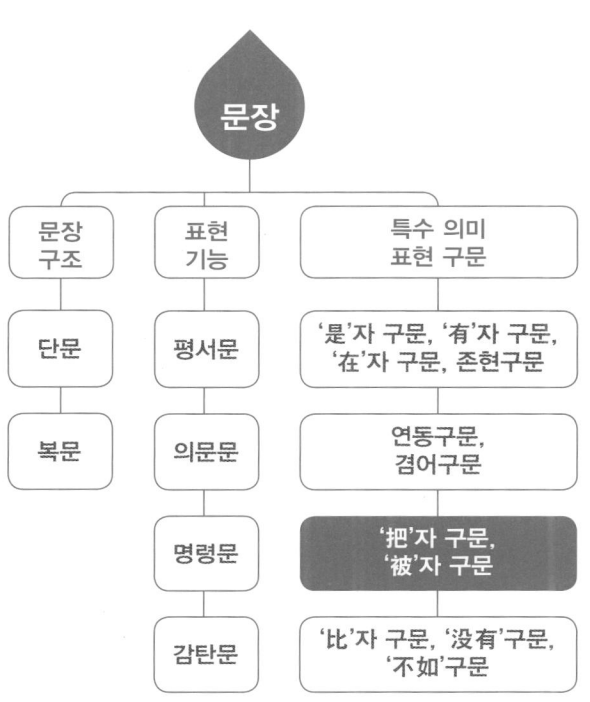

핵심 문법

능동구문과 피동구문

능동구문

'把'자 구문

주어 + 把 + 목적어 + 술어 + 조사 '了/着'
我弟弟把大衣丢了。
Wǒ dìdi bǎ dàyī diū le.

주어 + 把 + 목적어 + 술어 + 동사중첩/수량보어
你把你的意见说(一)说。
Nǐ bǎ nǐ de yìjiàn shuō (yi) shuō.

주어 + 把 + 목적어 + 술어 + 목적어
我把这个消息告诉他。
Wǒ bǎ zhège xiāoxi gàosu tā.

주어 + 把 + 목적어 + 술어 + 보어[결과보어/방향보어/정도보어]
他把手表修好了。
Tā bǎ shǒubiǎo xiū hǎo le.

주어 + 把 + 목적어 + 술어 + 보어[到/在/给/成] + 목적어
我把衣服放到柜子里。
Wǒ bǎ yīfu fàng dào guìzi li.

피동구문

'被'자 구문

주어+被+목적어+술어+조사 '了/过'
蛋糕被小王吃了。
Dàngāo bèi Xiǎo Wáng chī le.

주어+被+목적어+술어+보어[결과보어/방향보어/정도보어/수량보어]
钱被哥哥花光了。
Qián bèi gēge huā guāng le.

전치사 '让' '叫'의 사용
水果让他们吃完了。
Shuǐguǒ ràng tāmen chī wán le.

电脑叫弟弟用坏了。
Diànnǎo jiào dìdi yòng huài le.

의미상의 피동문

我的钱包丢了。
Wǒ de qiánbāo diū le.

他的书放在桌子上了。
Tā de shū fàng zài zhuōzi shang le.

'把'자 구문의 구조와 특징

小王把那杯奶茶喝了。 샤오왕은 그 밀크티를 마셨다.
Xiǎo Wáng bǎ nà bēi nǎichá hē le.

'把'자 구문은 전치사 '把'를 이용해 술어의 영향을 받는 대상을 술어 앞으로 이동시켜, 주어인 행위주체가 그것을 '어떻게 처치하였는가'와 그 처치의 '결과·영향·변화'를 나타낸다.

1 '把'자 구문의 구조

'把'자 구문은 처치결과와 변화상태를 강조하기 위해, 반드시 '把'를 통한 '목적어의 위치 이동'과 술어 뒤에 '부가성분'을 수반한다.

주어[행위주체]	把	목적어[행위대상]	술어[타동행위]	부가성분
我 Wǒ	把 bǎ	那两件衣服 nà liǎng jiàn yīfu	洗 xǐ	了。le.

나는 그 옷 두 벌을 빨았다.

2 '把'자 구문의 특징

(1) '把'자 구문의 목적어는 말하는 사람이나 듣는 사람이 모두 알고 있는 특정한 사물이나 사람이어야 한다. 따라서 단순히 수량관계를 나타내는 '수량사+명사' 구조는 거의 쓰이지 않고, 대부분 지시대명사 '这'나 '那'를 써서 그 의미를 제한한다.

小张把一辆自行车卖了。(×) → 小张把那辆自行车卖了。(○) 샤오장은 그 자전거를 팔았다.
　　　　　　　　　　　　　　　Xiǎo Zhāng bǎ nà liàng zìxíngchē mài le.

그러나 문맥을 통해서 추측이 가능하면, '把'의 목적어가 아무런 수식어를 갖지 않아도 문장이 성립한다.

玛丽今天把衣服买回来了。 메리는 오늘 그 옷을 사 가지고 왔다. → 청자와 화자가 말한 적이 있는 옷
Mǎlì jīntiān bǎ yīfu mǎi huílái le.

> 일반적으로 '把'자 구문은 동사술어문으로 전환될 수 있다. '把'자 구문은 '처치의미'를 강조하지만, 동사술어문은 일반적인 진술을 나타낸다.
>
> 我做完了作业。 나는 숙제를 끝마쳤다. → '무엇을 했는가'란 사건의 일반적인 서술
> Wǒ zuò wán le zuòyè.
>
> 我把作业做完了。 나는 숙제를 끝마쳤다. → 숙제를 '어떻게 처치했는가'를 강조함
> Wǒ bǎ zuòyè zuò wán le.

(2) '把'자 구문의 술어는 반드시 목적어나 보어를 가지고 구체적인 동작을 나타내는 능동적인 동사이어야 한다. '把'자 구문에 쓰지 못하는 동사들은 다음과 같다.
　① 판단이나 상태 등을 나타내는 관계동사 : 是, 有, 在, 像, 姓
　② 행위대상을 갖지 않는 자동사 : 休息, 旅游, 坐, 站, 走
　③ 지각·심리·감각활동을 나타내는 심리동사 : 认为, 知道, 喜欢, 听见, 看见
　④ 어떤 방향으로의 움직임을 나타내는 방향동사 : 上, 下, 来, 去, 起来

　我把这本书非常喜欢了。（×）→　我非常喜欢这本书了。（○） 나는 이 책을 매우 좋아한다.
　　　　　　　　　　　　　　　　Wǒ fēicháng xǐhuan zhè běn shū le.

(3) 특정한 사람이나 사물에 예기치 않은 단순한 실수로 영향을 미쳤을 때도 '把'자 구문을 사용한다. 만일 이런 상황에서 '把'자 구문을 사용하지 않으면, 고의적으로 행동했다는 느낌이 있다.

　对不起，我把你的杯子打破了。 죄송합니다. 제가 실수로 당신의 컵을 깨뜨렸습니다.
　　Duìbùqǐ, wǒ bǎ nǐ de bēizi dǎpò le.

vs. 你的杯子我打破了。 네 컵은 내가 (일부러) 깨뜨렸어.
　　Nǐ de bēizi wǒ dǎpò le.

■ 밑줄 친 부분의 표현이 맞으면 ○, 틀리면 ×를 표시하고, 바르게 고쳐 보세요.
① 对不起，我把这件事情忘了。→（○, ×） 미안합니다. 제가 이 일을 잊었습니다.
② 我们都把这件事情知道了。→（○, ×） 우리는 모두 이 일을 알고 있습니다.

정답
① ○
② ×, 我们都知道了这件事情。

---

02 '把'자 구문의 분류

请把书翻到第十三页。 책의 13페이지를 펴세요.
Qǐng bǎ shū fān dào dì shísān yè.

'把'자 구문에서 동작이나 행위로 생겨난 '결과·변화·상태'를 표현하는 것이 바로 술어 뒤에 오는 '부가성분'이다. 따라서 '把'자 구문에서 '부가성분'을 동반하지 않는 단음절 동사나 단독 동사는 술어로 쓰지 못한다.

他把那个苹果吃。（×）→ 他把那个苹果吃完了。（○） 그는 그 사과를 다 먹었다.
　　　　　　　　　　　Tā bǎ nà ge píngguǒ chī wán le.

1 주어 + 把 + 목적어 + 술어 + 조사 '了/着'

(1) 행위대상에 처치 행위를 가한 후 변화했음을 나타낸다.

주어[행위주체] 　　　　　 목적어[행위대상] 　 술어[타동행위] 　 조사 '了/着'
　我弟弟　　　　　把　　　　大衣　　　　丢　　　　了。 내 남동생은 외투를 잃어버렸다.
　Wǒ dìdi　　　　　bǎ　　　　dàyī　　　　diū　　　　le.

> 동사가 사물이 분리되거나 소실된 결과·상태를 표현하는 경우, 뒤에 '了'만 올 수도 있다. 이러한 구조로 쓰이는 동사로는 '脱 tuō 벗다' '倒 dào 쏟다' '丢 diū 잃어버리다' '寄 jì 부치다' '忘 wàng 잊다' '吃 chī 먹다' '喝 hē 마시다' 등이 있다.
>
> 我把那件事情忘了。 나는 그 일을 잊어버렸다.
> Wǒ bǎ nà jiàn shìqing wàng le.

(2) 동태조사 '着'가 오는 경우, 명령이나 청유의 표현이 되는 경우가 많다.

你把这些钱带着吧。 이 돈을 가지고 있거라.
Nǐ bǎ zhèxiē qián dài zhe ba.

2 주어 + 把 + 목적어 + 술어 + 동사중첩/수량보어

(1) '술어+동사중첩'과 '술어+수량보어'는 짧은 시간 내에 어떤 일을 처리하거나 시도함을 표현한다. 자주 사용하는 수량보어는 '一下 yí xià'와 '一遍 yí biàn'이 있다.

주어[행위주체] 　　　 목적어[행위대상] 　 술어[타동행위] 　 동사중첩/수량보어
　你　　　　把　　　你的意见　　　说　　　(一)说。 당신의 의견을 좀 말해 보세요.
　Nǐ　　　　bǎ　　　nǐ de yìjiàn　　shuō　　(yì) shuō.

　我　　　　把　　　这些汉字　　　写　　　一遍了。 나는 이 한자들을 한 번 썼다.
　Wǒ　　　　bǎ　　　zhèxiē hànzì　　xiě　　　yí biàn le.

> ● '一遍'과 자주 결합하는 동사
> 写 xiě 쓰다 | 听 tīng 듣다 | 说 shuō 말하다 | 讲 jiǎng 이야기하다 | 念 niàn 읽다 | 看 kàn 보다 | 复习 fùxí 복습하다 | 预习 yùxí 예습하다

(2) 이 구문은 특히 희망, 부탁, 권유, 명령의 의미를 표현할 때 자주 사용된다.

请你把这张表填一下。 이 양식의 내용을 좀 채워 주시겠습니까?
Qǐng nǐ bǎ zhè zhāng biǎo tián yíxià.

把你的护照给我看看。 당신의 여권을 좀 보여 주세요.
Bǎ nǐ de hùzhào gěi wǒ kànkan.

3 주어 + 把 + 목적어1 + 술어 + 목적어2

주어[행위주체] 　　 목적어1[행위대상] 　 술어[타동행위] 　 목적어2
　我　　　　把　　　这个消息　　　告诉　　　他。 나는 이 소식을 그에게 알려 주었다.
　Wǒ　　　　bǎ　　　zhège xiāoxi　　gàosu　　tā.

4 주어 + 把 + 목적어 + 술어 + 보어

보어 자리에는 행위대상의 처치결과를 나타내는 결과보어, 행위대상의 이동 방향을 나타내는 방향보어, 행위대상의 상태를 나타내는 정도보어 등이 올 수 있다.

주어[행위주체]		목적어[행위대상]	술어[타동행위]	보어	
他 Tā	把 bǎ	手表 shǒubiǎo	修 xiū	好了。 hǎo le.	그는 손목시계를 다 고쳤다. → 결과보어
我 Wǒ	把 bǎ	你的课本 nǐ de kèběn	带 dài	来了。 lái le.	나는 네 교과서를 가지고 왔다. → 방향보어
小王 Xiǎo Wáng	把 bǎ	他的想法 tā de xiǎngfǎ	说 shuō	得很清楚。 de hěn qīngchu.	→ 정도보어

샤오왕은 자신의 생각을 분명하게 말했다.

5 주어 + 把 + 목적어 + 술어 + 보어[到/在/给/成] + 목적어

술어 뒤에 '到 dào ~까지' '在 zài ~에' '给 gěi ~에게' '成 chéng ~가 되다' 등의 보어와 목적어를 더하여, 동작을 통해 변화된 행위대상의 '위치·상태·변화의 결과'를 나타내기도 한다.

(1) 주어 + 把 + 목적어 + 동사 + 到/在 + 장소

동작·행위를 통해 사람이나 사물이 도달하거나 놓이게 된 위치를 나타낸다.

주어[행위주체]		목적어[행위대상]	술어[타동행위]	보어[到/在]	목적어[장소]
我 Wǒ	把 bǎ	衣服 yīfu	放 fàng	到 dào	柜子里。 guìzi li. 나는 옷을 옷장에 두었다.
我 Wǒ	把 bǎ	钥匙 yàoshi	忘 wàng	在 zài	房间里了。 fángjiān li le. 나는 열쇠를 방 안에 두고 깜박했다.

(2) 주어 + 把 + 목적어 + 동사 + 给 + 대상

행위대상이 처치행위를 통해 전달된 사람을 나타낸다.

주어[행위주체]		목적어[행위대상]	술어[타동행위]	보어[给]	목적어[장소]
我 Wǒ	把 bǎ	作业 zuòyè	交 jiāo	给 gěi	老师了。 lǎoshī le. 나는 숙제를 선생님께 제출했다.

(3) 주어 + 把 + 목적어 + 동사 + 成 + 대상

동작·행위를 통해 변화되어 새로운 결과물이 생겨남을 나타낸다.

주어[행위주체]		목적어[행위대상]	술어[타동행위]	보어[成]	목적어[장소]
我 Wǒ	把 bǎ	韩币 Hánbì	换 huàn	成 chéng	人民币了。 Rénmínbì le. 나는 한화를 인민폐로 바꾸었다.

■ 빈칸에 들어갈 알맞은 단어를 골라 보세요.

① 我把我的地址留_____他了。(到 / 在 / 给) 나는 내 주소를 그에게 남겼다.

② 我把书放_____床上。(到 / 在 / 给) 나는 책을 침대 위에 두었다.

정답

① 我把我的地址留给他了。

② 我把书放在床上。

'把'자 구문 사용 시 주의점

我还没把这本小说看完了。 나는 아직 이 소설을 다 읽지 못했다.
Wǒ hái méi bǎ zhè běn xiǎoshuō kànwán le.

(1) 부사나 조동사와 같은 수식어는 일반적으로 '把' 앞에 위치한다.

他快把空调关上。 그는 재빨리 에어컨을 껐다.
Tā kuài bǎ kōngtiáo guān shang.

我们应该把汉语学好。 우리는 마땅히 중국어를 잘 배워야 한다.
Wǒmen yīnggāi bǎ Hànyǔ xué hǎo.

(2) 시간 부사어는 일반적으로 '把' 앞이나 주어 앞에 오지만, 방향이나 행위·동작을 묘사하는 수식어는 술어 앞에 온다.

我昨天把书还给图书馆了。= 昨天我把书还给图书馆了。 나는 어제 책을 도서관에 반납했다.
Wǒ zuótiān bǎ shū huán gěi túshūguǎn le.　Zuótiān wǒ bǎ shū huán gěi túshūguǎn le.

他把桌子从这儿搬出去了。 그는 탁자를 여기에서 들어냈다.
Tā bǎ zhuōzi cóng zhèr bān chūqù le.

(3) 부정은 주로 '没(有)'를 사용하며, 부정부사는 '把' 앞에 위치한다.

我还没把这本小说看完呢。 나는 아직 이 소설을 읽지 못했다.
Wǒ hái méi bǎ zhè běn xiǎoshuō kàn wán ne.

你别把这件事情告诉别人。 이 일을 다른 사람에게 말하지 마세요.
Nǐ bié bǎ zhè jiàn shìqing gàosu biérén.

(4) 가능보어는 '把'자 구문에 쓸 수 없다.

我把作业做得完。(×) → 我能把作业做完。(○) 나는 숙제를 끝마칠 수 있다.
　　　　　　　　　　　　Wǒ néng bǎ zuòyè zuò wán.

■ 문장의 적절한 위치에 주어진 단어를 넣어 보세요.

① _A_ 你 _B_ 把那个东西 _C_ 放在床上 _D_ 。(可以)
그 물건을 침대 위에 놓아도 된다.

② 我 _A_ 把 _B_ 那些礼物 _C_ 送给朋友了 _D_ 。(已经)
나는 그 선물을 이미 친구에게 주었다.

정답
① B
② A

'被'자 구문의 구조와 특징

他的钱包被人偷了。 그의 지갑은 도둑맞았다.
Tā de qiánbāo bèi rén tōu le.

'被'자 구문은 대표적인 피동구문으로, 다음과 같은 구조와 특징을 가진다.

1 '被'자 구문의 구조

(1) '被'자 구문에서 주어는 '동작·행위를 받는 대상'이고, '被'가 이끄는 성분은 '동작·행위를 가하는 행위주체'이다. '被'자 구문은 주어가 주로 원치 않거나 좋지 않은 행위를 당했을 때 사용한다.

주어[행위대상]	被	목적어[행위주체]	술어[타동행위]	부가성분
那个孩子 Nàge háizi	被 bèi	小李 Xiǎo Lǐ	打 dǎ	了。 le.

그 아이는 샤오리에게 맞았다.

2 '被'자 구문의 특징

(1) '被'자 구문의 주어는 말하는 사람이나 듣는 사람이 모두 알고 있는 특정한 사물이거나 사람이어야 한다.

一本书被他买下来了。(×) → 这本书被他买下来了。(○) 이 책은 그가 샀다.
　　　　　　　　　　　　　　Zhè běn shū bèi tā mǎi xiàlái le.

그러나 문맥을 통해서 추측이 가능하면, 주어에 아무런 수식어가 없어도 문장이 성립된다.

书被他买下来了。(○) 그 책은 그가 샀다.
Shū bèi tā mǎi xiàlái le.

(2) '被'의 목적어인 행위주체가 누구인지 알 수 없거나 밝히고 싶지 않은 경우에는 생략 가능하다.

那本小说被拿走了。 그 책은 (누군가) 가지고 가 버렸다.
Nà běn xiǎoshuō bèi ná zǒu le.

(3) '被'자 구문의 술어는 구체적인 동작 의미를 나타내고, 목적어와 보어를 갖는 동사여야 한다. '把'자 구문과 마찬가지로, 관계동사, 자동사, 방향동사, 구체적 동작을 나타내지 않는 동사는 쓰일 수 없다. 그러나 '知道' '认为' '看见' '听见' '碰见'과 같은 동사는 '被'자 구문에 올 수 있다.

班长被他当了。(×) → 他当了班长。(○) 그는 반장을 맡았다. [그는 반장이 되었다.]
　　　　　　　　　　Tā dāng le bānzhǎng.

他把这件事情知道了。(×) → 这件事情被他知道了。(○) 이 사건은 그가 알게 되었다.
　　　　　　　　　　　　　Zhè jiàn shìqing bèi tā zhīdào le.

- 어휘를 바르게 배열하여, 하나의 문장을 만들어 보세요.
  ① 被 / 好了 / 电视机 / 他 / 修 텔레비전은 그에 의해 고쳐졌다.
  ② 被 / 骗了 / 他 / 别人 그는 남에게 속았다. | 骗 piàn 속이다, 사기치다

정답
① 电视机被他修好了。
② 他被别人骗了。

05 '被'자 구문의 분류

教室被同学们打扫得干干净净。 교실이 학생들에 의해 깨끗하게 청소되었다.
Jiàoshì bèi tóngxuémen dǎsǎo de gānganjìngjìng.

'被'자 구문은 주어가 어떤 동작이나 행위의 영향으로 인해 받게 된 결과나 변화를 강조한다. 따라서 '把' 자 구문과 마찬가지로 '부가성분'을 동반하지 않는 동사를 단독으로 사용할 수 없다. '부가성분'으로 조사 '了' '过' 및 각종 보어들이 올 수 있다.

1 주어 + 被 + 목적어 + 술어 + 조사 '了/过'

주어[행위대상]		목적어[행위주체]	술어[타동행위]	조사 '了/过'	
蛋糕 Dàngāo	被 bèi	小王 Xiǎo Wáng	吃 chī	了。 le.	케이크는 샤오왕이 먹었다.
我们 Wǒmen	被 bèi	老师 lǎoshī	批评 pīpíng	过。 guo.	우리는 선생님에게 혼난 적이 있다.

2 주어 + 被 + 목적어 + 술어 + 보어

주어[행위대상]		목적어[행위주체]	술어[타동행위]	보어	
钱 Qián	被 bèi	哥哥 gēge	花 huā	光了。 guāng le.	돈은 오빠가 다 써 버렸다. → 결과보어
那件事情 Nà jiàn shìqing	被 bèi	弟弟 dìdi	说 shuō	出去了。 chūqù le.	그 사건은 동생에 의해 발설되었다. → 방향보어
这件衣服 Zhè jiàn yīfu	被 bèi	姐姐 jiějie	穿 chuān	得很脏。 de hěn zāng.	이 옷은 언니가 입어서 더러워졌다. → 정도보어
我 Wǒ	被 bèi	他们 tāmen	吓了 xià le	一跳。 yí tiào	나는 그들 때문에 깜짝 놀랐다. → 동량보어

3 피동을 나타내는 전치사 '让' '叫'

(1) '让' '叫'도 '被'처럼 피동구문을 만드는데, 주로 구어에서 쓰인다.

水果让他们吃完了。 과일은 그들이 다 먹어치웠다.
Shuǐguǒ ràng tāmen chī wán le.

电脑叫弟弟用坏了。 컴퓨터는 동생이 고장냈다.
Diànnǎo jiào dìdi yòng huài le.

(2) '被'자 뒤에 오는 행위주체는 생략이 가능하지만, '让' '叫'는 생략이 불가능하다.

玻璃杯子叫打破了。(×) → 玻璃杯子被打破了。(○) 유리컵이 깨졌다.
　　　　　　　　　　　　　Bōlí bēizi bèi dǎpò le.

　　　　　　　　　　 → 玻璃杯子叫玛丽打破了。(○) 유리컵이 메리에 의해 깨졌다.
　　　　　　　　　　　　　Bōlí bēizi jiào Mǎlì dǎpò le.

那些衣服让洗干净了。(×) → 那些衣服让妈妈洗干净了。(○) 그 옷들은 엄마가 깨끗하게 빨았다.
　　　　　　　　　　　　　　Nàxiē yīfu ràng māma xǐ gānjìng le.

■ 밑줄 친 부분의 표현이 맞으면 ○, 틀리면 ×를 표시하고, 바르게 고쳐 보세요.
① 我的照相机让小王借去了。→ (○, ×) 카메라는 샤오왕이 빌려갔다.
② 你说的话叫听见了。→ (○, ×) 네가 한 말을 그들이 들어버렸다.

정답
① ○
② ×, 你说的话叫他们听见了。

06 '被'자 구문 사용 시 주의점

我从来没被妈妈打过。 나는 지금까지 엄마에게 맞아본 적이 없다.
Wǒ cónglái méi bèi māma dǎ guo.

1 '被'자 구문 사용 시 주의점

(1) 부사나 조동사와 같은 수식어가 오면, 일반적으로 '被' 앞에 온다.

电影票可能被卖光了。 영화표는 아마도 다 팔린 것 같다.
Diànyǐng piào kěnéng bèi mài guāng le.

这个问题能被他一个人解决。 이 문제는 그 사람 혼자서 해결할 수 있다.
Zhège wèntí néng bèi tā yí ge rén jiějué.

(2) '被'자 구문의 부정은 주로 '没(有)'를 사용하며, 부정부사는 반드시 '被' 앞에 온다.

这些东西被别人没看见。(×) → 这些东西没被别人看见。 이 물건들은 다른 사람들에게 들키지 않았다.
　　　　　　　　　　　　　　Zhèxiē dōngxi méi bèi biérén kànjiàn.

(3) 조사 '着'와 가능보어는 '被'자 구문에 쓸 수 없다.

我的词典被小张找得到。（×） → 我的词典被小张找到了。（○）　내 사전은 샤오장이 찾았다.
　　　　　　　　　　　　　　　　Wǒ de cídiǎn bèi Xiǎo Zhāng zhǎodào le.

2 의미상의 피동구문 사용 시 주의점

(1) 주어가 사물이고 술어를 통해 피동의 의미가 표현되며, 문장에서 행위주체를 설명할 필요가 없을 때는 전치사 '被'를 사용할 필요가 없다. 이런 유형의 문장을 '의미상의 피동구문'이라고 한다.

我的作业被做完了。（×） → 我的作业做完了。（○）　내 숙제는 끝났다. → 의미상의 피동구문
　　　　　　　　　　　　　Wǒ de zuòyè zuò wán le.

(2) 의미상의 피동구문은 어떤 동작이나 행위의 영향을 받은 후 생겨난 주어의 상태를 표현한다. 주어는 이미 알고 있는 특정한 사물이고, 행위주체는 문장에 나타나지 않는다.

我的钱包丢了。 내 지갑이 없어졌다. [내 지갑을 잃어버렸다.]　　他的书放在桌子上了。 그의 책은 탁자 위에 놓여있다.
Wǒ de qiánbāo diū le.　　　　　　　　　　　　　　　　　　Tā de shū fàng zài zhuōzi shang le.

(3) '被'자 구문은 주로 행위대상이 원치 않는 행위나 손해를 입는 내용인데 반해, 의미상의 피동구문은 객관적인 서술이다.

面包吃了一半。 빵을 절반 먹었다.　　　　　　　　那本小说还给图书馆了。 그 소설을 도서관에 반납했다.
Miànbāo chī le yí bàn.　　　　　　　　　　　　　Nà běn xiǎoshuō huán gěi túshūguǎn le.

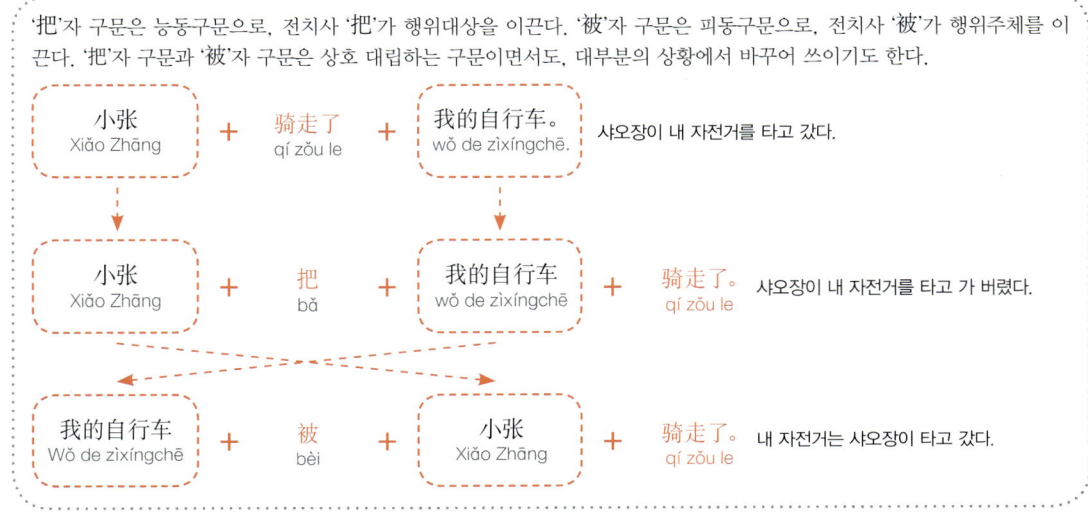

'把'자 구문은 능동구문으로, 전치사 '把'가 행위대상을 이끈다. '被'자 구문은 피동구문으로, 전치사 '被'가 행위주체를 이끈다. '把'자 구문과 '被'자 구문은 상호 대립하는 구문이면서도, 대부분의 상황에서 바꾸어 쓰이기도 한다.

■ 주어진 단어가 들어갈 적절한 위치를 찾아 보세요.

① ＿A＿ 我的电子词典 ＿B＿ 妹妹 ＿C＿ 借去 ＿D＿ 了。（叫）　내 전자사전은 여동생이 빌려 갔다.
② ＿A＿ 那辆自行车 ＿B＿ 上个星期 ＿C＿ 小李 ＿D＿ 卖了。（让）　그 자전거는 지난주에 샤오리가 팔았다.

정답
① B
② C

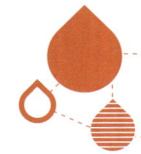 문장 만들기

1 두 구를 알맞게 연결하여 완전한 문장을 만들어 보세요.

(1) 我觉得今天的电视没意思 ·　　　　　　　· ㉠ 把这件衣服洗一下儿

(2) 这件事情早就　　　　　·　　　　　　　· ㉡ 怎么吃得完呢?

(3) 这么多菜　　　　　　　·　　　　　　　· ㉢ 被他们喝光了

(4) 你能不能帮我　　　　　·　　　　　　　· ㉣ 被我们知道了

(5) 五瓶啤酒全都　　　　　·　　　　　　　· ㉤ 把电视机关了

2 주어진 단어를 사용하여 문장을 완성해 보세요.

(1) 你_____。(把 / 不能 / 卖掉 / 自行车)
　　너는 자전거를 팔아버릴 수 없다.

(2) 他_____。(被 / 班长 / 选为 / 大家)
　　그는 모두에 의해 반장으로 선출되었다.

(3) 毕业论文_____。(已经 / 我 / 写好 / 了)
　　졸업 논문을 나는 이미 다 썼다.

3 주어진 문장을 능동구문과 피동구문으로 바꿔 보세요.

(1) 我打碎了那个杯子。
　　나는 그 컵을 깨뜨렸다.
　　→ 我_____。　→ 那个杯子_____。
　　나는 (실수로) 그 컵을 깨뜨렸다.　　그 컵은 내가 깨뜨렸다.

(2) 小王借走了那本小说。
　　샤오왕은 그 책을 빌려갔다.
　　→ 小王_____。　→ 那本小说_____。
　　샤오왕은 그 책을 빌려 갔다.　　　그 책은 샤오왕이 빌려 갔다.

(3) 我已经看完了这本小说。
　　나는 이미 이 소설을 다 봤다.
　　→ 我_____。　→ 这本小说_____。
　　나는 이미 이 소설을 다 봤다.　　이 소설을 나는 이미 다 봤다.

실력 점검하기

1 주어진 단어를 문장의 적절한 위치에 넣어 보세요.

(1) 我＿＿A＿＿刚刚＿＿B＿＿这个消息告诉＿＿C＿＿玛丽，她就＿＿D＿＿哭起来了。
나는 방금 이 소식을 메리에게 전해주었고, 그녀는 바로 울기 시작했다. （把）

(2) 我＿＿A＿＿把他的名字＿＿B＿＿记＿＿C＿＿在＿＿D＿＿心里了。（已经）
나는 이미 그의 이름을 가슴 속에 새겨두었다.

(3) 他刚＿＿A＿＿回到宿舍＿＿B＿＿就＿＿C＿＿叫去＿＿D＿＿接电话了。（被）
그는 기숙사에 막 돌아가자마자, 바로 불려 가서 전화를 받았다.

2 빈칸에 들어갈 알맞은 구조를 찾아 보세요.

(1) 老师让我们＿＿＿＿＿＿＿＿＿＿。 선생님은 우리에게 이 단어들을 세 번 쓰게 하셨다.
　　A. 把写这些生词三遍　　　　B. 把三遍写这些生词
　　C. 把这些生词三遍写　　　　D. 把这些生词写三遍

(2) 墙上的这些字＿＿＿＿＿＿＿＿＿＿。 벽에 이 글자들이 깨끗이 닦일 수 있을까요?
　　A. 被能擦干净吗　　　　　　B. 让能擦干净吗
　　C. 能被擦干净吗　　　　　　D. 能让擦干净吗

(3) 冰箱里的牛奶已经＿＿＿＿＿＿＿＿＿＿。 냉장고 안에 우유는 이미 다 마셔버렸다.
　　A. 被喝完了　　　　　　　　B. 叫喝完了
　　C. 让喝完了　　　　　　　　D. 把喝完了

3 밑줄 친 부분을 바르게 고쳐 보세요.

(1) 我的意见被大家没同意。→ ＿＿＿＿＿＿＿＿＿＿＿＿＿＿＿＿
내 의견에 모두가 동의하지 않았다.

(2) 那杯咖啡他让喝完了。→ ＿＿＿＿＿＿＿＿＿＿＿＿＿＿＿＿
그 잔의 커피는 그가 다 마셨다.

(3) 别着急，你茶把喝了，我们再走。→ ＿＿＿＿＿＿＿＿＿＿＿＿＿＿＿＿
서두르지마. 네가 차를 마시고 나서 가자.

新 HSK 문제 맛보기

1 알맞은 단어를 골라 문장을 완성해 보세요.

> 感动　　生气　　送　　干净　　给　　清楚

(1) 请你一定把这封信交_____你妈妈。 이 편지를 반드시 네 어머니께 전해드려라.

(2) 你没把话说_____，让大家都误会了。 네가 말을 분명하게 하지 않아서, 모두를 오해하게 만들었어.

　　　　　　　　　　　　　　　　　　　　　　　　　误会 wùhuì 오해하다

(3) 我被那个电影_____得哭了。 나는 그 영화에 감동받은 나머지 울어버렸다.

2 주어진 어휘를 바르게 배열하여 하나의 문장으로 만들어 보세요.

(1) 把 / 一直 / 当成 / 老张 / 小孩子 / 自己的儿子　라오장은 줄곧 자신의 아들을 어린아이로 여겨왔다.

→ _____

(2) 让 / 鸡蛋 / 他 / 冰箱里 / 已经 / 放进 / 了　계란은 이미 그가 냉장고 안에 집어넣었다.

→ _____

(3) 被 / 口袋里的 / 放在 / 小偷 / 手机 / 偷走了　주머니 안에 넣었던 휴대전화를 좀도둑이 훔쳐가 버렸다.

→ _____

　　　　　　　　　　　　　　　　　　　　　　　　　口袋 kǒudai 주머니

3 사진을 보고 빈칸에 적절한 단어를 넣어 보세요.

(1) 　　你把_____带着吧。
　　　　　　　　　　　　　　　yǔsǎn

(2) 　　他把开车的时间记_____了，所以没赶上火车。
　　　　　　　　　　　　　　　　　　　　cuò

194

13. 비교표현구문

비교표현구문이란 비교주체[주어]와 비교대상[주로 전치사에 의해 이끌리는 대상] 간의 '차별' '동일' '유사' '우열' 등의 비교관계를 표시하는 구문을 말한다. 이 구문은 일정한 전치사에 의해 표현되지만, 일부 동사나 부사도 비교구문을 만들 수 있다.

핵심 문법

비교표현구문

비교 구문

- **동등 비교**
  - **A + 跟(和) + B + 一样/不一样(+형용사/동사)**
    我的看法跟他的一样。
    Wǒ de kànfǎ gēn tā de yíyàng.

- **차등 비교**
  - **A + 比 + B + 형용사/동사**
    这里的天气比上海热。
    Zhèlǐ de tiānqì bǐ Shànghǎi rè.

  - **A + 有/没有 + B + 这么/那么 + 동사/형용사**
    他没有我这么勇敢。
    Tā méiyǒu wǒ zhème yǒnggǎn.

  - **A + 不如 + B**
    你来不如我去。
    Nǐ lái bùrú wǒ qù.

  - **更 + 형용사/동사**
    我更喜欢中国了。
    Wǒ gèng xǐhuan Zhōngguó le.

- **최상급 비교**
  - **最 + 형용사**
    第十五课的生词是最多的，课文也是最难的。
    Dì shíwǔ kè de shēngcí shì zuì duō de, kèwén yě shì zuì nán de.

- **기타 비교**
  - **형용사 + 一点儿**
    第一本书容易一点儿。
    Dì yī běn shū róngyì yìdiǎnr.

  - **越A越B**
    学习汉语的人越来越多。
    Xuéxí Hànyǔ de rén yuè lái yuè duō.

01 'A+跟[和]+B+一样/不一样' 구문

我新买的衣服跟她的一样。 내가 새로 산 옷은 그녀의 것과 같다.
Wǒ xīn mǎi de yīfu gēn tā de yíyàng.

1 'A + 跟[和] + B + 一样/不一样' 구문의 구조

'A는 B와 같다[다르다]'라는 뜻으로, '비교주체와 비교대상과의 정도가 같거나 다름'을 나타낸다. 이 구문은 전치사 '跟[和]'가 비교대상을 이끈다.

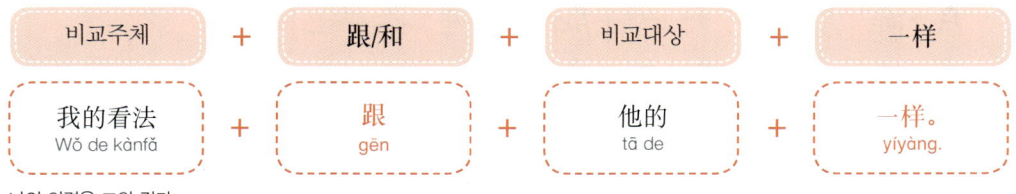

나의 의견은 그와 같다.

2 'A+跟[和]+B+一样/不一样' 구문의 특징

(1) 비교주체와 비교대상 자리에는 명사, 대명사, 동사(구) 등이 올 수 있으며, 상호 간의 구조가 동일하다.

去跟不去一样。 가는 것이 가지 않는 것과 같다.
Qù gēn bú qù yíyàng.

(2) 비교주체와 비교대상에 동일한 성분이 있을 경우, 일반적으로 비교대상에 있는 동일 성분을 생략한다. 또는 동일한 내용을 비교대상의 뒤로 옮겨, 'A + 跟[和] + B + 동일내용 + 一样'의 형식으로 표현하기도 한다.

今天的天气跟昨天(的天气)一样。 오늘의 날씨는 어제와 같다.
Jīntiān de tiānqì gēn zuótiān (de tiānqì) yíyàng.

今天跟昨天天气一样。 오늘은 어제와 날씨가 같다.
Jīntiān gēn zuótiān tiānqì yíyàng.

(3) 부정형식은 술어 '一样' 앞에 부정부사 '不'를 더하거나 'A + 跟[和] + B + 不同'의 형식으로 표현한다.

这本书的内容和那本书不一样。 이 책의 내용은 그 책과 다르다.
Zhè běn shū de nèiróng hé nà běn shū bù yíyàng.

那本书的内容跟这本书不同。 그 책의 내용은 이 책과 다르다.
Nà běn shū de nèiróng gēn zhè běn shū bù tóng.

(4) 이 구문은 문장에서 관형어나 부사어로 쓰일 수 있다.

我想买一本和这本一样的词典。 나는 이것과 같은 사전을 사고 싶다. → 관형어
Wǒ xiǎng mǎi yì běn hé zhè běn yíyàng de cídiǎn.

她和我一样喜欢听音乐。 그녀는 나처럼 음악 듣기를 좋아한다. → 부사어
Tā hé wǒ yíyàng xǐhuan tīng yīnyuè.

■ 주어진 단어를 바르게 배열하여 하나의 문장으로 만들어 보세요.
① 跟 / 一样 / 这把钥匙 / 不 / 那把钥匙 이 열쇠는 그 열쇠와 다르다.
② 跟 / 一样 / 妈妈 / 我 / 早 / 睡得 나는 엄마와 똑같이 일찍 잔다.

정답
① 这把钥匙跟那把钥匙不一样。
② 我睡得跟妈妈一样早。 또는
  我跟妈妈睡得一样早。

02 'A+跟[和]+B+一样/不一样' 구문의 분류

韩国的中国菜和日本的中国菜不一样。
Hánguó de Zhōngguócài hé Rìběn de Zhōngguócài bù yíyàng.
한국의 중국 요리와 일본의 중국 요리는 다르다.

'A+跟(和)+B+一样/不一样' 구문은 '一样' 뒤에 동사나 형용사가 와서 비교결과를 나타내거나, 각종 부사나 정도보어를 더해 다양한 형식으로 쓰일 수 있다.

1 A + 跟[和] + B + 一样/不一样 + 비교결과[형용사/동사]

(1) 'A+跟[和]+B+一样' 뒤에 비교결과를 더하여, 어떤 측면에서 '같고 다름'을 논하는지 명확하게 드러낼 수 있다. 비교결과로 형용사와 동사(구)가 쓰인다.

비교주체		비교대상	一样	비교결과[동사/형용사]
今天 Jīntiān	跟 gēn	昨天 zuótiān	一样 yíyàng	热。 오늘은 어제와 같이 덥다. rè.
我 Wǒ	跟 gēn	我朋友 wǒ péngyou	一样 yíyàng	喜欢吃中国菜。 나는 내 친구처럼 중국 요리 먹는 것을 좋아한다. xǐhuan chī Zhōngguó cài.

(2) 비교결과에 '동사+정도보어'가 오면 비교 의미가 강조된다. '跟[和]+비교대상'은 동사 앞에 오거나 보어 '得' 뒤에 온다.

他跟我说得一样好。 그는 나처럼 말하기를 똑같이 잘한다.
Tā hé wǒ shuō de yíyàng hǎo.

他说得跟我一样好。 그는 말하기를 나와 똑같이 잘한다.
Tā shuō dé hé wǒ yíyàng hǎo.

2 A + 跟[和] + B + 부사 + 一样/不一样

'一样'의 앞에 '差不多 chàbuduō 거의' '几乎 jīhū 거의' '不太 bú tài 그다지' 등의 부사를 넣어 '정도가 근접했거나 충분하지 않다'라는 의미를 더해줄 수 있다.

비교주체		비교대상			
我的性格	和	妈妈	不太	一样。 나는 성격이 엄마와 좀 다르다.
Wǒ de xìnggé	hé	māma	bú tài	yíyàng.
他长得	和	我	差不多	一样高。 그는 키가 나와 거의 같을 정도로 자랐다.
Tā zhǎng de	hé	wǒ	chàbuduō	yíyàng gāo.

'一样/不一样' 앞에 부사 '完全 wánquán 완전히'을 더해 '완전히 같거나 완전히 다름'을 나타낼 수 있다. 단, '很' '非常'과 같은 정도부사는 쓸 수 없다.

韩国人的生活习惯和中国人的非常不一样。(✕)

→ 韩国人的生活习惯和中国人的完全不一样。(○) 한국인의 생활습관과 중국인의 것은 완전히 다르다.
　Hánguórén de shēnghuó xíguàn hé Zhōngguórén de wánquán bù yíyàng.

3 A + 跟[和] + B + 差不多

비교주체와 비교대상이 '거의 같음'을 나타낸다.

비교주체		비교대상		
我的看法	和	他的	差不多。	나의 의견은 그와 거의 같다.
Wǒ de kànfǎ	hé	tā de	chàbuduō.	
他汉语说得	和	中国人	差不多。	그는 중국어를 말하는 게 중국인과 거의 비슷하다.
Tā Hànyǔ shuō de	hé	Zhōngguórén	chàbuduō.	

■ 밑줄 친 부분을 알맞게 고쳐 보세요.
① 我的房间跟妹妹的房间很一样。 내 방은 여동생의 방과 거의 같다.
② 这本书的内容不跟那本书一样。 이 책의 내용은 그 책과 같지 않다.

정답
① 几乎一样 또는 差不多一样
② 跟那本书不一样

'比'자 구문

今天比昨天冷。 오늘은 어제보다 춥다.
Jīntiān bǐ zuótiān lěng.

1 '比'자 구문의 구조

'A는 B보다 ~하다'라는 뜻의 '정도의 차이'를 표현하는 문장으로, 이 구문은 전치사 '比'가 비교대상을 이끈다. '比'자 구문의 기본 구조는 '비교주체+比+비교대상+비교결과[형용사/동사]'로, 비교주체와 비교대상은 사람이나 사물 모두 가능하다.

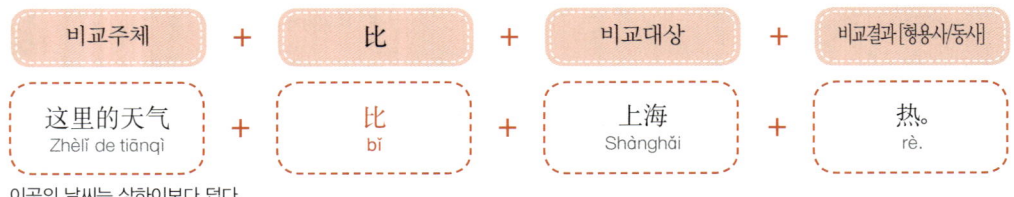

이곳의 날씨는 상하이보다 덥다.

2 '比'자 구문의 특징

(1) '比' 앞뒤에 오는 비교주체와 비교대상의 구조는 서로 유사하며, 비교대상과 비교주체에 동일한 성분이 있으면 생략이 가능하다.

北京的博物馆比上海的(博物馆)多。 베이징의 박물관은 상하이보다 많다.
Běijīng de bówùguǎn bǐ Shànghǎi de (bówùguǎn) duō.

> 비교주체의 내용은 일반적으로 생략이 불가능하고, 비교대상의 내용은 생략 가능하다.
> 他比我的房间大。(×) → 他的房间比我的(房间)大。(○) 그의 방은 내 방보다 크다.
> Tā de fángjiān bǐ wǒ de (fángjiān) dà.

(2) '比'자 구문의 부정은 일반적으로 '没有'를 사용한다.

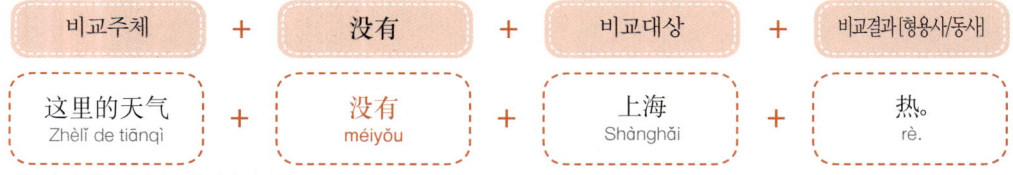

이곳의 날씨는 상하이보다 덥지 않다.

'比' 앞에 '不'를 사용해 부정할 수도 있는데, 이때 '没有'를 사용할 때의 의미와 쓰임에서 차이를 보인다.

① 'A不比B+비교결과'는 'A比B+비교결과'의 반대 뜻과 'A跟B+一样+비교결과'의 뜻을 모두 나타낸다.

智能手机不比电脑便宜。 스마트폰은 컴퓨터보다 싸지 않다. [스마트폰은 컴퓨터와 마찬가지로 비싸다.]
Zhìnéng shǒujī bù bǐ diànnǎo piányi.

② '没有'는 소극적 색채의 의미를 나타내는 형용사와 결합하지 않지만, '不比'는 이런 제한이 없다.

我的房间没有你的小。(×) → 我的房间没有你的大。(○) 내 방은 네 방만큼 크지 않다.
　　　　　　　　　　　　　Wǒ de fángjiān méiyǒu nǐ de dà.

　　　　　　　　　　　　　我的房间不比你的小。(○) 내 방은 네 방보다 작지 않다.[작지는 않다]
　　　　　　　　　　　　　Wǒ de fángjiān bù bǐ nǐ de xiǎo.

■ 밑줄 친 부분을 바르게 고쳐 보세요.

① 我的汉语比玛丽的不好。 나는 중국어를 메리보다 잘하지 못한다.
② 那件衣服有这件衣服没漂亮。 그 옷은 이 옷보다 예쁘지 않다.

정답
① 我的汉语不比玛丽的好。
② 那件衣服没有这件衣服漂亮。

'比'자 구문의 분류

玛丽唱歌比我唱得好听多了。 메리는 나보다 노래를 훨씬 듣기 좋게 부른다.
Mǎlì chàng gē bǐ wǒ chàng de hǎotīng duō le.

'A+比+B+형용사/동사'의 구조에 각종 부사나 보어를 더하여 다양한 정도의 차이를 표현할 수 있다.

1 비교주체 + 比 + 비교대상 + 부사어[更/还] + 비교결과

(1) '정도가 한층 더함'을 표현할 때는 비교결과 앞에 '더 ~하다'라는 뜻의 부사 '更 gèng' '还 hái'를 더해준다.

비교주체		비교대상		비교결과
她	比	我	更	胖。 그녀는 나보다 더 뚱뚱하다.
Tā	bǐ	wǒ	gèng	pàng.

(2) '更/还'는 대상과의 비교 정도를 나타내므로 비교구문에서 쓰일 수 있지만, 주관적 정도성을 나타내는 '很' '非常' '太'와 같은 정도부사는 비교표현에 사용할 수 없다.

我的汉语比他很差。(✗) → 我的汉语比他差得远了。(○) 나는 중국어를 그보다 훨씬 못한다.
　　　　　　　　　　　　　Wǒ de Hànyǔ bǐ tā chà de yuǎn le.

2 비교주체 + 比 + 비교대상 + 비교결과 + 보어[一点儿/一些/多了/得多/得远]

(1) 비교결과 뒤에 '조금[약간] ~하다'라는 뜻의 '一点儿' '一些'를 더하여, 정도의 차이가 '그리 크지 않음'을 나타낸다.

비교주체		비교대상	비교결과	보어[정도]
弟弟	比	妹妹	高	一点儿。 남동생이 여동생보다 약간 더 크다.
Dìdi	bǐ	mèimei	gāo	yìdiǎnr.

(2) 비교결과 뒤에 '多了 duō le' '得多 de duō' '得远 de yuǎn' 등과 같은 보어를 더하여, '비교결과의 차이가 상당히 큼'을 강조할 수 있다.

弟弟比妹妹高多了。 남동생이 여동생 보다 훨씬 크다.
Dìdi bǐ mèimei gāo duō le.

(3) 비교결과 뒤에 수량보어를 더하여, 비교주체와 비교대상 간의 구체적인 차이를 나타낼 수 있다.

我比弟弟大一岁。 나는 남동생보다 한 살이 많다.
Wǒ bǐ dìdi dà yí suì.

3 비교주체 + 比 + 비교대상 + 비교결과[동사]

(1) '比'자 구문의 비교결과로 동사(구)가 오기도 한다. 동사 역시 비교의미를 강조하기 위해, 정도부사 '更/还'의 수식을 받는다.

비교주체　　　　　　　비교대상　　　　　　　비교결과[동사]　　목적어
玛丽　　**比**　　**我**　　**更**　　**喜欢**　　**中国**。 메리는 나보다 더욱 중국을 좋아한다.
Mǎlì　　bǐ　　wǒ　　gèng　　xǐhuan　　Zhōngguó.

(2) 비교결과에 정도보어가 오는 경우, '比＋비교대상'은 동사 앞에 오거나 보어 '得' 뒤에 온다.

小李比我睡得晚。 샤오리는 나보다 늦게 잔다.　　　小张做得比我快。 샤오장은 일 하는 것이 나보다 빠르다.
Xiǎo Lǐ bǐ wǒ shuì de wǎn.　　　　　　　　　　Xiǎo Zhāng zuò de bǐ wǒ kuài.

(3) 동사가 정도보어와 목적어를 모두 가지는 경우, 동사를 중복하거나 목적어를 앞으로 전치시킨다.

我说汉语说得比他好多了。 나는 중국어를 말하는 것이 그 사람보다 훨씬 낫다.
Wǒ shuō Hànyǔ shuō de bǐ tā hǎo duō le.

我汉语说得比他好多了。 나는 중국어를 말하는 게 그 사람보다 훨씬 낫다.
Wǒ Hànyǔ shuō de bǐ tā hǎo duō le.

(4) 정도보어와 수량보어는 함께 오지 못한다.

我比小王来得早五分钟。（×）　→　我比小王早来五分钟。（○） 나는 샤오왕보다 5분 먼저 왔다.
　　　　　　　　　　　　　　　　　Wǒ bǐ Xiǎo Wáng zǎo lái wǔ fēnzhōng.

> 구체적인 수량보어를 갖는 동사는 동사 앞에 '多 duō 많이' '少 shǎo 적게' '早 zǎo 일찍, 빨리' '晚 wǎn 늦게' 등의 수식어를 갖는다.
> 他吃饭比我吃得多。 그는 밥을 나보다 많이 먹는다.　→　他比我多吃了两碗饭。 그는 나보다 밥을 두 그릇 더 먹었다.
> Tā chīfàn bǐ wǒ chī de duō.　　　　　　　　　　　　Tā bǐ wǒ duō chī le liǎng wǎn fàn.

■ 보기를 참고하여 빈칸에 알맞은 단어를 넣어 보시오.

① [小王 : 175cm / 小张 : 180cm] 小张比小王高_____公分 샤오장은 샤오왕보다 5cm 더 크다.
② [我 : 50块钱 / 玛丽 : 30块钱] 我比玛丽_____花了20块钱。 나는 메리보다 20원 더 많이 썼다.

정답
① 5
② 多

 **'A+有/没有+B+这么/那么+형용사/동사' 구문**

我说汉语没有他那么好。 나는 중국어를 말하는 것이 그 사람만큼 잘하지 못한다.
Wǒ shuō Hànyǔ méiyǒu tā nàme hǎo.

1 'A + 有/没有 + B + 这么/那么 + 형용사/동사' 구문의 구조

'A는 B만큼 ~하다[못하다]'의 뜻으로, '비교주체가 비교결과가 표현하는 기준이나 정도에 이르거나 이르지 못함'을 나타낸다. '有/没有'가 비교대상을 이끈다.

그는 나만큼 이렇게 용감하지 않다.

2 'A + 有/没有 + B + 这么/那么 + 동사/형용사' 구문의 특징

(1) 정도를 표현하는 '这么/那么'는 생략이 가능하며, 부사어는 '有/没有' 앞에 온다.

我儿子快有我这么高了。 내 아들은 곧 나만큼 클 것이다.
Wǒ érzi kuài yǒu wǒ zhème gāo le.

> '没有'를 쓰는 비교구문과 '比'를 쓰는 비교구문은 앞뒤 성분을 서로 바꾸어 쓰면 같은 의미를 표현할 수 있다.
> 我没有他细心。 나는 그만큼 세심하지 못하다. → 他比我细心。 그는 나보다 세심하다.
> Wǒ méiyǒu tā xìxīn.　　　　　　　　　　　　　Tā bǐ wǒ xìxīn.

(2) 이 구문은 부정형식이 더 일반적으로 쓰인다.

我说汉语没有他那么好。 나는 중국어를 그 사람만큼 그렇게 잘하지는 못한다.
Wǒ shuō Hànyǔ méiyǒu tā nàme hǎo.

(3) 의문문은 문장 끝에 의문조사 '吗'를 더하거나, 정반형식인 '有没有'를 쓴다.

今天有昨天那么热吗? 오늘은 어제만큼 더운가요?
Jīntiān yǒu zuótiān nàme rè ma?

今天有没有昨天那么热? [=今天有昨天那么热没有?] 오늘은 어제만큼 더운가요, 아닌가요?
Jīntiān yǒu méiyǒu zuótiān nàme rè?

(4) 비교결과에 동사가 쓰인 경우, 뒤에 정도보어를 더해 비교의 의미를 강조할 수 있다. '有/没有+비교대상'은 동사 앞에 오거나 보어 '得' 뒤에 온다.

小李唱歌没有小张唱得好。 샤오리는 노래를 샤오장만큼 잘 부르지는 못한다.
Xiǎo Lǐ chànggē méiyǒu Xiǎo Zhāng chàng de hǎo.

他汉语说得没有我好。 그는 중국어를 나만큼 잘 말 하지는 못한다.
Tā Hànyǔ shuō de méiyǒu wǒ hǎo.

(5) 비교결과에 '조동사+동사' 구조가 오기도 한다.

我没有他那么会说。 나는 그 사람만큼 그렇게 말을 잘하지는 못한다.
Wǒ méiyǒu tā nàme huì shuō.

■ 주어진 단어를 바르게 배열하여 하나의 문장으로 만들어 보세요.
① 有 / 跑 / 快 / 你 / 他 / 得 / 吗 당신은 그 사람만큼 빨리 뜁니까?
② 没有 / 快 / 骑车 / 坐车 자전거를 타고 가는 것은 자동차를 타고 가는 것만큼 빠르지 않다.

정답
① 你有他跑得快吗?
② 骑车没有坐车快。

06 'A+不如+B' 구문

我的学习不如他。 나는 공부가 그 사람만 못하다.
Wǒ de xuéxí bùrú tā.

1 'A + 不如 + B' 구문의 구조

'A+不如+B(+형용사)' 구문은 'A가 B만 못하다'의 뜻으로, 동사 '不如'를 통해 비교주체를 부정하고 비교대상을 긍정하는 비교구문이다.

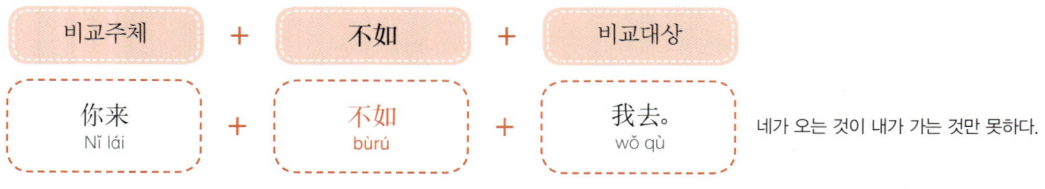

비교주체 + 不如 + 비교대상

你来 + 不如 + 我去。 네가 오는 것이 내가 가는 것만 못하다.
Nǐ lái   bùrú   wǒ qù.

'A+不如+B'의 의미는 'B+比+A+好'의 의미와 유사하다.
我的口语不如玛丽。 나는 회화가 메리만 못하다. → 玛丽的口语比我好。 메리의 회화는 나보다 낫다.
Wǒ de kǒuyǔ bùrú Mǎlì.   Mǎlì de kǒuyǔ bǐ wǒ hǎo.

2 'A + 不如 + B(+형용사)' 구문의 특징

(1) 비교주체와 비교대상에 명사, 동사, 문장이 모두 올 수 있는데, 단 '不如' 앞뒤 구조는 동일해야 한다.

这本书不如那本书。 이 책은 그 책만 못하다.
Zhè běn shū bùrú nà běn shū.

(2) 이 구문은 비교주체가 비교대상이 가지는 이상적인 성질, 특징, 상태에 미치지 못함을 나타낸다. 필요한 경우, 비교결과에 적극적 의미의 형용사를 더하여, 비교기준을 명확히 제시할 수 있다.

비교주체   비교대상   비교결과
北京的夏天   不如   秋天   舒服。
Běijīng de xiàtiān   bùrú   qiūtiān   shūfu.

(3) 비교결과에 '동사+정도보어'가 오기도 한다. 이때 '不如+비교대상'은 동사(구) 앞이나 동사구를 중복시킨 후, 그 뒤에 오거나 혹은 보어 '得' 뒤에 온다.

我不如他说汉语说得流利。 나는 중국어를 말하는 것이 그가 말하는 것만큼 유창하지 못하다.
Wǒ bùrú tā shuō Hànyǔ shuō de liúlì.

[= 我说汉语不如他说得流利。 / 我说汉语说得不如他流利。]
　　Wǒ shuō Hànyǔ bùrú tā shuō de liúlì.　　Wǒ shuō Hànyǔ shuō de bùrú tā liúlì.

(4) 문장 안에 수량구를 더하여 무엇을 비교하는지 분명히 할 수 있다.

小李跑一百米不如小王跑得快。 샤오리는 100m 달리기가 샤오왕처럼 빠르지 못하다.
Xiǎo Lǐ pǎo yìbǎi mǐ bùrú Xiǎo Wáng pǎo de kuài.

'不如'와 '没有'는 모두 '비교기준에 미치지 못함'을 나타내고, 그 용법도 유사하다. 단, '不如'의 비교결과는 주로 형용사가 오거나 생략이 가능하지만, '没有'의 경우 비교결과를 생략할 수 없다.

那件衣服不如这件(漂亮)。 그 옷은 이 옷만 못하다.   那件衣服没有这件漂亮。 그 옷은 이 옷만큼 예쁘지 않다.
Nà jiàn yīfu bùrú zhè jiàn (piàoliang).   Nà jiàn yīfu méiyǒu zhè jiàn piàoliang.

■ 주어진 단어를 바르게 배열하여 하나의 문장으로 만들어 보세요.
  ① 不如 / 容易 / 这一课 / 那一课 이 과는 그 과만큼 쉽지 않다.
  ② 不如 / 快 / 骑车 / 坐车 자전거를 타고 가는 것은 자동차를 타고 가는 것만큼 빠르지 않다.

정답
① 这一课不如那一课容易。
② 骑车不如坐车快。

'最'와 '更' 구문

他的个子在我们班里最高。 그의 키는 우리 반에서 제일 크다.
Tā de gèzi zài wǒmen bān lǐ zuì gāo.

1 최상급 비교구문 : 最 + 형용사

(1) '비교주체가 동일한 사물 안에서 가장 뛰어남'을 설명한다.

第十五课的生词是最多的，课文也是最难的。 제15과는 새 단어가 가장 많고, 본문도 가장 어렵다.
Dì shíwǔ kè de shēngcí shì zuì duō de, kèwén yě shì zuì nán de.

小张学习最认真，所以成绩也最好。 샤오장은 공부를 제일 열심히 해서 성적도 제일 뛰어나다.
Xiǎo Zhāng xuéxí zuì rènzhēn, suǒyǐ chéngjì yě zuì hǎo.

(2) '最'는 심리활동을 나타내는 동사 앞에도 쓰일 수 있다.

我最喜欢在这个餐厅吃饭。 나는 이 식당에서 밥 먹는 것을 가장 좋아한다.
Wǒ zuì xǐhuan zài zhège cāntīng chīfàn.

父母们最关心孩子们的健康。 부모님들은 아이들의 건강에 가장 관심을 가진다.
Fùmǔmen zuì guānxīn háizimen de jiànkāng.

2 상대 비교구문 : 更 + 형용사/심리동사

(1) '비교주체는 비교대상이 본래 가지고 있는 성질이나 상태보다 진일보하여 심해짐'을 나타낸다.

北京冬天很冷，哈尔滨冬天更冷。 베이징의 겨울은 추운데, 하얼빈의 겨울은 더 춥다.
Běijīng dōngtiān hěn lěng, Hā'ěrbīn dōngtiān gèng lěng.

我更喜欢中国了。 나는 중국을 더욱 좋아하게 되었다.
Wǒ gèng xǐhuan Zhōngguó le.

(2) '更'은 비교구문에서 사용되어, 상대적인 정도의 심화를 나타낸다.

昨天很热，今天比昨天更热。 어제도 더웠는데, 오늘은 어제보다 더 덥다.
Zuótiān hěn rè, jīntiān bǐ zuótiān gèng rè.

现在他汉语说得比以前更流利了。 현재 그는 중국어를 전보다 더 유창하게 한다.
Xiànzài tā Hànyǔ shuō de bǐ yǐqián gèng liúlì le.

3 '最+형용사/심리동사'와 '更+형용사/심리동사' 구문의 비교

'最'와 '更'은 모두 비교의 의미를 가지고 있지만, 쓰임과 의미에 있어 다음과 같은 차이점을 가진다.

(1) '最'는 '比'자 구문에 사용될 수 없지만, '更'은 쓸 수 있다.

她比以前最漂亮。（×） → 她比以前更漂亮了。（○） 그녀는 예전보다 더 예뻐졌다.
　　　　　　　　　　　　　Tā bǐ yǐqián gèng piàoliang le.

(2) '最'는 비교범위 내에서 정점에 도달했음을, '更'은 비교대상보다 정도가 심화되었음을 나타낸다.

今天最热了。 오늘이 가장 덥다. → 다른 날은 모두 오늘만큼 덥지 않았다.
Jīntiān zuì rè le.

今天更热了。 오늘이 더 덥다. → 다른 날과 비교할 때, 오늘은 더운 정도가 더해졌다.
Jīntiān gèng rè le.

■ 밑줄 친 부분을 바르게 고쳐 보세요.
① 小李的发音比别的同学最好。 샤오리의 발음이 다른 학생들보다 더 좋다.
② 这个星期，星期三是更忙的。 이번 주에는 수요일이 가장 바쁘다.

정답
① 更好
② 最忙

기타 비교구문

他汉语说得越来越好了。 그는 중국어를 점점 더 잘한다.
Tā Hànyǔ shuō de yuè lái yuè hǎo le.

1 형용사 + 一点儿

(1) 형용사 뒤에 수량보어 '一点儿 yìdiǎnr 조금/약간'을 더하면, 비교결과로 상호 간의 차이를 나타낸다. 비교대상은 이미 모두 아는 내용이므로, 문장에서 생략할 수 있다.

小张高一点儿，小王矮一点儿。 샤오장은 조금 크고, 샤오왕은 약간 작다.
Xiǎo Zhāng gāo yìdiǎnr, Xiǎo Wáng ǎi yìdiǎnr.

(跟第二本相比)第一本书容易一点儿。 (두 번째 책과 비교해서) 첫 번째 책은 약간 쉽다.
(Gēn dì'èr běn xiāngbǐ) Dìyī běn shū róngyì yìdiǎnr.

(2) '형용사+一点儿'은 '比'자 구문의 비교결과의 보어로 쓰여, '정도가 그다지 높지 않음'을 나타낸다.

这双鞋比那双好看一点儿。 이 신발은 저 신발보다 약간 더 예쁘다.
Zhè shuāng xié bǐ nà shuāng hǎokàn yìdiǎnr.

> '一点儿'은 형용사 앞에 올 수 없으며, 형용사 앞에는 반드시 '有点儿 yǒudiǎnr 조금/약간'을 써야 한다. '有点儿+형용사'는 '정도가 그다지 높지 않음'을 나타내는데, 주로 '여의치 않거나 약간 만족스럽지 않다'라는 어투를 나타낸다.
>
> 我最近有点儿忙。 나는 요즘 조금 바쁘다. 　 这儿的东西有点儿贵。 여기의 물건은 약간 비싸다.
> Wǒ zuìjìn yǒudiǎnr máng. 　 Zhèr de dōngxi yǒudiǎnr guì.

2 越 + A + 越 + B / 越来越 + 형용사

(1) '越+A+越+B' 구문은 'A의 상황 변화에 따라 B의 정도가 발전함'을 나타낸다. '越'의 뒤에는 동사와 형용사만 올 수 있다.

小张汉语越说越好。 샤오장은 중국어를 말하면 할수록 잘한다. 　 雨越下越大。 비가 내리면 내릴수록 세차진다.
Xiǎo Zhāng Hànyǔ yuè shuō yuè hǎo. 　 Yǔ yuè xià yuè dà.

(2) '越来越+형용사' 구문은 '시간의 흐름에 따라 정도가 변화함'을 나타낸다.

学习汉语的人越来越多。 중국어를 배우는 사람이 갈수록 점점 많아진다.
Xuéxí Hànyǔ de rén yuè lái yuè duō.

夏天来了，天气越来越热了。 여름이 오니, 날씨가 점점 더워졌다.
Xiàtiān lái le, tiānqì yuè lái yuè rè le.

(3) '越A越B'와 '越来越+형용사' 구문은 모두 상황과 정도의 변화를 나타내며, 자체적으로 '정도의 높음'을 나타내므로 '很' '非常' '最'와 같은 정도부사를 쓸 필요가 없다.

我们学的课文越来越非常难。（✗）
→ 我们学的课文越来越难。（○） 우리가 배우는 본문은 점점 어려워진다.
　Wǒmen xué de kèwén yuè lái yuè nán.

■ 해석을 참고하여 빈칸에 알맞은 단어를 넣어 보세요.
① 这件事情，我_____想_____不明白。 이 일을 나는 생각하면 할수록 잘 모르겠다.
② 这个东西便宜_____。 이 물건은 조금 싸다.

정답
① 越, 越
② 一点儿

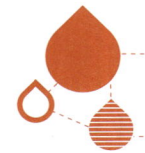 **문장 만들기**

1 두 구를 알맞게 연결하여 완전한 문장을 만들어 보세요.

⑴ 小王比我 ・　　　　　　　　　・㉠ 跟我们的一样大

⑵ 他们的宿舍 ・　　　　　　　　・㉡ 那么热闹

⑶ 那些同学 ・　　　　　　　　　・㉢ 早来了半个小时

⑷ 他的成绩 ・　　　　　　　　　・㉣ 越来越好

⑸ 香港有上海 ・　　　　　　　　・㉤ 不如你们那么认真学习

2 주어진 단어를 사용하여 문장을 완성해 보세요.

⑴ 他_____。（比 / 更 / 现在 / 以前 / 努力）
그는 지금 예전보다 더욱 노력한다.

⑵ 他说英语_____。（跟 / 那么 / 就 / 说汉语 / 流利）
그가 영어를 말하는 것이 중국어를 말하는 것처럼 유창하다.

⑶ 今天_____。（昨天 / 不如 / 暖和 / 那么）
오늘은 어제처럼 따뜻하지 않다.

3 주어진 단어를 이용하여 같은 의미의 비교구문으로 바꿔 보세요.

⑴ 哥哥十八岁，妹妹十六岁。（比）
오빠는 여동생보다 두 살이 많다.

→ _____

⑵ 这个菜还可以，那个菜好吃。（不如）
이 요리는 그 요리만큼 맛있지 않다.

→ _____

⑶ 我姐姐的钱包不怎么样，我的钱包很漂亮。（没有）
우리 언니의 지갑은 내 지갑만큼 예쁘지 않다.

→ _____

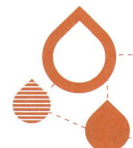 실력 점검하기

1 주어진 단어를 문장의 적절한 위치에 넣어 보세요.

(1) 去济州岛旅行跟去上海____A____旅行____B____差不多____C____贵____D____。（一样）
제주도로 여행가는 것은 상하이로 여행가는 것과 거의 비슷하게 비싸다.

济州岛 Jìzhōudǎo 제주도

(2) 小张说话比____A____小李说____B____得____C____慢____D____。（一点儿）
샤오장은 말하는 게 샤오리보다 조금 느리다.

(3) 这张大的照片____A____比____B____小的____C____清楚____D____多少。（不）
이 큰 사진은 작은 것 보다 어느정도 뚜렷하지 않다.

2 빈칸에 들어갈 알맞은 구조를 찾아보세요.

(1) 北京的冬天比首尔的_____，你要多带些衣服。
베이징의 겨울은 서울보다 훨씬 추우니까, 옷을 좀 더 챙기세요.

    A. 很冷　　　　B. 最冷　　　　C. 冷得多　　　　D. 冷死了

(2) 他的汉语水平没有你那么_____。
그의 중국어 수준은 너만큼 그렇게 높지 않다.

    A. 不高　　　　B. 高　　　　C. 进步　　　　D. 多

(3) 这个地方吃饭的习惯_____。
이 곳의 식사 습관은 우리와 다르다.

    A. 跟我们不一样　　　　　B. 没有我们一样
    C. 不跟我们一样　　　　　D. 不比我们一样

3 밑줄 친 부분을 바르게 고쳐 보세요.

(1) 我觉得你住的地方<u>最安静极了</u>。→ _____
내가 생각하기에 네가 사는 곳이 가장 조용한 것 같아.

(2) 弟弟学汉语<u>比妹妹学习好</u>。→ _____
남동생이 중국어를 배우는 것이 여동생이 배우는 것보다 낫다.

(3) 这间屋子有那间屋子<u>很大</u>。→ _____
이 방은 그 방만큼 크다.

新 HSK 문제 맛보기

1 알맞은 단어를 골라 문장을 완성해 보세요.

> 完全   一样   一点儿   不一样   有点儿   更

(1) 现在的情况还跟以前_____，没有变化。 지금의 상황은 여전히 예전과 똑같고 변화가 없다.

(2) 我的手表比学校的钟要快_____。 내 손목시계는 학교의 시계보다 조금 빠르다.

手表 shǒubiǎo 손목시계 | **钟** zhōng 시계

(3) 这个学校学的书跟我以前在韩国学的_____不一样。
이 학교에서 배우는 책은 내가 예전에 한국에서 배운 책과 완전히 다르다.

2 주어진 어휘를 바르게 배열하여 하나의 문장을 만들어 보세요.

(1) 比 / 快 / 坐火车 / 小时 / 坐汽车 / 一个   기차를 타고 가는 것이 자동차를 타고 가는 것 보다 1시간 빠르다.

→ _____

(2) 不如 / 玛丽 / 漂亮 / 穿裤子 / 穿裙子   메리는 바지를 입은 것이 치마를 입은 것처럼 예쁘지 않다.

→ _____

(3) 没有 / 那么 / 游泳 / 我 / 哥哥 / 喜欢   나는 오빠만큼 그렇게 수영을 좋아하지 않는다.

→ _____

3 사진을 보고 빈칸에 적절한 단어를 써 보세요.

(1)

八月十六的_____比八月十五的还圆呢！
　　　　　　yuèliang

圆 yuán 둥글다

(2)

秋天的香山比春天_____得多。
　　　　　　　　　piàoliang

모범답안

- 문제 만들기
- 실력 점검하기
- 新 HSK 문제 맛보기

모범답안

02 체언

실력 점검하기

1
(1) 哪儿　(2) 几　(3) 怎么

2
(1) 5,767　(2) 82,000
(3) 101.88　(4) $2\frac{1}{5}$

3
(1) ㄴ, 一把
(2) ㄱ, 两件
(3) ㄷ, 四杯

新 HSK 문제 맛보기

1
(1) 半　(2) 遍　(3) 东边

2
(1) 你的房间号码是多少？/ 你房间的号码是多少？
(2) 同学们都非常高兴。
(3) 玛丽在北京语言大学学习汉语。

3
(1) 中间　(2) 什么

03 용언

실력 점검하기

1
(1) B　(2) B　(3) D

2
(1) 会　(2) 可以　(3) 能

3
(1) ✕, 很准确　(2) ○　(3) ✕, 不难

新 HSK 문제 맛보기

1
(1) ㄷ　A : 당신은 남쪽지방 사람인가요?
　　　　B : 저는 북쪽지방 사람인데, 예전에 남쪽지방에서 5년간 일한 적이 있습니다.
(2) ㄴ　A : 이 춤을 당신은 다시 한 번 출 수 있나요?
　　　　B : 좋습니다. 우리 먼저 좀 쉬어요. 잠시 후에 다시 가르쳐 줄게요.
(3) ㄱ　A : 메리, 이 시계 참 예쁘다! 꽤 비싸지?
　　　　B : 이건 산 게 아니고, 친구가 내게 선물해 준 거야.

2
(1) 老师教我们唱中文歌。
(2) 我觉得北京的秋天很美。 또는
　　北京的秋天我觉得很美。
(3) 明天不上课，可以好好儿休息休息。

3
(1) 睡觉　(2) 干净

04 허사(1)

실력 점검하기

1
(1) C　(2) D　(3) A

2
(1) 离　(2) 和　(3) 给

3
(1) ㄴ 월요일부터 수업을 시작한다.
(2) ㅁ 그는 1949년에 태어났다.
(3) ㄹ 우리 반의 친구들은 5개 국가에서 왔다.
(4) ㄱ 나는 선생님께 그 곳의 상황을 소개했다.

212

(5) ㄷ 어제 그의 집에서 또 그에게 장거리 전화를 걸어왔다.

🔶 新 HSK 문제 맛보기

1
(1) ㄴ A : 그녀는 무엇을 하고 있나요?
B : 내가 밖에 나왔을 때, 그녀는 숙제를 하고 있었어요.
(2) ㄱ A : 그녀의 시험 성적이 아주 좋아요.
B : 그녀는 매우 열심히 공부해요. 매일 늦게까지 공부하는 걸요.
(3) ㄷ A : 내일은 엄마의 생일이네!
B : 우리 생일 케이크를 드리자.

2
(1) 他身体有点儿不舒服。
(2) 咱们明天下午三点在学校门口见面。 또는
昨天下午三点咱们学校门口见面。
(3) 他们已经不是小孩子了。

3
(1) 交给　　　(2) 一起

05 허사(2)

🔵 실력 점검하기

1
(1) C　　　(2) B　　　(3) A

2
(1) C　　　(2) B　　　(3) B

3
(1) 上了四节课
(2) 学过弹钢琴
(3) 听着音乐看书

🔶 新 HSK 문제 맛보기

1
(1) 了　　　(2) 虽然　　　(3) 和

2
(1) 昨天下午我们去学校踢足球了。
(2) 这是谁的伞?
(3) 比赛马上要开始了。

3
(1) A - B - C
커피는 서양 사람들이 좋아할 뿐만 아니라, 많은 동양 사람들도 매일 한 잔씩 마신다. 비록 아직 모든 이들의 습관이 되지는 않았지만 말이다.

(2) C - A - B
이번 야구경기에서 한국 팀이 비록 지기는 했지만, 그들은 잘 싸웠다. 한국 팀 파이팅!

(3) B - C - A
최근 중국과 동남아의 몇 개 국가에서 한국 영화와 가요가 매우 인기를 끌고 있다. 또한 한국어를 배우고 싶어하는 사람들도 점점 많아지고 있다.

06 문장의 주요성분

🔴 문장 만들기

1
(1) ㄴ 컴퓨터 안에는 내가 수업한 자료가 있다.
(2) ㄹ 1킬로그램에 2.5위안이다.
(3) ㄱ 나는 자주 머리가 어지럽고 배가 아프다.
(4) ㅁ 중국의 국경절은 정말 신나고 떠들썩하다.
(5) ㄷ 내일 또 큰 비가 내릴 것이다.

2
(1) 出彩虹了
(2) 还小王那本词典
(3) 知道他还没回来

모범답안 | 213

모범답안

3
(1) 冷, 暖和　　(2) 个子　　(3) 怎么走

실력 점검하기

1
(1) 最近工作非常忙
(2) 前边
(3) 找您四块五毛钱

2
(1) C　　(2) A　　(3) B

3
(1) B − C − A
저는 막 중국에 온 한국학생으로, 매일 제 기숙사에 와서 제게 중국어를 가르쳐 주실 중국어 선생님을 한 분 찾고 싶습니다.

(2) A − B − C
a : 중국에서 추석에 쉽니까?
b : 이전에는 쉬지 않았지만, 2008년부터 하루 동안 쉬기 시작했습니다. 그리고 청명절과 단오절에도 쉽니다.
a : 그렇습니까? 한국에서는 청명절과 단오절에 모두 쉬지 않습니다.

(3) C − A − B
a : 중국 요리를 먹어본 적 있습니까?
b : 먹어본 적이 없습니다. 듣자하니 중국 요리가 느끼하다고 하던데, 그렇습니까?
a : 모두 그런 것은 아닙니다. 다음에 한번 먹어보면 알 겁니다.

新 HSK 문제 맛보기

1
(1) 希望　　(2) 在　　(3) 叫

2
(1) 我们班又来了两个新同学。
(2) 他告诉我昨天是他的生日。
(3) 我很愿意听听大家的意见。

3
(1) 旅行　　(2) 参观

07 문장의 보조성분

문장 만들기

1
(1) ㄹ 밥을 먹어야 하니, 어서 가서 손을 깨끗이 씻어라.
(2) ㄱ 하늘에서 갑자기 비가 내리기 시작했다.
(3) ㄷ 우리는 병원에 가서 그를 두 번 본 적이 있다.
(4) ㅁ 이 질문에 그는 매우 정확하게 대답했다.
(5) ㄴ 여동생은 이미 피곤해서 견딜 수가 없을 정도이다.

2
(1) 去的第一站
(2) 寒假回不
(3) 七点半在学校后门口等我

3
(1) 妈妈做了一桌子我最爱吃的中国菜。
(2) 小王昨天高高兴兴地跟几个朋友一起去北京了。
(3) 这是一本给留学生用的语法书。

실력 점검하기

1
(1) C　　(2) D　　(3) A

2
(1) D　　(2) B　　(3) C

3
(1) 今天买的那件新衣服
(2) 走出来一个人
(3) 跟玛丽一起

新 HSK 문제 맛보기

1
(1) 很少　　(2) 打来　　(3) 清楚

2

(1) 他两岁的儿子非常可爱。
(2) 他下个月就要来南京了。 또는
　　下个月他就要来南京了。
(3) 昨天他游了一个下午的泳。

3

(1) 中文　　　　(2) 认真

08 문장의 구조

● 문장 만들기

1
(1) 我中国人，他德国人。
　　나는 중국인이고, 그는 독일인이다.
(2) 现在五点四分。
　　현재 5시 4분이다.

2
(1) 小王一边学习汉语，一边打工。
(2) 这本语法书不但我看得懂，你也看得懂。

3
(1) 张老师的孩子很聪明。
(2) 小李汉字写得最漂亮。

◐ 실력 점검하기

1
(1) A　　　(2) D　　　(3) C

2
(1) C　　　(2) B　　　(3) D

3
(1) 你不要一边　(2) 不但小张　(3) 就

● 新 HSK 문제 맛보기

1
(1) 就　　　(2) 而且　　　(3) 再

2
(1) 这件毛衣样子很好看。
(2) 我好像在哪儿见过那个人。
(3) 秋天的时候香山漂亮极了。

3
(1) A － B － C
　　샤오장은 줄곧 공부를 잘해서 언제나 시험 점수가 90점 이상이다. 그러나 이번 시험에서 의외로 합격하지 못했다.
(2) B － C － A
　　그 아이가 계속 울길래, 내가 그에게 선물을 하나 줬는데도 여전히 (울음을) 멈추지 않았다.
(3) C － A － B
　　나는 중국인과 자주 장사를 하는데, 중국어를 할 수 없어서 매우 불편했다. 그래서 중국어 공부를 시작했다.

09 문장의 기능

● 문장 만들기

1
(1) ㄷ 넌 언제 돌아오니? 만약 너무 늦는다면, 난 안 기다릴래.
(2) ㄴ 저는 그곳에 가 본 적이 없어요. 어느 길이 가깝죠?
(3) ㄱ 넌 어디에 사니? 우리 아마도 꽤 가까운 것 같은데.
(4) ㅁ 날씨가 이렇게 더운데, 넌 어떤 음료 마실래?
(5) ㄹ 베이징대학교에 가려면, 오토바이를 타고 가는 것과 자동차를 타고 가는 것 중에 뭐가 빨라?

2
(1) 能不能去一次
(2) 能不能帮助
(3) 早不早起

모범답안

3
(1) 今天没有口语课吧?
(2) 你是喝咖啡还是喝绿茶?
(3) 我看看你的笔记本，可以吗?

실력 점검하기

1
(1) 的
(2) 听得懂听不懂
(3) 礼物不是

2
(1) A (2) B (3) D

3
(1) D (2) C (3) A

新 HSK 문제 맛보기

1
(1) 还是 (2) 可以 (3) 没有

2
(1) 他不想来上课了。
(2) 你知道这是为什么吗?
(3) 我是两个月前第一次来到中国的。

3
(1) 安静 (2) 客气

10 관계표현구문

1
(1) ㅁ 오늘은 개학 첫 날이다.
(2) ㄷ 그에 대한 내 생각은 변함이 없다.
(3) ㄴ 위층에서 여학생 두 명이 내려온다.
(4) ㄱ 내 기숙사는 바로 도서관 앞에 있다.
(5) ㄹ 길가에 개 한 마리가 나타났다.

2
(1) 住着两个留学生
(2) 丢了几本书
(3) 飞过来一架飞机

3
(1) 床上 / 一位老人 / 躺着
(2) 黑板上 / 两个大字 / 写着
(3) 桌子上 / 一个茶壶 / 放着

실력 점검하기

1
(1) D (2) B (3) C

2
(1) C (2) D (3) C

3
(1) 不是十二月二十四号
(2) 桌子上
(3) 正在

新 HSK 문제 맛보기

1
(1) 有 (2) 在 (3) 是

2
(1) 他来中国是为了了解中国的文化。
(2) 明天晚上我们班有一个晚会。
(3) 学校食堂在咖啡馆和书店中间。

3
(1) 当 (2) 操场

11 연동구문과 겸어구문

◆ 문장 만들기

1
(1) ㄱ 나는 배가 고파 죽겠어. 우리 밥 먹으러 가자.
(2) ㄷ 이 일을 내가 좀 생각해보고, 그리고 난 후 다시 너에게 어떻게 할지 알려줄게.
(3) ㄴ 저번에 샤오리가 나를 많이 도와줘서, 나는 그에게 식사 대접을 하고 싶다.
(4) ㅁ 그가 병이 나서 우리 반 친구들이 모두 문병을 갔다.
(5) ㄹ 오전에 수업이 끝나고 점심을 먹고난 후, 기숙사에 돌아 와 쉬었다.

2
(1) 使我很感动
(2) 有个朋友说汉语
(3) 去超市买牛奶

3
(1) 暑假他想坐火车去成都旅游。
(2) 操场上有几个留学生在打篮球。
(3) 明年他要去中国上大学。

◇ 실력 점검하기

1
(1) B   (2) B   (3) C

2
(1) A   (2) D   (3) C

3
(1) 吃了早饭就出去了
(2) 有个人来宿舍找你
(3) 没用英语谈话

● 新 HSK 문제 맛보기

1
(1) 旅游   (2) 骑   (3) 走

2
(1) 他常常用电子邮件跟朋友们联系。
(2) 老师让我们下午都去图书馆。
(3) 最近我没有时间去看朋友。 또는
    我最近没有时间去看朋友。

3
(1) 爬山   (2) 介绍

12 능동 표현과 피동 표현

◆ 문장 만들기

1
(1) ㅁ 나는 오늘 TV가 재미없는 것 같아서 텔레비전을 껐다.
(2) ㄹ 이 일을 이미 일찌감치 우리는 알고 있었다.
(3) ㄴ 이렇게 많은 음식을 어떻게 다 먹을 수 있겠어?
(4) ㄱ 저를 도와서 이 옷 좀 세탁해 주실 수 있나요?
(5) ㄷ 맥주 다섯 병을 모두 그들이 다 마셔버렸다.

2
(1) 不能把自行车卖掉
(2) 被大家选为班长
(3) 我已经写好了

3
(1) 把那个杯子打碎了 / 被我打碎了
(2) 把那本小说借走了 / 被小王借走了
(3) 已经把这本小说看完了 / 我已经看完了

모범답안

● 실력 점검하기

1
(1) B   (2) A   (3) C

2
(1) D   (2) C   (3) A

3
(1) 没被大家
(2) 让他喝完
(3) 把茶喝了

● 新 HSK 문제 맛보기

1
(1) 给   (2) 清楚   (3) 感动

2
(1) 老张一直把自己的儿子当成小孩子。
(2) 鸡蛋已经让他放进冰箱里了。
(3) 放在口袋里的手机被小偷偷走了。

3
(1) 雨伞   (2) 错

13 비교표현구문

● 문장 만들기

1
(1) ㄷ 샤오왕은 나보다 30분 일찍 도착했다.
(2) ㄱ 그들의 기숙사는 우리 것과 똑같이 크다.
(3) ㅁ 그 학생들은 너희만큼 그렇게 성실히 공부하지 않는다.
(4) ㄹ 그의 성적은 점점 좋아진다.
(5) ㄴ 홍콩은 상하이만큼 변화하다.

2
(1) 现在比以前更努力
(2) 就跟说汉语那么流利
(3) 不如昨天那么暖和

3
(1) 哥哥比妹妹大两岁。
(2) 这个菜不如那个菜好吃。
(3) 我姐姐的钱包没有我的漂亮。

● 실력 점검하기

1
(1) C   (2) D   (3) A

2
(1) C   (2) B   (3) A

3
(1) 最安   (2) 学得好   (3) (那么)大

● 新 HSK 문제 맛보기

1
(1) 一样   (2) 一点儿   (3) 完全

2
(1) 坐火车比坐汽车快一个小时。
(2) 玛丽穿裤子不如穿裙子漂亮。
(3) 我没有哥哥那么喜欢游泳。

3
(1) 月亮   (2) 漂亮

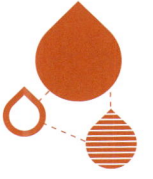

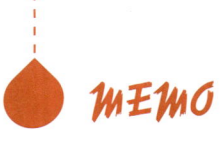

중국어의 틀을 잡는다!
중국어 쉬운 문법

지은이 김종호, 강희명
펴낸이 정규도
펴낸곳 (주)다락원

초판 1쇄 발행 2011년 10월 20일
초판 8쇄 발행 2022년 3월 18일

기획·편집 이상윤, 오제원
디자인 박나래, 임미영

다락원 경기도 파주시 문발로 211
전화 (02)736-2031(내선 250~252/내선 430~439)
팩스 (02)732-2037
출판등록 1977년 9월 16일 제406-2008-000007호

Copyright ⓒ 2011, 김종호, 강희명

저자 및 출판사의 허락 없이 이 책의 일부 또는 전부를 무단 복제·전재·발췌할 수 없습니다. 구입 후 철회는 회사 내규에 부합하는 경우에 가능하므로 구입처에 문의하시기 바랍니다. 분실·파손 등에 따른 소비자 피해에 대해서는 공정거래위원회에서 고시한 소비자 분쟁 해결 기준에 따라 보상 가능합니다. 잘못된 책은 바꿔 드립니다.

정가 13,000원

ISBN 978-89-277-2080-5 13720

www.darakwon.co.kr

다락원 홈페이지를 방문하시면 상세한 출판 정보와 함께 동영상 강좌, MP3 자료 등 다양한 어학 정보를 얻으실 수 있습니다.